# 足球为何狂热

内德 羽则 著

上海财经大学出版社
SHANGHAI UNIVERSITY OF FINANCE & ECONOMICS PRESS

## 图书在版编目(CIP)数据

足球为何狂热/内德,羽则著. —上海:上海财经大学出版社,2024.8
ISBN 978-7-5642-4407-1/F·4407

Ⅰ.①足… Ⅱ.①内… ②羽… Ⅲ.①足球运动-体育文化-世界 Ⅳ.①G843

中国国家版本馆CIP数据核字(2024)第105844号

□ 策　　划　陈　佶
□ 责任编辑　姚　玮
□ 封面设计　贺加贝

### 足球为何狂热

内德　羽则　著

上海财经大学出版社出版发行
(上海市中山北一路369号　邮编200083)
网　　址:http://www.sufep.com
电子邮箱:webmaster@sufep.com
全国新华书店经销
苏州市越洋印刷有限公司印刷装订
2024年8月第1版　2024年8月第1次印刷

787mm×1092mm　1/16　17.5印张(插页:2)　292千字
定价:78.00元

# 目 录

## 第一篇　我们,不只是一支球队

九年从业余联赛杀进英超,欢迎哈兰德来咱们的小区球场　/ 3

0∶31 输球的我们还配有梦想吗？　/ 9

流浪者的涅槃传说——从苏格兰地底到欧洲中央　/ 15

嘿,死侍,你们那个破队还能复活吗？　/ 21

支持世界上最差的国家队,是种怎样的体验　/ 26

被嫌弃的那不勒斯,站在了意大利足球的中央　/ 30

从无家可归到英超新贵,他们用 20 年完成惊人逆袭　/ 38

我效力了 19 年的球队"死"了,但我还想救活它　/ 45

魂断蓝桥:阿布的十九年　/ 51

一个能造核弹的团队,却帮利物浦买人卖人　/ 60

"鱼腩"卢森堡,为什么能逆袭　/ 68

## 第二篇　球场上的传奇

防守贝利的唯一办法,就是"铲断他的腿"　/ 75

从孙雯踢到王霜！43 岁的她,第 7 次参加奥运会　/ 82

温格教授,以及那段我们终将逝去的青春　/ 87

贝尔萨:"疯子"和教父合体的疯狂人生　/ 92

德罗巴:他的惊天一跪,用足球阻止了内战 / 100

杰拉德:割开血管,仍是利物浦的红色 / 104

弗格森最后悔卖掉的人,他是后卫中的铁血战神 / 112

生布冯时,永远的 1 号门神 / 118

伊布拉希莫维奇:世界足坛唯一合法的装酷者 / 125

蓝桥空余梨花香,再也回不到阿扎尔的旧时光 / 134

最后一天,阿圭罗在谈论所有人,而所有人都在谈论阿圭罗 / 140

两点之间,贝尔最短 / 147

## 第三篇　足坛大咖秀

瓜迪奥拉:撞南墙 7 年,撞出了康庄大道 / 155

恩戈洛·坎特:世界足坛最低调的球员 / 161

34 岁的本泽马,终于看清了金球奖的模样 / 166

萨拉赫:法老的《出埃及记》 / 172

马内的进化史,从光着脚踢柚子开始 / 179

"另类"前锋菲尔米诺 / 186

乔丹·亨德森:"最差队长"的英雄之路 / 191

乔·哈特:有这么多踢球的机会,我已经很幸运了 / 196

十年卧薪尝胆之后,他成了阿根廷的救世主 / 202

为梅西写诗的少年,和偶像一起拯救了阿根廷 / 207

赢不了心底阴影的伊瓜因,绝不仅仅是一个失败者 / 210

目标是世界杯的日本足球众将 / 217

## 第四篇　"小人物"的大故事

曾是看台唯一的球迷,变成带队夺冠的主席 / 225

单腿飞翔的他,打入了年度最佳进球 / 231

你是我的眼,带我领略足球的美妙 / 236

肯德基打工仔说要踢英超,周围人都笑了　／241

为了救女儿,他放弃足球去敲墙　／246

24 岁还是全职送货员,30 岁加盟了 AC 米兰　／251

布鲁诺的二十载"黄潜"情　／256

为了参加世界杯,他在不停输球的国家队坚守了 20 年　／260

一个清洁工带队在世界杯战胜了阿根廷　／264

两次面对癌症,他却找到了最好的自己　／269

# 第一篇

## 我们,不只是一支球队

# 九年从业余联赛杀进英超，欢迎哈兰德来咱们的小区球场

2023年5月，卢顿在英冠升级附加赛决赛中点球击败考文垂，队史首次获得了英超参赛资格。31年前，卢顿作为末代英甲的代表之一，刚参加完英超成立的投票就立刻降级。31年后，他们终于回到了英超，而此时他们全队的身价只有550万英镑，并且他们的球场还是一座住宅夹缝里的"小区球场"。

过去这些年卢顿经历了什么，没有金主的俱乐部是怎么在债务危机里活下去的？又是怎样的努力，让他们能在9年之间从业余联赛一路杀进了英超？让我们走近这家"百年寒门"，听听他们的故事。

## 百年寒门是如何炼成的

故事的开始，卢顿和成百上千的英格兰俱乐部并没有什么不同。这里是一座人口20万出头的镇子，祖上曾以编制席子及贩卖鞋子、帽子为生。1885年，一名叫做乔治·迪肯的球员牵头组织，把镇上大大小小球队里最好的球员汇聚在一起，建立了卢顿镇足球俱乐部，也就是现在的卢顿。帽子作为城市象征进入球队的队徽，"制帽匠"也成了这支新球队的外号。

卢顿是英格兰南部第一家给球员发工资并且完成职业化转型的俱乐部，也是南部足球联盟的创始成员。但距离足球核心地区路途遥远、来回车费贵，小镇球队又没什么资金支持。

大多数时间，卢顿都在低级别联赛浮浮沉沉，20世纪80年代有过一阵短暂的巅

峰。1982年,他们拿下英乙冠军升入了英甲。1987年,他们在英甲排名第7,至今仍是队史联赛最高排名。1988年,他们在联赛杯决赛3∶2击败了阿森纳,终于为荣誉室添上了一座奖杯。

要说有什么遗憾的话,那就是卢顿本来应该凭借这座冠军拿到首次欧战资格,却因为之前海瑟尔惨案①带来的禁令无奈作罢。更惨的事情还在后面,1991年,老英甲集体抱团独立,成立英超,卢顿作为当时的参赛俱乐部之一也参与了投票。结果第二年英超顺利成立,卢顿却以倒数第三名不幸降级,就这样,卢顿与英超擦肩而过。这一错过,就是漫长的30余年。其间,他们再次回到低级别联赛,浮浮沉沉,而且财务上的窟窿也越来越大。

2007年,卢顿从英冠降入英甲。2008年,卢顿因为欠债不还,以－10分打开积分榜,不出意外地降入英乙。2009年,卢顿在欠债不还的基础上再加一条,非法给经纪人打款,以－30分开打,可以说比赛一场还没打,就提前宣告了降入英议联。直到今天,每场比赛仍然能在卢顿的球迷看台看见这样一条横幅:"卢顿,1885年成立,2008年被英足总出卖。"

英议联,全称英格兰足球议会全国联赛,是第五级别的联赛,也就意味着球队告别了金字塔上端的职业联赛系统。在几乎没有造血能力的情况下还要还完那一屁股债,否则活都活不下来。不幸的是,卢顿这么个小破球队并没有金主感兴趣,处境可想而知。好在他们还有这个相伴相随的镇子和一群不愿意放弃的球迷。

在著名电视主持人尼克·欧文的牵头下,卢顿当地的一些小企业主、社会团体和球迷组织共同出资,于2007年成立了"卢顿镇足球俱乐部2020有限公司"。第二年,从前任老板手里接盘了已经成为不良资产的卢顿,踏上了一条艰难的还债之路。

为了活下去,那些年的卢顿用尽了一切办法。阵容里但凡有别人愿意开价的球员,卢顿一定放他们远走高飞;自己补充阵容除了免签就是免签,而且都是捡没有地方去、给点工资就来的球员;到最后甚至为了缩减开支,解散了青训营。俱乐部主席欧文在官网上写了一封长长的道歉信,其中几位工作人员在接受当地电视台的采访时声泪俱下。

随着财政的好转,以及当地球迷始终很给力的实际支持,他们在英议联开始成

---

① 海瑟尔惨案,1985年5月29在比利时布鲁塞尔的海瑟尔体育场,利物浦队与尤文图斯队进行欧洲冠军杯决赛前,意大利球迷与英格兰球迷发生冲突,造成39人死亡。事后英格兰球队被禁止参加欧洲三大杯赛5年。

为一支总能打进升级附加赛的强队。尽管算不上"瘦死的骆驼",卢顿在英议联也可以算一匹"瘦死的马"。

遗憾的是,那几年的附加赛最终都以失败告终。不过在此期间,卢顿偷偷地刷新了一条历史纪录:2013年1月,他们在足总杯第四轮客场1∶0击败了诺维奇,成为史上第一支淘汰英超球队的非职业联赛球队。值得一提的是,那场比赛对手诺维奇的首发中锋是一位租借来的19岁小将,名字叫哈里·凯恩(Harry Kane)。

## 内森·琼斯,从教父到"叛徒"

不知道是不是那场比赛带来的激励作用,卢顿的运气从此扭转。下一个赛季,卢顿终于拿到了英议联的冠军,跳过附加赛直接升入英乙。在英乙渡过了两年积累期之后,俱乐部迎来了一个创造奇迹的关键人物——内森·琼斯(Nathan Jones)。

每一个FM游戏玩家都知道,想在没有金主支持的条件下玩转低级别联赛,你必须做一个类似"教父"的角色——到处低价淘宝和租借、设计简单却高效的战术,面对高价,果断放人,然后重组阵容。流水的球员+铁打的主帅,实现循环上升。

威尔士人内森·琼斯就是这样。他的球员生涯不算太成功,在西乙开启了职业生涯,和比拉诺瓦当过队友,回国后基本都在英甲踢球,巅峰是代表布莱顿踢过一年英冠。2016年接手卢顿是琼斯第一次当主教练,但周围的人很快发现也许这份工作才是他最擅长的。

他对自己和球员都要求100%的投入,动不动就钻研战术和分析视频到半夜,然后被人发现睡在训练基地的椅子上,还自嘲过:"这活一周要工作80个小时,我简直看不到妻子和女儿。"还有一次原本只安排了上午训练,但琼斯中午回看录像觉得球员们传球训练过于漫不经心,一个个打电话把全员叫回来加练。"每个人都必须来,不接受任何理由。"

他在指挥比赛的时候高度紧张,随时随地都在思考怎么微调战术。球员们还发现琼斯会在场边紧张地咬指甲,甚至咬到流血也注意不到,然后被队医拖回去包扎伤口。但只要赢得比赛,他比谁都要情绪激动。克尼尔沃思路球场的球迷早就习惯了,每当球队赢得重要比赛的胜利,自己球队的主教练就会以百米冲刺的速度跑向死忠看台,然后在他们面前表演一个长距离滑跪。

根据低级别联赛的风格,琼斯为卢顿量身定做了要大高个不要小快灵、三中卫主防守、少控球多反击、只有反击不成功时跟上打一波前场压迫、重点操练定位球砸死对手等一系列原则,并且严格按照这样的需求去寻找别人的"淘汰球员"。

2017－2018年赛季,他带领卢顿拿到英乙亚军,升入英甲。2018－2019年赛季,虽然他中途离队跑去英冠执教了斯托克城,但卢顿把球探主管哈福德喊来当了回临时主帅。哈福德几乎全程"萧规曹随",带领卢顿拿到英甲冠军,升入英冠。2020年,琼斯因为带队成绩不佳被斯托克城解雇,又回到了卢顿。在新闻发布会上他说道:"我对于当初离开的方式充满遗憾和自责,保证会重新赢得球迷的信任。"后来,他也确实做到了。回归的第一场比赛就是赛季收官,他带领卢顿赢球,球队从第23名升到第19名,惊险保级;第二个赛季,卢顿拿到62分排到了第12名;第三个赛季,卢顿拿到英冠第6名,闯入了升级附加赛,但是被哈镇淘汰出局。

2022年1月,卢顿与琼斯签下一纸长约,直到2027年。球迷组织发表声明:"已经忘掉了过去的不愉快,希望琼斯能成为我们的传奇与象征。"然而,10个月之后他又跑路了……其实也不是不能理解,那个赛季的南安普顿动荡不安,深陷降级危机,向琼斯抛来了橄榄枝。对于琼斯来说,能够执教英超球队简直就是他的梦想。

在"英超梦"面前,琼斯果断选择了离开。但对卢顿来说,再次失去这样一位教父级的主帅,每个人都以为他们这赛季基本可以"洗洗睡"了。而且,赛季已经开打,实在找不到合适的接手人选,俱乐部只能无奈请来了死敌沃特福德刚炒掉的主教练罗伯·爱德华兹。万万没想到的是,琼斯在南安普顿没待几个月就下课了,爱德华兹却带着威尔士老乡打造的班底圆了梦想。卢顿这赛季在英冠进球仍然不算多,但丢球变得更少;控球率排在倒数,定位球得分高居前列。更重要的是,爱德华兹迅速和球员们打成一片,更衣室的轻松气氛还让许多人都有了更好的发挥。

就像所有的草根逆袭故事一样,所有的队员都太想有这么一个在所有人面前证明自己的机会了。租借来的美国国门霍瓦特,明明是黄金年龄,三年来却在布鲁日和诺丁汉森林做替补,加起来只有10来次出场机会;担任队长的中后卫洛克耶,之前从查尔顿免费加盟,冲超这一年42次出场,全部首发,入选英冠最佳阵容;180万英镑"巨款"砸来的中锋莫里斯,这个身价占到全队身价的1/3,曾经被诺维奇8次外租去往6家俱乐部,那个赛季他打进了20球,还有7助攻,完美诠释了"钱一定要用在刀刃上";还有早已成为俱乐部历史一部分的中场姆潘祖,十年前从西汉姆联先租后买,陪着球队一路从英议联逐级攀登,2023—2024赛季他就将成为史上首位跟随同一家俱乐部横跨五个级别的球员。那场在温布利举行的冲超附加赛决赛,队长洛克耶开场11分钟就倒地无法坚持,被担架抬下之后直接送往了医院。人们以为这预示着卢顿又要迎来不走运的结局,可他们却一直和考文垂决战到点球,然后杀入了英超。医院里,还躺在病床上的洛克耶和家人一起欢呼庆祝;球场上,队友们举起了他的球衣,把它放在C位一起合影。

这就是卢顿,一支普普通通没有什么亮点的小球队,以英冠水平来看也没有什么超级球星。他们只是一群憋足了劲想要证明自己的失意者,紧紧地团结在了一起,于是,创造出了更大的神奇。

## 片刻辉煌,也灿烂如花

有些人说,无论怎么吹捧卢顿的升级,都改变不了很快回英冠的结局。理性考虑,确实多半如此。前面已经说过,球队目前主力阵容身价只有550万英镑,这是什么水平呢?举个例子,前一年英冠升班马里、富勒姆和伯恩茅斯当时的身价都超过了1.5亿英镑,只花了1 700万英镑的诺丁汉森林是前一任杀进英超的最低成本纪录保持者。但哪怕是诺丁汉森林的这个数字,仍然是卢顿的3倍。别忘了,诺丁汉森林在后来的转会窗砸了多少钱才能惊险保级,而本地社区运营的卢顿基本没有像他们那样砸钱的可能性。而且,卢顿的"小"不止体现在主力阵容身价,也体现在包括球场设施在内的方方面面。

卢顿的主场克尼尔沃思路球场容量只有10 356人,超过伯恩茅斯,成为英超史上最小球场。尽管英超官方对于球场容量并没有严格的最低标准,但克尼尔沃思路球场的很多硬件都达不到顶级联赛的准入要求。因为这座球场基本上可以说是被住宅小区团团围住,有些入口就在居民家的楼下,入场通道还要"路过"居民家的后院。于是英国网络有了一个很火的梗:"嘿,兄弟,你知道哈兰德下赛季要穿过我家后院去踢球吗?"

卢顿主席还站出来一本正经地辟了谣:"那个入口和通道是给部分客队球迷使用的,哈兰德来的话会走咱们的正规大门!"赢下温布利那场决赛之后,他再次第一时间跳出来表示:"别催了,别催了!挖掘机明天进场,下个礼拜就开挖!"

这并不是吹牛，卢顿已经提前通过了耗资 1 000 万英镑的球场改造计划，虽然这个小区球场的地理位置容不下新增多少座位，但至少要保证转播机位、媒体区域、门线技术和 VAR 等英超套餐的需求。不仅如此，俱乐部还宣布了一个长期计划，2023 年之内开建新球场，并在 2026 年搬家，"无论当时在踢什么联赛"。

　　这些计划的底气肯定来自升入英超。哪怕只能待上这一个赛季，一年的分成加上后来的"降级保护伞"，都能累计收获 1.7 亿英镑的转播费，这还没算因为英超带来的门票提价和赞助商效应。

　　卢顿会把这些钱砸光，或者被拖进新球场预算不断膨胀的天坑吗？应该并不需要担心。因为前些年卢顿财政刚开始好转的时候，第一件事就是重建了此前解散的青训系统。稳定留在英冠之后，卢顿也没有像其他俱乐部那样到处拉投资，甚至举债砸钱去博一下英超。要知道，根据职业联赛官方的统计，英冠球队每年砸钱但是冲超失败的损失平均达到 4 亿英镑，被称为"地球上最昂贵的一张彩票"。但卢顿从来都没有，他们只是每一年都量入为出地做好预算，继续到处挖掘便宜的免费球员，继续与当地社区方方面面都紧密结合在一起。所以才有英国媒体说："越来越高贵的英超，终于迎来了一支真正的工人阶级球队。"

　　在外人看来，卢顿缺乏野心，但没有野心的人未必没有梦想。也许他们只是被现实伤得太深，首先想着活下去；也许他们努力地在缝隙里挣扎，只是等待着有一天在阳光下盛开。

　　卢顿——英超历史上最不华丽，却格外惊艳的那一抹色彩。

# 0∶31 输球的我们还配有梦想吗？

2011年11月22日，世界杯预选赛大洋洲赛区打响了一场看起来毫不起眼的比赛，对阵双方是美属萨摩亚 vs. 汤加。虽然这是一场国际足联 A 级赛事，场边没有几个观众，摄像机位也寥寥无几。但在 90 分钟后，胜利的美属萨摩亚却疯狂庆祝。

因为这场比赛之后，世界足球的史册中将第一次留下他们胜利的战绩。而在此之前，世界足球对他们的唯一记忆只有——创造了国际比赛最大分差纪录的"倒霉蛋"。

2023年，著名导演塔伊加·维迪提把美属萨摩亚的故事搬上了大银幕，由迈克尔·法斯宾德主演，电影的名字叫《下一球，胜利》。

### 大洋洲踢球，要有美国护照？

美属萨摩亚，一个位于南太平洋的小岛，是美国无建制属地，土地面积为 199 平方公里，全岛人口不到七万人。这里风景秀丽，海滩宜人，岛民们靠着在几个工厂干活生活，虽不算富裕，但也无忧无虑。

在美属萨摩亚，橄榄球和篮球是大家最喜欢的运动，足球并不热门。1998 年，美属萨摩亚足球队才以独立身份加入国际足联大家庭，但成绩不怎么骄人……三年时间，球队就在各项赛事中 16 连败。

2001 年，美属萨摩亚足球队决定首次参加世界杯预选赛，按照地域划分，属于大洋洲赛区。队伍组好了，机票买好了，国际足联却突然来了个通知："你们美属萨摩亚参加预选赛的球员,必须持有美国护照!"

要理解这一切,就得跟大家先科普一个小知识。

如今的美国领土分为四个档次:第一档是美国本土,包括美国五十个州和华盛顿特区;第二档是通过组织法的非合并领土,比如关岛;第三档是通过组织法的自治邦,比如波多黎各;第四档是未通过组织法的非合并领土,比如美属萨摩亚。

在美国,美属萨摩亚人被称为美国国民(national),但不是美国公民(citizen),听起来只是一字之差,但美属萨摩亚人没有投票权,甚至连美国本土的公务员都不能考,要想换个身份,唯一的上升通道就是去美国服兵役。

再加上美属萨摩亚本身面积有限、产业单一,所以当地很多人都是在邻国萨摩亚定居,早就和当地人掺和在一起分不开了。然而,一旦涉及参加国际正式比赛,问题就来了。按照国际足联通知要求,美属萨摩亚所有的参赛球员都必须证明自己是个纯种的美属萨摩亚人,而不是邻国萨摩亚人。需要提供的证明材料一大堆,其中之一,就是必须持有美国护照。

接到通知之后,球队蒙了。当时担任教练的图诺拉赶紧让每个球员核查自己的资料,发现只有一个人证明材料都齐全——球队的门将,常年定居在美国西雅图的尼基·萨拉普。

时间紧迫,补材料来不及,教练想去青年队拉人头,结果参赛那周正好赶上当地期末考试,孩子们都不能参加。折腾到最后,教练都恨不能直接用大喇叭在全岛广播:"你有美国护照吗?你想去参加一场足球赛吗?请加入我们的团队吧!"

好在,美属萨摩亚队最终凑齐了参赛队伍。球队的主要成员包括教练图诺拉、门将萨拉普,以及其他 22 个热心岛民。这样的球队,战斗力就不用指望了。

2001 年 4 月 7 日,美属萨摩亚队在第一场预选赛中以 0 比 13 输给了斐济;4 月 9 日,又以 0 比 8 输给了萨摩亚队;而第三场比赛的对手,则是全国拥有 2 000 万人口和 5 000 万只袋鼠的大洋洲超级巨头——澳大利亚。

## 一场暴力强拆的比赛

2001 年 4 月 11 日,美属萨摩亚队迎战澳大利亚队。

在那场比赛中,门将萨拉普用开场的一系列扑救让美属萨摩亚顽强抵抗了 10

分钟，但在那之后，澳大利亚的进球还是如狂风暴雨般袭来。在接下来的80多分钟里，澳大利亚人从各种角度、用各种姿势花样进球，其中阿奇·汤普森一人就进了13个，尽管门将萨拉普做出了多达20次扑救，然而最终比分还是定格在惊人的0∶31。是的，澳大利亚人进了31球，这一比分创造了国际比赛最大分差纪录，直到现在也没被打破。

在通常的国际赛事里，强队打鱼腩一般都是点到为止，就连常年世界排名垫底的圣马力诺最多也只是单场被德国进了13个，很少有这种无休止暴打的比赛。所以在比赛过后，这支美属萨摩亚队几乎是"一夜成名"。

全球各大新闻媒体纷纷用"世界上最烂球队""世界足坛最惨痛失利"为标题做了报道，没人关心这支临时搭建球队平均年龄只有18岁，其中还包括三个15岁的娃，大家只是以嘲笑的心态对待他们。尤其是门将萨拉普，没人知道他为保持这个野蛮的比分而付出了多么光荣的努力，人们只是拿他打趣："嗨，你就是那个丢了31球的守门员吗？"

没办法，世界杯预选赛毕竟不同于野球场，太过惨烈的失利会以纪录的形式永远流传，而且一有大比分就会被拿出来"回顾"。所以，这次惨败并没有因为时间的流逝而被人淡忘，不仅有人取笑萨拉普，后来还有人拿这事儿取笑他儿子："你知道你爸一场比赛31次从球门里捡球吗？"

对此，萨拉普从伤心难过到噩梦频发，他梦见自己一次又一次从球网里捡球，像一个推石头上山的西西弗斯，永远无法解脱。他甚至试着用精神胜利法来治愈自己——有一次，他和儿子玩FIFA游戏。他操作萨摩亚队（因为FIFA游戏里没有美属萨摩亚），他的儿子操作澳大利亚队。比赛开始之后他暂停了儿子的游戏手柄，然后拿着萨摩亚灌了澳大利亚一个50∶0……总算消了消怨气。

而且，在经历这次惨败之后，美属萨摩亚队的命运并没有好转。在那之后，美属萨摩亚队成为大洋洲公认的第一软柿子，不仅人人暴打，而且没有球队手下留情，因为在岛国兄弟们眼里，谁能进第二轮的关键，很可能取决于谁能在美属萨摩亚身上拿更多的净胜球。

在31∶0过后的十年间，美属萨摩亚队踢了17场国际比赛，全部输球，丢了125次球，只进了2球。就连他们的足协主席也自嘲说："足球明明有胜、平、负三种可能性，但对我们来说，足球却只有一种可能性，那就是失败。"

所以,他们也想换个活法。

2011年,美属萨摩亚开始在全世界招募教练,希望能有一个职业教练来改变自己球队的"悲催人设"。招聘发了几个月,只有一个教练来应聘,这位唯一的应聘者的名字叫托马斯·朗根。

此人一来,全岛人民都震惊了。

## 外来的荷兰人,会念经

之所以带给美属萨摩亚如此大的震撼,是因为新教练的简历大概是这样的:托马斯·朗根,荷兰人,55岁。出身于阿贾克斯青训营,踢过荷甲联赛,退役之后去美国当教练,执教过多支美国大联盟球队,培养出邓普西、布拉德利等球星,拿到过美职联最佳教练奖,并且曾经是美国国家队的教练组成员……

这样一位成功的教练之所以来美属萨摩亚,是因为当时托马斯-朗根的女儿刚刚因车祸去世,他决定带着妻子远遁他乡,缓解丧女之痛,也体验一下不同的足球文化。

然而,当朗根真的来到这,却发现形势比他想象的严峻得多。

"来到这里之前,我从未见过这么差的球队。"

"有五个球员超重了三四十磅,他们这样参加比赛,甚至踢不了十分钟。"

"交通不便,球场不行,好多球员住在岛外,按时参加训练课都很难。"

"我甚至买不到能凑合抽的香烟!"

面对时间短、任务重、球员菜,还买不到烟等多重压力,朗根只能多管齐下。其一,他给球队制定了为期三周的魔鬼训练。早上4:30集合上早课,课后球员们去上班或者上学,傍晚17:30之后再次集结上晚课。其二,给每个球员明确责任,教给他们最简单有效的战术打法。其三,想方设法为球队增加有生力量。

他首先联系了那些在海外的美属萨摩亚人。比如马萨尼亚,这位球员曾经在德国第五级别效力;比如拉明·奥特,他正在美国服兵役,接到朗根的征召之后,他决定把自己所有的休假都攒下来,集中用来参加世界杯预选赛。甚至,朗根还招募了一个特殊的球员:杰伊雅·萨埃卢阿。萨摩亚岛有一种传统文化,很多男孩子会打扮成女孩子生活,他们被当地人称为法阿法菲娜。萨摩亚岛上有着大约1 500名法阿法菲娜,杰伊雅·萨埃卢阿正是其中之一。朗根也看中了杰伊雅的灵活性和身高兼具的身体素质,以及干练的防守能力,决定力邀他来球队。

除了这几员大将之外,在朗根心里还有一个重要的名字,那就是即便已经告别足球生涯却依然带着心理阴影整整十年的门将:尼基·萨拉普。

朗根回忆道:"我打电话给尼基的时候,他的声音激动异常颤抖。""我对他说,回来吧,我带你去摆脱那个心魔。"

就这样,超级软柿子——美属萨摩亚队在朗根的带领下逐渐成形。而朗根也逐渐在这片土地上找到了快乐,他说:"我其实很严格,他们踢得不好我就会踹他们屁股,但我执教得很开心,因为大家总是笑容满面地训练,这里的足球无比纯洁。"

集训的日子一晃而过。2011 年 11 月 22 日,2014 年世界杯预选赛大洋洲赛区第一轮比赛打响,美属萨摩亚的对手是已经虐了他们 5 次的汤加。

## 一场等待了十年的胜利

在汤加眼中,今天的柿子兄弟似乎和往常有什么不同。他们出场的时候一个个挺胸昂头,充满自信。汤加并不知道,在比赛的前一晚,美属萨摩亚全队刚刚听完教练的赛前动员讲话。

朗根慷慨激昂地对自己的球员说:"我们要证明,我们的球队,我们每个人,都可以有所作为。我们可以赢得比赛,我们绝不是天生的失败者!"

"那么,来吧!"

开场哨响,杰伊雅坐镇后防,用一次次拼抢和抢断几乎把防线组织得滴水不漏,汤加偶尔的突破和射门也被门前的萨拉普化解。上半场,杰伊雅把球妙传给锋线大兵拉明·奥特,后者踢出一脚力量不大的射门,但球在禁区内诡异反弹之后晃到了汤加门将,门将扑球脱手之后球打到了他的脸上,弹入球网。下半场,17 岁的沙洛姆·卢尼再入一球,帮助球队 2∶0 领先汤加。

然而,胜利并不会如此轻易地到来。下半场最后阶段,美属萨摩亚明显体力不支,球员们开始接二连三抽筋,而汤加也凭借一记头球扳回一城。终于,挨到伤停补时,所有球员的体能几乎耗尽,完全靠意志力支撑着双腿。这时,汤加发起了最后一攻,对方前锋带球突入禁区形成单刀,千钧一发之际,萨拉普决定弃门出击。

那一刻,萨拉普已经把身体扔向对手,但汤加前锋却突然灵巧地把球一拨,传给了自己的另一个队友——萨拉普后来回忆说:"球在我眼前划过,我在想'球在哪里?天哪,我被打败了,我们的胜利没了'。但当我回头看时,球权已经回来了,我看到门线上站着杰伊雅。"

是的,汤加的最后一脚打空门,被飞奔回来的杰伊雅在门前解围!

就这样,曾经单场输了 31 个球的美属萨摩亚,2:1 取得了他们队史上的首场胜利。比赛结束后,球员拥抱着教练朗根疯狂庆祝,而在欢乐的人群之中,萨拉普把脸深深地埋在自己的门将手套里……泪流满面。他说:"我终于可以放下过去,我自由了。"

在取得队史首胜四天之后,美属萨摩亚迎来了他们预选赛的第二个对手:库克群岛。那场比赛中,他们用一个 1:1 的比分,拿到了球队历史上的首个平局。当然,他们依然距离世界杯出线很远很远。

但是,没关系。经过那一场刻骨铭心的胜利之后,越来越多的美属萨摩亚孩子爱上了足球,越来越多会踢球的美属萨摩亚人回到了故土,充实着球队。4 年后的俄罗斯世界杯预选赛,他们击败汤加和库克群岛,第一次取得了两连胜。在那一年的 FIFA 官网排名中,美属萨摩亚也升到第 188 名,超过了曾经虐他们无数遍的汤加。

至于参加了那光荣一战的英雄们:

门将萨拉普又一次退役,现在在美国的一家公司上班。

打入第一球的拉明·奥特,退伍之后成为球队的队长。他继续为美属萨摩亚踢球,现在是球队的历史第一射手。

打入第二球的 17 岁小将沙洛姆·卢尼,最终走上了职业橄榄球之路,2017 年在 NFL 选秀中被奥克兰突袭者队选中。

门线极限解围的杰伊雅,选择做一个真正的女性,现在她已经是个漂亮姑娘了。

而带领他们取得胜利的朗根,后来重新回到了美国大联盟执教。至今,朗根提到这段经历依然会满脸笑意,虽然这并非他职业生涯的最高光时刻,甚至去那里的最初原因只是为了走出生命的低谷,但朗根说:"这是一群业余足球爱好者为了爱和激情而进行的事业。"

"这段美妙的回忆,我会一直刻在头脑里。""从现在,到余生。"

# 流浪者的涅槃传说——从苏格兰地底到欧洲中央

如果你去参观苏格兰格拉斯哥流浪者的荣誉室，就会看见他们100多年攒下的巨额家当。从1872年成立至2023年，这支苏超豪门陆续往自家库房里搬运了1座欧洲优胜者杯、55座苏格兰顶级联赛冠军奖杯、34座苏格兰足总杯、27座苏格兰联赛杯……联赛冠军数比一副扑克牌张数都多。

这样的百年老字号，本该早已被深厚的底蕴磨砺出了宠辱不惊和云淡风轻。然而，2022年8月25日凌晨，当他们在欧冠附加赛中获胜重返欧冠正赛时，仍有许多球迷热泪盈眶。

因为十年间，流浪者先后经历了破产重组和连降四级的巨大震荡。而现在，他们终于能够骄傲地向世界宣布："我们从苏格兰地底又杀回了欧洲中央。"

## 既生瑜何生亮

1872年3月，苏格兰四名足球爱好者在一次野球会中萌生了成立正规军的想法。四人都是行动派，两个月之后，这支被命名为流浪者（Rangers）的球队就在弗莱舍河岸进行了球队的处子战。16年后，凯尔特人俱乐部（以下简称凯尔特人）成立。自那之后，流浪者和凯尔特人的老字号德比不仅成了苏格兰联赛永恒的流量担当，也代表了新教徒和天主教徒的绿茵之争。1890年，流浪者首次夺得苏格兰顶级联赛冠军。在随后的132年里，他和自己的老冤家一共赢得了107座苏格兰联赛冠军（流浪者55个，凯尔特人52个）……叫他们俩是苏超豪门都不确切，这哥俩就是冠军"钉子户"。

在这场"一山仅有二虎"的斗争中,两支球队和球迷一起发酵出了巨大的仇恨。瑞典前锋拉尔森说:"老字号德比是世界上最刺激的比赛。每个球员必须成为斗士,才能拿下这样的比赛。许多球员都因为在德比中的表现,一战成王或一战成寇。"

正因为如此,两支球队都将每年四次的德比战视为必须拿下的比赛……他们可以在欧洲赛场上被砍瓜切菜,但却不能容忍吵闹的邻居在自家地盘撒野。这种攀比心也带来了双方全方位的较劲——比欧战成绩、比国内冠军、比明星球员、比球迷拉歌谁嗓门大……

无论是财政状况还是总体成绩,流浪者其实都更占优。因为凯尔特人长期由凯利和怀特两大家族操控,经营方针更加小富即安,所以流浪者商务董事尼克·皮尔曾经调侃道:"从商业拓展上看,凯尔特人拥有巨大的发展空间——因为他们在许多地方还是一片空白。"

然而,这样的情况却随着 21 世纪的到来悄然改变。进入新千年之后,凯尔特人先后打入了欧洲联盟杯决赛和欧冠 16 强,拉尔森、罗伊·基恩都是拿得出手的球星,国内荣誉也明显占据上风。

2007—2008 赛季最后一轮,流浪者在积分领先的情况下 0∶2 负于阿伯丁,全场球迷眼睁睁地看着直升机将冠军奖杯拉走,直接空运到邓迪联的主场,颁给了凯尔特人,让后者实现了三连冠。

一切的一切,都让流浪者感受到了巨大的压力。于是,一出"内卷之下必有勇夫"的戏码就在格拉斯哥拉开了大幕。

## 军备竞赛的尽头,是无底的深渊

想跟上老对手的脚步,就必须花钱。但当时的流浪者面临的却是这番光景:其一,2008 年全球金融危机,球队主场上座率和赞助数量都在不断衰退。其二,球队一直在透支,2000—2009 年每年都会欠下 1 000 万英镑以上的"卡债"。其三,2008—2009 赛季,他们在欧冠资格赛中被立陶宛球队考纳斯淘汰,这让他们的收入锐减 1 000 万英镑。到了 2010 年,流浪者的债务已经高达 1 800 万英镑。

亏了十年才负债 1 800 万英镑吗?是的,因为为了跟上军备竞赛,流浪者的管理层玩了点儿猫腻。从2001—2010年,流浪者通过在英国属地泽西岛的一家公司开设的信托账户,以福利的名义向87名球员和工作人员支付了4 800万英镑工资。在英国,员工福利信托是免税的,流浪者正是利用福利信托来发薪水,违规避开了高额的税务,也使流浪者组建起他们原本无法负担的阵容。

即便如此,原老板大卫·穆雷还是逐渐无力承担债务重负,最终在2011年5月以1英镑的象征性价格将球队卖给了苏格兰商人克拉格·怀特。和当今所有没有"石油金主"的球队一样,流浪者球迷也是迫切地想换个"富爸爸"。而克拉格·怀特看起来很符合条件。因为:其一,他是流浪者的超级球迷。其二,他21岁就成立了自己的风险投资公司,并且把公司从濒临破产带成了蒸蒸日上。其三,1997年,26岁的怀特便成为苏格兰最年轻的百万富翁。

不过,这些光鲜外衣之下还有些不太光彩的内幕。据后来BBC的纪录片《流浪者:内幕》披露,怀特是Re-Tex公司的董事,该公司一直在向潜在股东兜售股票,但销售词充满了"虚假和误导性"信息,这些信息都是由怀特任命的虚假审计师签署的。而他名下的一家公司——维他控股有限公司账目混乱,各种逃税行为层出不穷。

在接手球队之前,怀特认为是前领导层的昏庸无能导致球队走到了如今这步田地:"流浪者每年的管理费用是4 500万英镑,但我们的收入只有3 500万英镑,每年亏1 000万英镑,还怎么活下去?!"在接受球队之后,他打眼一看球队的避税方式——"哎哟,这个我熟啊。"

就这样,一个擅长做假账的老板来到了流浪者,原有的逃税方式当然要继续。但是,国税局早就盯上他们。在怀特入主不到一年之后,流浪者的税务问题东窗事发。

## 流浪者,被踢进了地狱的底层

2012年初,英国税务海关总署向法庭起诉,声称流浪者自2001年之后已经拖欠了7 500万英镑的税款。法庭判决:经本院审理,税务局说的都对。

随后,2012年2月,球队向爱丁堡法庭申请了政府托管,联赛也被扣除10个积分;同年4月,俱乐部被揭发负债高达1.34亿英镑;6月,俱乐部最后的还债努力宣告失败,原老板怀特被终身禁止涉足足球,球队也进入了破产清算程序。

那个夏天,流浪者的空气是寒冷的。俱乐部、主场馆和训练基地在内的核心资产以550万英镑"贱价"卖出。7月13日,140岁高龄的流浪者在官网上发布声明:"由于无力偿还高达2.1亿英镑的债务,格拉斯哥流浪者队正式宣布破产。在破产后,俱乐部将以流浪者FC(The Rangers Football Club)的名字进行重组。"

在当时英国足球已经全面进入挥金如土的时代的情况下,流浪者的破产震惊了整个世界足坛。

然而,这场噩梦还远未结束。因为破产重组,流浪者FC其实是一家全新的俱乐部。但由于流浪者的名称一直是"Rangers F. C.",所以在球迷心中他从未离开。在苏格兰足协心里也是如此。他们原本希望把流浪者降入第二级别联赛以示惩罚,于是组织了苏超球队投票决定流浪者能否留在顶级联赛,但以宿敌凯尔特人为首的10支苏超球队都投了反对票——是的,大家不同意!

接着,苏格兰足协又让统管前三级别联赛的"苏格兰足球联盟"召开了一次集体投票,希望让流浪者从第二级别苏甲开始踢。结果,30支球队里有多达25支投下了反对票——是的,大家也不同意!

就这样,这家百年老店只能被扔到了第四级别的苏丙联赛。

随后,球员们开始各奔东西,因为他们没有义务将合同直接转让给新球队。澳大利亚队长麦肯第一个转会,阿森纳召回了他们的小将凯尔·巴特利,苏格兰国门麦格雷戈表示不会续约,前锋拉芙迪和戴维斯双双离开……第一天的季前训练,只有6名球员参加了训练课。

2012年10月31日,流浪者老东家彻底走完了全部破产清算流程。一周后,凯尔特人却在欧冠的舞台上历史性地击败了巴塞罗那。

人生的际遇,就是这么天上地下。

## 第四级别俱乐部,浴火重生

2012—2013赛季,无法引援的流浪者FC只能靠几个留守的忠臣和青训小将勉强组队。但在流浪者FC新赛季苏丙联赛的首个主场里,可容纳5万人的体育场涌进了多达49 118名球迷,创下了当时第四级别联赛到场观战人数的世界纪录。球迷们在埃布罗克斯球场打出了那条著名的标语："没人喜欢我们,但我们不在乎。"

是的,虽然球队在苏丙,但流浪者FC那赛季的套票申购的数量比没降级之前还要多。球迷旗帜鲜明的力挺让俱乐部有了爬起来的勇气。

- 2012－2013赛季苏丙联赛,他们提前5轮夺冠升级,最终甩开第二名,达24分;
- 2013－2014赛季苏乙联赛,流浪者FC创造了赛季36轮33胜3平的不败战绩,以创纪录的102个积分提前8轮升入苏甲;
- 2014－2015赛季,苏甲改制为"苏格兰冠军联赛",流浪者FC在苏冠元年以19胜10平7负排名第三,拿到了升级附加赛的资格。在漫长的六场附加赛中,他们先后闯过了前两轮,但决赛被苏超倒数第二名马瑟韦尔双杀,冲超之路功亏一篑。不过随后的2015－2016赛季,流浪者FC一直强势领跑,最终以32轮25胜4平3负、领先第二名17分的绝对优势,提前四轮锁定冠军,正式重返苏超。

坏消息是,回到顶级联赛的流浪者FC在初始化阶段并不顺利,两年内更换了三名主帅,距离冠军宝座还有一大截。好消息是,他们等来了杰拉德。

2018年5月4日,流浪者官方宣布杰拉德成为球队主帅。随后,流浪者和凯尔特人的命运再次走到了交叉点。

流浪者FC这边,杰拉德凭借在足球界良好的关系,第一个赛季就从利物浦租来了肯特、弗拉纳甘,这些都成为球队的即来即用型战力,帮助流浪者FC在赛季末重返欧洲赛场。而凯尔特人那边,带领球队、所向披靡的布兰登·罗杰斯突然接到莱斯特城召唤,决定扔下凯尔特人跑路。

2019年冬窗,凯尔特人被迫更换了主帅。同一个冬窗,流浪者FC宣布签下迪福。这位老将加盟第一天就在推特上写道:"让我们把奖杯带回家!"

2020－2021赛季,流浪者FC一度打出了一波15连胜,帮助球队早早奠定胜局。最终,球队38轮比赛中进92球仅失13球,以32胜6平积102分领先九连冠霸主凯尔特人25分,拿到了阔别10年的苏超冠军。

随着杰拉德回归英超,范布隆克霍斯特走马上任。荷兰人曾经为流浪者效力了3个赛季,也正是在这里的出色发挥让他得到了阿森纳的青睐。范布隆克霍斯特的到任,让流浪者FC又一次腾飞。2021－2022赛季流浪者一路杀到了欧联杯决赛;2022－2023赛季,时隔12年,终于拿到了欧冠正赛的资格。

流浪者，真的回来了！

欧冠的首场小组赛中，虽然球队0∶4败北，但球迷们的助威声却从未停止。赛后，看台上的苏格兰风笛奏出了烽火之后的宁静味道，球员的谢场互动就好像一位出生入死的老将重归故里——即便历经沧桑，但只要球迷还在，流浪者的旗帜就不会凋零。

人生海海，不过尔尔。

回首一瞥，望见数十年兴衰起伏……

大好河山，其实一切都在。

# 嘿,死侍,你们那个破队还能复活吗?

2023年4月22日,英格兰全国联赛(也就是俗称英议联)的一场比赛里,雷克瑟姆主场3∶1击败了博勒姆伍德,提前一轮锁定联赛冠军,拿到了升入英乙加入职业系统的资格。大量球迷冲入球场和球员们一起疯狂庆祝,场边的两位老板含着热泪紧紧相拥。也许这支球队对于国内球迷来说并不怎么了解,但其中一位老板瑞安·雷诺兹,加拿大著名演员,《死侍》和《失控玩家》等大片的主演——很多人都再熟悉不过了。

## 为啥买个足球队

雷诺兹收购雷克瑟姆的故事,要从他的朋友,俱乐部的另一位老板罗伯·麦克艾亨尼说起。可能国内的观众不怎么了解麦克艾亨尼,他是一位美国演员,代表作品是电视剧《费城总是艳阳天》,还在《迷失》和《权力的游戏》里有过客串。同时,他也是一位制作人、导演和编剧,有自己的制作公司。

工作之余,麦克艾亨尼最大的爱好和很多美国人一样:看体育比赛。但他的喜好也和大部分同胞没什么区别,橄榄球、篮球、棒球、拳击……反正列表里绝对没有足球。用他自己当年的话来说:"为什么会有人喜欢看这么缓慢和无聊的玩意?"然而2018年,他的制作公司签下了一名来自英国的喜剧作家和演员汉弗莱·克尔。克尔的另一个身份,是一名狂热的KOP(利物浦球迷)。于是,这家洛杉矶的公司里突然开始增添了很多关于足球的元素。

每场利物浦比赛过后,大家都能在克尔的表情动作里猜到是赢还是输。每次休息时间,他不是在看利物浦相关的新闻和视频,就是在向同事们足球。

其中的一个关键转折点是2019年5月7日。2018—2019赛季欧冠半决赛第二回合,利物浦vs.巴塞罗那。球迷肯定知道那场比赛意味着什么。0∶3开局的绝境、安菲尔德(利物浦主场)不离不弃的歌声、阿诺德开出的角球、疯狂的热烈的不可思议的结局……对于一个完全不懂足球的美国人来说,麦克艾亨尼很惊讶为什么克尔一整天简直就像是疯了,以及为什么全球社交媒体上的热度全都是足球、足球、足球和该死的足球。而让他产生买球队想法的另一个重要契机,发生在新冠疫情期间。在因为疫情停止工作的日子里,公司的同事们都在聊天群里扯天扯地,或者互相安利有什么可以打发时间的东西。知道克尔喜欢历史,麦克艾亨尼向他推荐了纪录片《全彩二战》;知道麦克艾亨尼对足球有了点兴趣,克尔投桃报李,建议可以看看网飞纪录片《我心永随桑德兰》。

《我心永随桑德兰》是一部非常神奇的片子,因为别人拍片多半是为了记录成功,而"桑德兰"却记录下一场彻头彻尾的失败。2017年,这家绰号"黑猫"的球队终于用完了自己在英超保级的命数,跌入了英冠。俱乐部高层想通过拍摄这部纪录片展现杀回英超的复兴过程,借此吸引投资者。结果——桑德兰那个赛季又把自己整降级了,直接二连降,去了英甲。整部片子看起来涌起希望、最后全都失望再失望的神剧情,把戏剧色彩和情绪张力直接拉满,反而成就了足球纪录片里少见的经典,甚至跨出圈外感染到更多并不了解足球的人。

当天,他给克尔发了第一条观后感:"我和老婆在家看完了第一集,这个到底好玩在哪?"三天后,克尔收到了他的第二条消息:"我努力看完了第二集,好像是有点意思。"又过了两天,麦克艾亨尼直接打来电话:"我要买个足球队,你说可以买谁?"

## 为什么选雷克瑟姆

麦克艾亨尼之所以会对《我心永随桑德兰》有如此强烈的情感共鸣,因为他在无处不在的桑德兰城市背景里看到了家乡费城的影子——曾经靠着重工业辉煌,如今都在痛苦转型,这里的一切,包括运动都在不可避免地走向衰弱。而桑德兰球迷依旧对球队不离不弃的态度,也让他想起了自己从儿时就把费城老鹰(NFL 球队)当做心灵寄托。

以麦克艾亨尼的财力是买不起一支 NFL 球队的,但他突然感受到以同样的精神内核,在大西洋对岸改写历史、实现儿时梦的机会:买下一支足球队,然后带它拿冠军!于是问题来了,买谁?根据客观环境和内心诉求,这支球队大致要符合下列特点:(1)有一定的历史底蕴,这样保证有球迷基础,而且和当地社区紧密相连;(2)离那些著名的大俱乐部尤其英超球队不要太近,否则根本就没人在意;(3)价钱不要太夸张,那些曾经或者接近破产的老牌小球队就挺好。

选球队的任务自然交给了英国资深球迷克尔来进行。他拿出了谷歌、维基百科和 FM 等"专业工具",锁定了几个目标,然后开始比较筛查。很快,雷克瑟姆的名字脱颖而出。

首先,雷克瑟姆是威尔士现存最古老的俱乐部;主场"赛马场"还是世界上最古老的国际比赛场地,打进过英格兰足总杯和联赛杯的八强,凭借威尔士杯的冠军参加过欧洲优胜者杯,球场走廊边还挂着骄傲的老照片:××××年×月×日,我们踢过尤文;××××年×月×日,我们赢过阿森纳;等等。其次,这里的地理位置也很理想。利物浦和曼彻斯特说远不远,也不算太近,斯托克城和狼队也在外圈,英超氛围不错但也不会覆盖地太过彻底。这里要是出个大球队,理论上北威尔士的 75 万居民都有可能成为坚强后盾。最后,雷克瑟姆很穷,那些年连续经历过两次破产危机,当时的所有权已经到了球迷信托手里。这个有点类似会员制的组织一直在找投资者,开出的条件不要你花一分钱,确保未来能长期支持、维护球队就好。

简直完美!在克尔如此轻松愉快就选定收购目标的同时,麦克艾亨尼也没闲着。他在媒体阅读了一大堆关于芬威收购利物浦的专栏文章,从零开始了解足球俱乐部的经营模式、商业开发以及流程事项,脑海里构建起一整片足球经济的蓝海。

两个人交换完意见,决定再给球队提前找好一些赞助商。麦克艾亨尼想到酒类品牌往往喜欢赞助体育,而自己正好有个哥们喜欢酒,还有酒厂,于是发了封邮件介绍了自己的想法,询问一下有没有赞助意向。对方在凌晨 5:30 回复:"这么好玩的事情,你就想让我当个赞助商?不不不,没门。我不想赞助这支球队,我要买下它。"

而这个朋友,就是瑞安·雷诺兹。

## 出成绩之前，商业先行

我们大胆推测，麦克艾亨尼绝对是故意拉雷诺兹入伙的。因为雷诺兹作为演员有着巨大的影响力和商业宣传价值，除此之外也非常热衷于各种商业投资，经典案例是曾经买过一个酒类品牌，养肥了之后，又卖给了帝亚吉欧。2020年11月，雷诺兹和麦克艾亨尼官宣收购雷克瑟姆。接下来的一系列事实证明，"死侍"出马，果然财源不断。比如，雷克瑟姆的胸前广告在收购之后迅速换成了"全球首席赞助商TikTok"，价码是前任的十倍。背后广告印着旅游集团，袖口广告则是一个酒类品牌——嗯，就是前面说过雷诺兹卖给帝亚吉欧的那个。又比如，第二年发行的《FIFA 22》游戏里并没有英格兰第五级别联赛，但你可以在世界其他地方这个选项里找到雷克瑟姆。作为整个联赛的独苗，雷克瑟姆在游戏里有着整体实力最低的一星评价，但这肯定不是重点。还比如，当雷诺兹和麦克艾亨尼作为老板第一次来到赛马场，到场媒体包括BBC的四个不同分部、天空体育、英国电信、talkSPORT以及一些知名英国报纸。哦对了，还有一整个专业的拍摄团队，就像那部带来收购契机的《我心永随桑德兰》一样，开始拍摄纪录片《欢迎来到雷克瑟姆》。这部片子后来在Hulu、迪士尼＋等平台上线，流量喜人。

商业先行，投资也开始跟上。两位老板出钱对俱乐部主场展开了全面修缮，接下来的夏窗也有着对于第五级别联赛来说可以算是"土豪"的引援。他们挖来了英乙金靴保罗·穆林，前一个赛季打进32个进球，带着剑桥联升入了英甲；花20万英镑转会费买来了本·陶恕，也是英乙最佳阵容的一员；还引进了詹姆斯·琼斯，苏格兰U21国脚，之前还在踢英甲。

英议联其他球队的球迷，对于这样的举动自然既酸又恼。当雷克瑟姆输球时，他们唱着："你们可以把该死的死侍贴在自己屁股上了！"或者"嘿，死侍，你们那个破队还能复活吗？"而当雷克瑟姆赢球时，他们更不服气："告诉瑞安·雷诺兹，石油买不来我们的足球！"雷诺兹本人的回应则是："好吧，一般只有我老婆才会这么骂我，不过我家里确实有不少橄榄油。"考虑到他的两任妻子分别是寡姐和《绯闻女孩》里的"S女王"……可以，这真的很"死侍"。

还有更死侍的吗？那就是雷克瑟姆越来越像一部爽片了。2021－2022赛季，他们拿到联赛第二,只可惜倒在了升级附加赛的加时赛里。2022—2023赛季,他们一路杀入足总杯第四轮,是32强里的唯一一支非职业球队,然后在英议联刷新了单赛季最高积分和最多胜场的纪录,提前一轮夺冠升入英乙。这是雷克瑟姆阔别45年拿到的第一个冠军,也是他们时隔15年重回职业联赛。未来他们还能继续向上攀登,会不会真的有一天在英超看见瑞安·雷诺兹和他的球队呢?

  我们不知道答案。但雷克瑟姆球迷已经开心地唱起了歌:"我们有足球,我们有死侍,我们有很多该死的钱,我们以后还会有更多该死的钱,啦啦啦啦啦啦……"

# 支持世界上最差的国家队，是种怎样的体验

他们是世界上最差的足球队，在国际足联的排名中多次垫底，《先驱报》曾经把他们形容为"一支官方排名低于巴哈马群岛、安圭拉群岛的球队，水平可能还不如正在你家门外踢球的年轻人。"

然而，这样一支国家队，却仍然吸引了大量的拥趸，社交媒体的粉丝量甚至超过了他们全国人口的总和。

这支球队，就是圣马力诺。

## 圣马力诺国家队，有多弱

圣马力诺，一个被意大利包围的国中之国，国土面积61平方公里。这种体量的国家，面积相当于我国内蒙古通辽市。

虽然国土面积只有乡镇级别，但圣马力诺人民靠着旅游业和优惠的税收政策，一直过着岁月静好的生活。然而，常住人口3.3万人却严重限制了足球发展。别的国家队公布首发阵容，都会说球队中有两名球员来自曼联，三名球员来自利物浦。而圣马力诺公布首发阵容，画风大概是这样的："今天代表球队出战的有11名球员，其中有一个律师、两个学生、三个会计、四个店员……"

是的，虽然圣马力诺国内也有联赛，但参赛的却基本都是来自各行各业的业余球员。在这种情况下，圣马力诺"五年高考，三年垫底"，近两年更是稳稳地在国际足联的211个成员中排在倒数第一。

圣马力诺国家队有多弱？自从 1990 年加入国际足联大家庭，圣马力诺国家队在长达 33 年的时间里一共参加了 196 场正式比赛，取得了 1 胜 8 平 187 负的战绩，被对手破门 808 次，而他们自己总共才进了 28 球。惨败也是家常便饭，这些年有 49 次被灌了 0∶6 以上的网球比分，还有 7 场被对手进了 10 球以上。总之，圣马力诺就是这实力。2005—2014 年，他们曾经创造了十年全败的纪录。

众所周知，足球这项运动最大的快乐就是赢球。因为老是输球，所以 2012 年圣马力诺球迷创立了一个球迷组织，名字就叫："永不快乐"。然后，这群"永不快乐"的球迷，找到了自己独特的快乐源泉。

## 一个小国的快乐源泉

支持这样圣马力诺一支绝对鱼腩球队，最基本的快乐原则就是降低期待。当他们射正球门时，球迷的反应是顶礼膜拜；当他们进球时，球迷激动得发个推特都是乱码。没办法，由于一胜难求，所以圣马力诺球迷会为每一个微小的快乐而庆祝。他们会拿射门当射正，射正当进球，进球就是赢球，打成平局足以举国欢腾，如果能赢球……家祭无忘告乃翁！

2014 年 11 月，圣马力诺 0∶0 战平爱沙尼亚，结束了他们十年 61 连败的尴尬纪录。比赛结束之后，主教练曼扎罗利专门让"永不快乐"的球迷们制作了一条新的横幅，上面写着"一半的快乐"。

曼扎罗利说："其他国家的人不会明白这是什么感受。一场平局，我感觉就像我女儿刚出生时一样激动。"

2020 年欧国联，圣马力诺在被罚下一人的情况下 0∶0 战平直布罗陀，有史以来首次连续 2 场比赛保持不败。赛后接受采访时，中后卫罗西哭成了泪人。他说："我说过我不会哭，但我还是没忍住。这场平局，是我们送给伟大的祖国的一份礼物。"

这其实可以理解，毕竟圣马力诺在国际比赛中只赢过一场。那是遥远的 2004 年，在对阵列支敦士登的"小国德比"友谊赛中，他们 1∶0 战胜了对手。全国疯狂庆祝，恨不能大赦天下。

而欧洲各国也知道圣马力诺的实力，爱沙尼亚、列支敦士登这种鱼腩兄弟，被圣马力诺逼平也就罢了，但如果是哪支强队被圣马力诺进了个球，那简直就是国耻。

那么这些年,谁被圣马力诺钉在了耻辱柱的顶端呢?答案是:英格兰。

## 要快乐,还是得看英格兰

1993年11月17日,英格兰迎来了世界杯预选赛的生死战。由于前期的拉胯,英格兰想要进军1994年世界杯必须满足两个条件:一是要以至少7球的优势击败对手;二是需要同组的波兰能够战胜荷兰。唯一的好消息是,英格兰最后一轮的对手是圣马力诺。

那一年,只是圣马力诺加入国际足联大家庭的第三个年头,当时的BBC解说员留下了这样一段经典永流传的开场白:"各位听众各位观众,欢迎来到由比尔森啤酒冠名播出的世界杯预选赛。本场比赛由英格兰对阵圣马力诺,英格兰需要净胜7球才能保留出线希望,现在,随着主裁判的一声哨响……好的,英格兰0∶1落后了……"

是的,圣马力诺只是简单开了个球,英格兰左后卫斯图尔特·皮尔斯就送出了一个超级巨大低级的失误,让当时还是个计算机专业学生的达维德·瓜尔蒂耶推射破门。进球之时,距离比赛开场仅仅过了8.3秒。

虽然最终英格兰以7∶1的比分逆转比赛,但6个净胜球却正好把他们自己拦在了世界杯的门外。第二天,《镜报》的头版以"世界末日"为题报道了这场比赛。一周之后,时任英格兰主帅的格雷厄姆·泰勒黯然辞职。

更麻烦的是,这个开场8.3秒的进球还创造了当时世界杯预选赛的最快进球纪录,并且连续保持了24年,直到2017年才被本特克打破。于是,在这十几年里,每次世界杯预选赛有开场不久的进球,英格兰就会被拉出来"鞭尸"。纵观足球史,虽说英格兰拥有漫长而频发地掉链子历史,但被圣马力诺8.3秒进球这事儿,却一直当之无愧地挂在他们耻辱柱的顶端。

如今,当年进球的达维德·瓜尔蒂耶已经是一家电脑店的老板,平常就卖显卡内存条啥的,但全国人民依然把他当做足球界的传奇。在瓜尔蒂耶家里,有珍藏的两件纪念球衣:一件是英格兰球衣,是当时失误的皮尔斯送他的;另一件是圣马力诺球衣,是一位苏格兰球迷送他的,背后的号码是8.3。即使在30年后的现在,瓜尔蒂耶依然很受苏格兰人的欢迎。很多苏格兰人在来圣马力诺度假的时候,都会特地去参观瓜尔蒂耶的电脑店。

事实上，有许多人都像苏格兰球迷一样，因为各种各样的原因爱上了圣马力诺。他们有的是意大利人，有的是德国人，有的是中国人……至今，圣马力诺在推特上最著名的圣马力诺球迷号仍然由一个名叫巴斯蒂亚内利的荷兰年轻人运营着。他在19岁的时候被圣马力诺的特殊气质所吸引，建立了这个号，账号简介是："为世界上最不幸的足球队提供最新消息。"

至今，这个推特账号已经有了63 000多名粉丝，这是圣马力诺全国人口的近两倍。有时候，巴斯蒂亚内利会因为要看圣马力诺的比赛而拒绝朋友的出游邀请："我告诉他们，'对不起，伙计们，我今晚看世界上最糟糕的国家队'，这是我对这支球队的爱和忠诚。"

2023年6月20日，随着欧洲杯预选赛0∶6惨败给芬兰，圣马力诺目前的连续不胜纪录已经保持了130场。不过作为一个圣马力诺球迷，大家早就已经拥有了足够的耐心和自嘲精神，以及更重要的——放下胜负观念，享受足球最纯粹的乐趣。其实，圣马力诺足协也鼓励球迷建立这种佛系心态，他们的国内联赛有两个级别，A1系列和A2系列。但为了更平和地去对待足球，他们甚至连联赛升降级都取消了。

这一切并不说明圣马力诺人民不爱足球，相反，国家队成员维塞莫利说："足球是圣马力诺的生命。"为了把足球事业从娃娃抓起，圣马力诺足协甚至有一项宏大的计划——对于每一个新出生的圣马力诺婴儿，足协都会赠送给孩子一件国家队的球衣。目前，每一年他们的新生儿在300人左右。

至今，圣马力诺的主场比赛依然会有很多球迷坚持不懈地到场观看。他们说："当你的球队每十年只能进六个进球时，你不想错过其中的任何一个。"于是，我们会在主场比赛日看到这样的镜头。11名球员站在圣马力诺国家体育场的草皮上，顶着骄阳，高唱着国歌。他们挺胸抬头，眼神坚毅，目光所及之处是看台上的600名主场球迷，那是全国人口的2%。

在这个世界上，足球能够带给人很多快乐。有的人是冠军粉，有的人是球队死忠，有的人跟着自己喜欢的球星到处游走，有的人只在世界杯这种大赛出没。然而，快乐就是快乐，没有高低贵贱之分。就像我们今天故事的主人公一样……"我小我弱，但圣马力诺。"

这种快乐，真的很独特。

# 被嫌弃的那不勒斯，站在了意大利足球的中央

他们曾经饱受歧视，是暴力和肮脏的代名词；他们曾经在破产和降级中浮沉，其他地区都在看他们的笑话。在意大利的足球版图上，这座城市从来都不是绿茵场的主角。2023年5月5日，他们时隔33年再次夺得了意甲联赛的冠军。

那不勒斯，扬眉吐气，站在了意大利足球的最中央！

## 被嫌弃的那不勒斯的一生

如果你在罗马、米兰、都灵等任何一个意大利北部城市打听前往那不勒斯的路，那么对方一定会对你投出同情而关切的目光。他们会告诉你："那不勒斯是多么多么脏、乱、差""那里的小偷和强盗多如牛毛""有人和你搭话千万不要理他，多半是个骗子"……一通嘱咐之后还不忘给你个结论："你们年纪轻轻的去什么那不勒斯，走到罗马就够了，再往南就是非洲了。"

听完之后，你甚至会怀疑：这个那不勒斯，是不是还没解放呢？

没办法，落后的经济、超高的犯罪率和臭名昭著的黑手党早就是那不勒斯的名片。这座城市像被全意大利抛弃了一样，你但凡带着点儿当地口音都会被其他地区的意大利人嗤之以鼻。

这种歧视，也自然发展到了足球领域。至今，"那不勒斯"仍然是唯一一个能让尤文、米兰、国米、罗马、拉齐奥死忠球迷自发联合起来的词汇。2013—2014赛季，AC米兰球迷在自己球队与那不勒斯的比赛里高喊"拿波里（那不勒斯）太脏，当地人

不用肥皂",遭到了足协的处罚。结果,尤文、国米、罗马和拉齐奥球迷组织接连发表了支持米兰球迷的声明,还不约而同地在主场举起了嘲讽那不勒斯的画像。

正是这种极端的对立,那不勒斯在每次战胜北方传统豪门之后,他们的球迷都会像打赢了战争一样疯狂庆祝。然而由于实力所限,那不勒斯的高光时刻不多。从1904年成立到1986年,那不勒斯只拿到过两个意大利杯冠军,从没拿到过联赛奖杯。而这一切,在1984年7月5日发生了改变。

那一天,迭戈·马拉多纳加盟了那不勒斯。

## 马拉多纳带来的荣耀

这桩转会当时出乎了很多人的预料,但很快人们就明白了马拉多纳做出这一选择的原因:高昂的转会费、小世界杯的吸引力,以及他和这座城市简直太搭了。

充满激情、反抗强权、离经叛道,这些都是那不勒斯和马拉多纳的共同标签。DNA的契合爆发了巨大的能量:第一个赛季,马拉多纳攻入14个进球,球队名列第八;第二个赛季,他攻入11球,球队进入三甲;第三个赛季,那不勒斯拿下了联赛和杯赛的双冠王。

1987年5月10日,那不勒斯全城疯狂了。那一天,球队打破了北方诸强对于联赛的垄断,成为继卡利亚里之后第二个捧起联赛冠军的南部球队。街上被蜂拥的人群挤得水泄不通,蓝色的旗帜挂满了城市的各个角落,甚至墓地的墙上都写上了标语:"提前睡着的伙计们,你们错过了最好的东西!"

夺冠不忘奚落死者,只是那不勒斯欢庆的方式之一。很快地,一份份带着挑衅标题的报纸送达北方城镇,向那些瞧不起他们的家伙宣布:"我们这里不仅有黑手党的教父,还有统治球场的球王。"

在效力那不勒斯期间,马拉多纳为球队夺得了一个联盟杯冠军、两个联赛冠军、一个意大利杯冠军和一个超级杯冠军。那时候,这座城市失业率达到40%,每星期却有超过3万人去圣保罗球场看球。许多人提名马拉多纳来当市长,甚至在1990年世界杯阿根廷与意大利的半决赛时倒戈,表示我是意大利籍的三十年潘帕斯球迷。然而,马拉多纳向来都是天使和魔鬼的合体。1991年4月,他因为吸毒被意大利足协停赛了15个月,停赛通知单还没捂热乎,他又在布宜诺斯艾利斯的一次扫毒行动中落网。

这么折腾下来,可把那不勒斯坑苦了。要知道,1984年那不勒斯买老马足足花了750万美元,还搭上443万美元的人身保险和保镖费,每年提供给老马80万美元的年薪,外加每场比赛的15%收入,进球奖还单算……七七八八算下来,那不勒斯已经为老马支出了5 000多万美元。这钱什么概念? 1986年贝卢斯科尼买下AC米兰的大部分股份,也只花了2 000万美元。

事实上,除了冠军奖金和各种分成之外,那不勒斯在老马身上花的大部分钱是依靠当地政治家和银行各种卖信用换来的担保贷款。那边月供还没还完,这边的楼已经烂尾了,于是那不勒斯就变成了最惨的房奴。

1992年,马拉多纳与那不勒斯的合同到期。一年之后,球队就因为俱乐部主席陷入受贿丑闻差点破产。在窘迫的情况下,那不勒斯开始卖家当——1993年,佐拉和卡纳瓦罗被送往帕尔马;1994年,费拉拉被卖到尤文图斯;1995年,卡博尼也插上草标,"打晕包邮"去了国际米兰。

把良性资产卖得差不多之后,那不勒斯终于撑不住了。1997—1998赛季,他们创造了整个赛季仅取得2胜的意甲新纪录,以积14分的耻辱成绩黯然降级。

这时距离他们最后一次联赛夺冠,仅仅过了8年。

## 浮浮沉沉之后,他们跌入了谷底

好消息是,那不勒斯只在意乙沉沦了两年就杀回来了;坏消息是,一年之后他们就又降回了意乙。对于一家没钱的俱乐部来说,想在意甲站稳脚跟实在太难。在重回意甲的那个赛季,由于缺前锋,他们冒险租来阿毛里和埃德蒙多打短工。前者初出茅庐,一年就只进了一个球;后者外号"野兽",五毒俱全,用了半年就被打发走了。

这些决策失误导致那不勒斯重回乙级打拼,而且越陷越深。2001—2002赛季他们意乙第5;2002—2003赛季意乙第16;2003—2004赛季意乙第13。

无望之中,他们甚至想过再把老马搬出来当作图腾——2003年8月,那不勒斯市政厅申请把圣保罗球场改名为迭戈·马拉多纳球场,但这一议案却最终被意大利政府驳回。理由是:按照意大利法律规定,公共建筑物不得以任何去世未超过10年的人的名字命名。

不仅没能冲喜，年久失修的圣保罗球场还出现了建筑问题，导致那不勒斯只能找南部邻居家的小球场去"借宿"。

穷人的日子，总是祸不单行。2004年8月3日，在入不敷出时，那不勒斯身背7 900万欧元的债务，被法院宣布破产。

要知道，那不勒斯球迷总数约占整个意大利球迷的1/10，1979年10月20日对阵佩鲁贾时创造的89 365人入场观赛的意甲历史纪录至今仍然没有俱乐部能打破，这样一支寄托了南方球迷无限希望和虔诚的球队，就这么说没就没了？是的，现实就是这么残酷。破产令一发，俱乐部的所有资产，包括球队名称、球衣球袜甚至洗手间厕纸都被政府打包拍卖，整支球队变成一个空壳，留给球迷的只有一片废墟。

就在整个那不勒城斯城陷入绝望之时，当时已经定居美国洛杉矶的电影大亨、后来被大家称为"德佬"的奥雷里奥·德劳伦蒂斯得知了这一消息。这位1975年和父亲一起创立了欧罗影视集团，发行过《这个杀手不太冷》等经典电影，与吕克·贝松、波兰斯基、伍迪·艾伦等著名导演都有过合作，还是国际电影制片人协会的终身荣誉主席。

正是这位影坛大佬，在那不勒斯破产6天后，带着自己的那不勒斯户口本和支票簿火速飞回了意大利，递给了自己心爱的俱乐部一根救命稻草。

2004年8月26日，德劳伦蒂斯注资3 000万欧元收购那不勒斯足球俱乐部并完成破产重组，由于球队连原名"S. S. C. Napoli"都已经卖了，所以俱乐部的名字被迫改成了"Napoli Soccer"。然后，"德佬"以惊人的速度办理完各项手续，让那不勒斯赶上了2004—2005赛季的意丙联赛。

2004年9月10日，新的那不勒斯俱乐部迎来了自己的第一堂训练课。原有的阵容中，仅有索萨、蒙特维诺、蒙特桑托、斯滕达尔多和埃斯波西托五名球员愿意自降薪水留下捍卫球队，然而他们没有训练器材、没有球衣，甚至没有足球……最后还是蒙特桑托从自己汽车后备箱里拿出了一个破旧的皮球丢入球场，以这样一个略显凄凉的开球动作宣布了球队的重生。

由于丙级联赛要求上场球员的号码必须为1～11号，马拉多纳的10号球衣也被迫复出。于是，在2004—2005赛季意丙联赛首轮，索萨身披着尘封12年的10号战袍，带领着全队在阴雨蒙蒙中走入圣保罗球场……迎接他们的，是43 881名球迷震耳欲聋的欢呼。

## "德佬"的美好时代

事实证明，那不勒斯拥有最忠诚的球迷。整个赛季，那不勒斯平均每场的现场观众人数高达37 080人。这个数字是什么概念呢？即便放眼整个意大利，能够超过这个上座数字的也只有AC米兰、国际米兰和罗马这三家意甲豪门。

因为他们球迷太多了，"天空体育"甚至单独给他家开了张转播合同，使得那不勒斯成为意丙联赛唯一一家场场转播的俱乐部，每赛季还能从"天空体育"收账160万欧元，这对一支第三级别球队来说简直是一笔巨款。

但是，仅仅靠着球迷和转播权，那不勒斯肯定不能复兴。于是，德劳伦蒂斯招来了体育总监马里诺——他在马拉多纳时代就是那不勒斯的总监，之后又执掌过佩斯卡拉、罗马和乌迪内斯的运营，在乌鸡军团（乌迪内斯俱乐部）开创了著名的"乌迪内斯模式"，满世界都是他的球探网。原本在那不勒斯破产后，他就曾经建议乌迪内斯老板波佐接手，但波佐不同意。结果"德佬"一声召唤，马里诺立刻就卷铺盖回来了。

可以说，那不勒斯能迅速回归意甲，靠的就是"德佬"的钱和马里诺的人脉。而且，那几年"德佬"是真的大方。那不勒斯打丙级联赛时，他给球员发乙级联赛中等偏上水平的工资，球队升到了乙级，又发起了相当于甲级联赛球员的工资。正是靠着这种工资差，马里诺频频在转会市场上搞来好球员。

2005年冬窗加盟的卡拉约曾是意丙最佳射手，2005年夏窗加盟的博利亚奇诺、特罗塔、布基都是许多意乙球队甚至意甲球队盯了很久的球员，2006年夏天加盟的德泽尔比和小卡纳瓦罗更不用说了，简直就是市场上的抢手货。

马里诺唯一走眼的，就是给那不勒斯找的第一个主教练是文图拉。喜欢意大利足球的，都知道这是个啥水平。好在马里诺及时止损，赛季中期就炒了文图拉，请来了前卡利亚里主帅雷亚。在雷亚的带领下，2004—2005赛季那不勒斯获得了意丙附加赛的资格；2005—2006赛季以第一名的成绩升入意乙；2006—2007赛季更是带着球队重回意甲。

原本马里诺计划用五年时间把那不勒斯带回顶级联赛，结果这个目标三年就实现了。在此期间，德劳伦蒂斯还通过拍卖竞标重新拿回了"Società Sportiva Calcio Napoli"的名号，一切完璧归赵，等待着那不勒斯的意甲新赛季。

当时的那不勒斯人民有多高兴呢？时任意大利司法部长的马斯特拉是那不勒斯的铁杆球迷，他关心那不勒斯的足球甚至胜过关心这里的治安。2006年下半年，那不勒斯几乎每天都有人死于街头械斗，而路上抢劫和伤害案件更是每天发案十几起。当属下问马斯特拉有啥解决办法的时候，他说："只要有足球，这里人的心态就会平和。只要那不勒斯回到甲级，这里的犯罪率就会降低。"果然，2007年6—8月，那不勒斯的犯罪率环比十年最低，因为全城人民都在忙着为球队升级狂欢。

2007—2008赛季夏窗，那不勒斯转会市场上投入了2 370万欧元，是意甲仅次于尤文图斯（3 412.5万欧元）和国际米兰（2 900万欧元）的第三投资大户，哈姆西克、加尔加诺、拉维兹、孔蒂尼、布拉西、萨拉耶塔等一大批中流砥柱陆续加盟。

重返意甲的第一个赛季，那不勒斯就排名联赛第八，一切都那么欣欣向荣。然而，正当那不勒斯球迷梦想着一路披荆斩棘走向意甲顶峰时……他们却渐渐发现，"德佬"好像不是那个"德佬"了。

## "德佬"的那不勒斯，是怎样炼成的

虽然"德佬"很有钱，但是那不勒斯对他来说依然是个投资项目而非烧钱玩具，所以他球队管理一向心狠手辣非常坚决。比如，他要树立自己在那不勒斯的绝对权威，2008—2009赛季他和马里诺之间产生了分歧，结果当然是马里诺离开；对于不合他心意的主教练，他说炒就炒，2009年3月，因为球队暂时成绩不佳，"德佬"就把带着球队三连跳的功勋教练雷亚解雇了；他对于那些年长的或者薪资过于丰厚的球员，因西涅、默滕斯、鲁伊斯等，总是说卖就卖，"升职加薪谈合同？你们也不看看自己多大岁数了！"

总之，"德佬"就是这臭脾气，一言不合就到处喷。他会在教练跟他要钱买人时说："多纳多尼想要一个中场？那他咋不买下自己呢？"他会在伊瓜因离开时说："要么他是个骗子，要么他是个好演员。但我首先排除后一种，因为我对演员这一行太了解了。"

在意大利足坛，德劳伦蒂斯与巴勒莫老板赞帕里尼，是两大著名"嘴炮"。但与简单粗暴的嘴炮不同，"德佬"显然更懂得"语言的艺术"，骂人不带脏字，段子信手拈来，拐弯抹角更为狠毒。当然，这种性格也为那不勒斯挡下了不少枪炮，久而久之球队和球迷也习惯了：反正天塌下来，有"德佬"的嘴顶着。

"德佬"和球队的各方关系都曾经闹僵过。原因五花八门，但总结下来无非是：在球员眼里，"德佬"是个独裁者。2019年因为球队成绩不好，他勒令全队封闭训练一周，结果导致球员集体罢训；在球迷眼里，"德佬"越来越小气，功勋不续约，新人不吃进，票价卖得越来越贵，还总是亲自下场和我们吵架。而在"德佬"眼里，你们这些平民百姓懂个啥，我为那不勒斯做了这么多，你们甚至不肯叫我一声"God father"（教父）。

就是这么一支吵吵闹闹的球队，却一步一步扎实地成为意甲豪门。如果我们回头看看那不勒斯走过的路，就会发现"德佬"看似鲁莽霸道的经营思路背后，其实透着清晰的发展路线。

(1)那不勒斯一直拥有出色的体育总监。马里诺带来了拉维奇、哈姆西克；里卡多·比贡带来了卡瓦尼；朱恩托利和他的5个经纪人，带来了金玟哉、洛博特卡、安古伊萨、克瓦拉茨赫利亚、奥斯梅恩。

(2)那不勒斯拥有发达的球探网，2018—2019赛季意甲第八轮，那不勒斯首发11人来自11个国家。

(3)"德佬"有优秀的挑教练眼光。马扎里、萨里、斯帕莱蒂这些远非顶级的教练，都被"德佬"从犄角旮旯里挖出来，并且在那不勒斯取得了成功。

(4)他们有稳健的卖人策略。不仅卡瓦尼、伊瓜因、若日尼奥、库利巴利都卖出了好价，甚至2018年夏天，"德佬"请来了安切洛蒂，把萨里赶下台。然而他并没有解除与萨里还剩三年的合同，所以蓝军愣是花了500万欧元为萨里赎身。下课的教练还能榨出油，这种操作……真的没见过。

正是这出色的开源节流能力和看中了肯花大价钱的魄力，让那不勒斯不会被任何一个球员的升职加薪要求所绑架，因为"德佬"压根就不想在那不勒斯再造一个马拉多纳那样的神，更不想球队和那不勒斯人民产生神明般的依附关系，这地方我一个人说了算就行了！

你可以说他张扬，也可以说他专横。但近十年，那不勒斯一直在平稳换血，7次进入前三，成绩惊人的稳定。有趣的是，2020年11月，那不勒斯市市长宣布圣保罗球场更名为马拉多纳球场。这次，没有人搬出"人死后不到10年就不能命名建筑物"的条款。或许是因为老马的影响力早就超越了亚平宁的法律，抑或是，在世人眼中,那不勒斯已是惹不起的豪强。

总之,在拿了4个亚军之后,那不勒斯终于等到了收获的季节。在斯帕莱蒂的率领下,2022—2023赛季球队的阵容平均年龄只有25.6岁,这帮年轻球员激发出了无限动力,看起来战术并不复杂,但依靠球员卖力逼抢、兵贵神速和超神奥斯梅恩,他们在意甲一骑绝尘,最终提前5轮夺冠,拿到了阔别33年的意甲冠军。

这一夜,那不勒斯鞭炮齐鸣,灯火和烟花把天空映衬得宛如白昼。

斯帕莱蒂说:这一刻,我肩膀上仿佛有一座城市。

## 尾 声

如果你读过《那不勒斯四部曲》,就会在书中感受到命运与努力、庶民与反抗、暴力与热爱交织,充满着一种"不知道该怎么活下去、可我还是要活下去"的信念。书中所描绘的,很像是那不勒斯这座城市的性格。球迷能为球队倾尽所有,也能把抢劫的枪口抵在哈姆西克的脑袋上。辱骂性质的口号、侮辱性质的标语、大街小巷欢庆的蓝色,都是那不勒斯球迷对球队表达情感的基本操作。

这支球队也一样,他们被北方豪强所歧视,在污泥里奋起反击。历史中没有多少光辉伟岸的形象,就连球队的偶像老马,现在掌舵的"德佬",也都是毁誉参半的人物。而这一切,又都是如此的那不勒斯。

他们从悲伤中崛起,从黑暗中归来,成为意大利足坛最离经叛道的反抗力量。也许,他们压根就没想成为什么伟光正的正面角色,只是用33年浮浮沉沉的经历告诉世人:哪怕曾经一无所有,哪怕出生在这片谁都看不起的土地上……

"我野蛮生长,自己便是太阳。"

# 从无家可归到英超新贵,他们用 20年完成惊人逆袭

他们是英超不可忽视的新生力量,是欧洲足坛崛起的黑店级玩家,他们用大数据开创了一条平民球队的可持续发展之路,并且在金元足球的浪潮中赚得盆满钵满。他们就是——"海鸥军团"布莱顿。

在2023年的夏天,布莱顿一边在转会市场上搅弄风云,一边备战着球队122年历史上的第一次欧战。然而,很少有人知道,这支"当红炸子鸡"球队20年前还身处第三级别联赛,穷得连个自己的主场都没有。

下面,我们就来扒一扒这支球队的前世今生,看看它是如何经历了"地狱模式"才走到今天。

## 布莱顿的祖上,没阔过

布莱顿足球俱乐部(以下简称布莱顿)成立于1901年,是英格兰南部联赛的创始成员。它于1920年加入足球联盟,然后长期混迹于第二至第四级别联赛。

直到俱乐部成立近80年之后,球队才第一次出现在顶级联赛的赛场上。在1979—1983年间,布莱顿曾经连续四年征战英甲比赛,并且在1982—1983赛季打进了足总杯决赛。在足总杯决赛中,他们首回合2∶2战平曼联。根据当时的赛制,决赛需要重赛。很遗憾,在重赛中他们以0∶4的比分惨败。

然而在那个赛季结束后,布莱顿却遗憾降级,此后34年再没有出现在顶级联赛的赛场上。1992年,英超成立,但那时的布莱顿甚至连第二级别联赛的资格都保不

住,在英超元年降到了第三级别,然后又在1996—1997赛季降到了第四级别——英乙。

直到2000—2001赛季,布莱顿都在英乙摸爬滚打。而那些年最忙碌的事,不是买球员也不是冲击上一级联赛,而是……搬家。

## 一支四处借宿的球队

说起这事儿,30年的布莱顿球迷得先给大家哭一嗓子。

原本布莱顿是有家的。球队1901年成立,1902年就搬入了金石球场(Goldstone Ground),并且在之后90多年一直住在金石球场。然而从1994年开始,布莱顿陷入了长期的财政危机。过了几年节衣缩食的日子,球队还是积重难返。1996年3月,布莱顿董事会决定把金石球场卖给地产大亨。

球场卖了之后,村里还传闻:"董事会准备让布莱顿之后去朴次茅斯,借用人家的法顿公园球场。"这下,球迷怒了。我们祖祖辈辈都习惯了去金石球场看球,你们董事会连个招呼都不打就把球场卖了,而且在卖之前,竟然连个能暂住的新球场都没给球队找!于是,1996年4月27日,在金石球场的最后一场比赛中,开赛16分钟后球迷突然冲入比赛草坪抗议……比赛也被迫中止。

虽然新接手球场的地产大亨以48万镑的价格又把金石球场租给布莱顿一年,但球迷抗议和动不动就进场示威这种事儿还是经常发生。最终,布莱顿在1996—1997赛季因为球迷事件被英足总罚掉了两个积分,并在那个赛季结束后再次降入了英乙。1997年的夏天,布莱顿全队充满了苦涩。他们不仅要在第四级别开始自己的新赛季,而且还不能再续租金石球场。因为这座即将度过百年华诞的球场将要被拆除,地产大亨要在那块地皮上建购物中心。这回,布莱顿是彻底无家可归了。

1997—1999年,布莱顿无奈只能去远在100公里之外的肯特郡,和吉林汉姆共用普里斯特菲尔德球场。由于借宿的地方太远,在那三年里场均只有2 328名球迷长途跋涉去给球队捧场。眼瞅着门票收入锐减,布莱顿只能再次搬家,这次搬到了布莱顿郊区的韦思丹体育场。

但这次的"廉租房"依然不能让球队和球迷满意。(1)因为韦思丹体育场原本是个田径场,看球的时候要远离草皮,不利于气氛烘托;(2)这球场连个更衣室都没有,所有球员用的设施都是临时的;(3)球场容量太小,扩建之后也只能有 9 000 个座位,要知道,早在 1977—1978 赛季,布莱顿的金石球场场均就能有 25 000 名观众进场。

更重要的是,当地居民根本不欢迎布莱顿迁入,"俺们村里已经习惯宁静的生活了啊,你们来闹腾什么?"最终,球队在和居民签订了"比赛期间不用大喇叭放音乐""球迷车辆禁止停放在赛场区域内""成立清洁队在赛后清理场地"等种种不平等条约之后……好歹算是搬进了这个体育场。这一住,就是 14 年。

然而,这大学体育场的规模还是严重影响了球队的发展,再加上史蒂夫·霍普、米奇·亚当斯、彼得·泰勒,连续三位布莱顿主帅都因为觉得这球队没啥前途辞职,这一切终于让董事会痛下决心:我们要盖新球场!

## 新球场,来之不易

其实早在 1999 年,布莱顿董事会就把建新球场的事儿提上了计划。但大家都知道的,在英国建个楼审批程序非常复杂,要考虑环境保护、古迹保护、附近居民噪声指数等一系列因素,一不留神决策者就会留下千古骂名……所以,布莱顿政府决定甩锅,这球场到底要不要建由市民公投决定。

这回,到了我们球迷出力的时候了。从 1999 年 2 月起,布莱顿球迷举行了一系列的支持新建球场活动,并且发放了超过 12 万份传单。三个月后,公投结果揭晓,56 701 票赞成、11 194 票反对,市议会同意布莱顿在法尔玛地区建球场。

然而,设计施工还没开始,法尔玛地区居民又不乐意了。因为当地大部分地区有"杰出自然美景"的官方认证,你要建球场?环保团体有话要说。于是,关于建还是不建,意见双方开始了长达三年的扯皮。在那三年间,球队和布莱顿大学、萨西克斯郡大学先后谈妥,反对声音越来越小。然后布莱顿球迷再次出动,制作了诸多"建球场有利于市民就业、经济发展、学龄前教育、母猪的产后护理"等一系列 PPT,并且写了 6 200 封信直接寄到唐宁街,请求当时的英国副首相约翰·普雷斯科特批准兴建计划。终于,2004 年 11 月,副首相大笔一挥,同意了布莱顿盖球场的方案。

然后,新问题又来了。由于扯皮时间太长,聘请律师吵架支出太大,新球场迟迟没下文,所以只能不断修缮韦思丹体育场等诸多原因……球队手里的钱已经不够盖新球场了。2004年,布莱顿财报挂红,赤字达到940万英镑。球队这么穷怎么盖楼?这次,球迷又出马了。

2004年9月,布莱顿球迷成立了名为"Alive and Kicking Fund"的拯救基金,靠着捐款、拍卖、办晚会、灌唱片等多种方式帮球队集资。球员们也没闲着,他们不断地帮球队宣传、拉赞助,甚至给球队筹钱……就这样,又攒了4年钱,布莱顿的新球场终于在2008年12月破土动工。

不过,第一铲子土下去,要花钱的地方更多了。2008—2009赛季布莱顿排名英甲第16名,勉强保级成功。2009年5月,布莱顿原来的领导班子撂了挑子,接盘的是一位即将写入历史进程的俱乐部新主席。他的名字叫:托尼·布鲁姆。

## 一代赌王,入主布莱顿

关于托尼·布鲁姆,大家需要知道两点背景知识。(1)他是布莱顿原著民,祖父哈里·布鲁姆在20世纪70年代是布莱顿的副主席,叔父雷-布鲁姆也曾经是布莱顿的董事,全家老小都是铁杆的布莱顿球迷。(2)他是英国著名的赌王。他毕业于曼彻斯特大学数学专业,曾担任过会计和交易员。后来他辞去所有的正经工作,开始利用自己的专业知识投身扑克事业。这一赌,就发了。他在职业生涯里,曾多次亮相世界扑克巡回赛,赛事奖金累计超过300万英镑。

2006年,布卢姆在布莱顿创立了自己的体育博彩咨询公司"蜥蜴之星"。这家公司的主营业务就是帮客户找投注项目。他雇用了一大批数据采集员和计算机天才,预测的比博彩公司更加精准,最终赚得盆满钵满。虽然没有正式公布过,但英国人推测他的身家超过10亿英镑。

总之,有钱、有闲、有头脑还特别爱布莱顿,这样的背景让布鲁姆决定在球队危难之时挺身而出。2009年,布鲁姆收购了俱乐部75%的股份,成为布莱顿的新主席。

上任之后,他首先干了三件事。(1)赶紧给工程队打钱,咱先把新球场盖完再说。(2)给球队找一个靠谱的主教练,咱可不能再降级了。(3)给球队建立了一个和他的"蜥蜴之星"公司类似的数据团队,同样雇用了一大批数据采集员和计算机天才,把自己的球探网洒满全世界。

2009年11月10日,切尔西名宿、上海人民的好朋友波耶特,作为布莱顿新主帅走马上任。第一个赛季半路接手,波耶特就带领布莱顿在英甲保级成功。第二个赛季也就是2010—2011赛季,布莱顿折腾了十几年的新主场——运通球场终于竣工了,借着乔迁之喜以及初见成效的大数据买人,波耶特竟然带着球队一路冲入英冠,创造了一个不大不小的奇迹。

升入英冠的第一个赛季,布鲁姆又干了一件大事。2012年1月,布莱顿向市议会提交了一份申请,说他们想在球场再增加8 000个座位,并且增加新的电视转播席位和豪华包间。市议会接到申请之后一脸懵逼:"嗯……你们的新球场不是去年才刚领了钥匙吗?"布鲁姆回答:"啊,这是在为我们进入英超做准备。"

啥?你一个英冠一年级生就准备进入英超?你就算是初生牛犊也不能把对手都当Hello Kitty吧!

好在扩建不像新建那么难批。三个月后,布莱顿得到了扩建许可。又过了三个月,2012—2013赛季打响,布莱顿的主场开始边比赛边装修。到了那个赛季末,球场扩建完成,从原有的22 374个座位增加到30 750个。而球队的成绩……好吧,他们打入了冲击英超的附加赛。是的,布鲁姆没有吹牛,球场扩建真的是在为英超做准备。所以大家不禁怀疑,这难道也是大数据能算出来的吗?

但是,也有大数据算不到的地方。那一年的附加赛布莱顿遭遇他们的M23德比(M23公路德比)老冤家水晶宫,在首回合上半场就接连有三名球员受伤下场,最终两回合遗憾落败。而且从那之后,附加赛便成了布莱顿的诅咒。2013—2014赛季,他们在英冠排第六位,附加赛半决赛两回合2∶6负于德比郡;2015—2016赛季,他们在英冠排第三位,附加赛半决赛两回合1∶3负于谢周三……

终于,布莱顿幡然醒悟,既然没有附加赛的命,那就直接搭上直通车。2016—2017赛季,布莱顿从赛季初就表现强势,和纽卡斯尔联交替霸占积分榜榜首,并且在三月中旬用一波五连胜甩开了纽卡。2017年4月18日,对于布莱顿是个值得铭记的日子。虽然那天他们的比赛早已结束,但是球员和球迷们却依然静静坐在球队的主场。两小时后,这座球场沸腾了。

因为,德比郡在第88分钟由巴特菲尔德打入一球,帮助德比郡战平了哈德斯菲尔德。这一比分也意味着布莱顿留在英冠已经没有理论上的可能,他们提前三轮升入了英超。34年低级别联赛的摸爬滚打,20多年的颠沛流离,这一切都随着胜利的喜悦如爆炸般释放。一时间,布莱顿的主场旌旗招展、鞭炮齐鸣、海鸥飞翔,球迷们一起涌入球场……

英超,我们来了。

## 人设突变,从一穷二白到英超"黑店"

2016—2017赛季布莱顿冲超成功时,带领他们的教练是2014年被诺维奇解职的休顿;队内的最佳球员,是三年前因为踢飞了狐狸城(莱斯特城)冲超的关键点球而被球队扫地出门的科诺凯特。

那时候,外界提起这些时都是当作"草根英雄""捡漏高手""平民胜利"的素材,但其实布莱顿能找到这些人并非偶然。

征战英超的前四年,布莱顿分别取得了第15、第17、第15、第16名的成绩,基本每年都在为保级而战。但从2021—2022赛季起,一切开始变得不一样。

2021年夏窗,布莱顿引入了7名来自7个不同联赛的球员,其中就包括300万欧元买来的三笘薰和1 600万欧元买来的库库雷利亚,然后以5 850万欧元的价格卖掉了它的防线大腿本·怀特。赛季末一盘点,转会费赚了3 000万欧元,球队成绩不降反升,拿下了第9名。

2022年夏窗,布莱顿又挖来了恩西索、埃斯图皮尼安、吉尔莫等一众小将,然后开心地把库库雷利亚和比苏马卖出了8 000万英镑,甚至还顺便卖了个主教练……波特和他的团队被切尔西挖角,为此蓝军支付给了布莱顿2 150万英镑的解约金。然后赛季末又一盘点,布莱顿排名第6,而且还获得了球队历史上首次欧战资格。

2023年夏窗,切尔西和利物浦在凯塞多身上闹了半个月的肥皂剧,弱小、无助但能吃的布莱顿只能眼巴巴地看两支豪门球队互相抬价,最后"含泪"收下了凯塞多、麦卡利斯特、桑切斯售出带来的1.8亿欧元……所以,布莱顿在买卖球员方面,究竟有什么魔力? 总结下来,大概有四点。

(1)老板布鲁姆的技术加持,让他们拥有了五大联赛目前最前沿的大数据系统,就连阿贾克斯、多特蒙德、本菲卡这些老牌"黑店",都开始对布莱顿的大数据分析进行研究,无奈就是参悟不透。

(2)广泛而无处不在的球探系统,让他们拥有了无数只发现"小妖"的眼睛。凯塞多是从厄瓜多尔花500万欧元买的,恩西索是从巴拉圭挖的,这些国家都不是欧洲球队的常规购货地。布莱顿CEO巴伯直截了当地说:"大数据允许我们在其他俱乐部不敢钓鱼的池塘放钩,因为他们对这些池塘不熟悉。而我们已经做好了准备,要深入中美洲和南美洲那些更暗、更深的池塘。"

(3)只要有球员踢得风生水起,那就抓紧为他的位置培养一个"B角"。如比苏马卖了,凯塞多崛起;凯塞多卖了,先拿格罗斯周转一下,又签下了19岁的巴莱巴;麦卡利斯特、库库雷利亚身后,站着吉尔莫和埃斯图皮尼安;特罗萨德之所以卖给阿森纳,是因为三笘薰已经成熟。2019年,布鲁姆还买下了比利时球队圣吉罗斯,让布莱顿可以把暂时打不上比赛的球员送到那里,一举解决练"小妖"和劳工证两大难题。

(4)布莱顿连球队工作人员都有替身。主教练波特被切尔西挖走了,德泽尔比上位;技术总监阿什沃斯被纽卡挖走了,外租球员主管大卫·韦尔马上补缺。总之,来挖吧,我们有的是人,如果今年你们买的人水土不服,那么明年再来看看我们的新货,一口价6 000万欧元,都有正规发票的。

这就是布莱顿。他们不是那种生来就大富大贵的球队,一直也没能等来一个"石油爹",历史上为了解决住房问题就折腾了小二十年,好不容易通过球迷们的支持才熬到了新球场开工的那一天,然后凭借新老板带来的大数据和球探网,在金元足球的浪潮中赚足了土豪球队的钱,最终开辟了一条让其他俱乐部流口水的致富之路。

也许未来有一天,伦敦商学院会为布莱顿如今的运作模式专开一门课。我甚至连课程名称都替他们想好了,就叫:《FM海鸥模式》;或者叫:《赛博义乌》。

# 我效力了 19 年的球队"死"了,但我还想救活它

2021 年的 8 月,一个 42 岁的男人几乎天天往返于维罗纳和威尼斯之间,不断拜访各界名流,与各行各业的企业家开会,还要和球迷团体一起上街宣传。直到 8 月底,他带着厚厚一叠资料再次走进了威尼托大区足协的办公楼。"我来注册一家新俱乐部,名字叫做——切沃 1929。"这个男人是佩利西耶,意甲老球迷们肯定对这个名字不会陌生。而他注册这家俱乐部,是在第二次尝试救回自己效力过 19 年的那支球队。

## 驴子真的会飞

虽然很多球迷都听说过切沃这个名字,但很多人并不了解这是一家多么"微型"的俱乐部。它坐落在意大利北部阿迪杰河畔的一座历史名城:维罗纳。我们都知道这里是莎士比亚笔下《罗密欧与朱丽叶》故事发生的地方,两个分别来自凯普莱特和蒙太古家族的年轻人谱写了文学作品里最著名的悲剧之一。

这座城市也有两家足球俱乐部,一家以城市命名叫做维罗纳,另一家取自城区划分得名切沃。就像所有的同城德比一样,两队的球迷也势同水火,但俱乐部之间的实力对比并不像莎翁作品里那么均衡。因为很长的一段时间里,切沃在维罗纳面前简直不值一提。

1929 年,一群维罗纳球迷对主队的成绩不满,聚在一块儿成立了新的俱乐部,也就是后来的切沃。俱乐部成立得非常随意,接下来的发展也随心所欲。将近 50

年的时间，切沃始终在地区联赛里晃悠，说穿了就是球员们平时各自上班、周末聚一起踢踢球的业余俱乐部。

直到 1975 年，切沃才在商人路易吉·坎佩德利的资助下拿到了地区联赛冠军，并且通过财政审查摸到了意大利职业联赛体系的门槛。虽然意丁在当时只是第 5 级别联赛，但对切沃来说也算是历史性的一次飞跃。切沃也真的从此迈上了一个新台阶：1986 年，他们升入了意丙二；1989 年，再进一步来到了意丙一。不过 1992 年，路易吉·坎佩德利去世，俱乐部交到了他儿子卢卡·坎佩德利的手上。那时小坎佩德利才刚满 23 周岁，就成为意大利职业俱乐部史上最年轻的主席。年轻气盛的小坎佩德利踌躇满志，放出"狂言"要带领切沃升入意大利足球的最高殿堂——意甲。

同城死敌维罗纳的球迷听到这种大话几乎立刻笑了出来，毕竟他们的主队作为这座城市的老大哥也不过只是在意乙踢球。于是，这些更加人多势众的球迷编出了一首歌，说："切沃要是能升级，天空也能飞毛驴。"这句话改编自当地谚语，就像英语里的"如果猪会飞"一样，专门用来嘲笑不切实际的梦想。很快，飞驴变成了整座城市对切沃的代称，言语里都是嬉笑和嘲讽。但我们都知道，这种事情往往都是为最后的打脸插旗。1994 年，切沃在主教练马莱萨尼的带领下冲入意乙，维罗纳球迷渐渐开始笑不出来。2001 年，德尔内里又带领球队拿下意乙第三，真的杀入了意甲。

这是意大利足球金字塔建立以来，第一次有俱乐部从职业体系底层的意丁一路杀到塔尖。驴子真的飞上了天，而"飞驴"就这样从对手蔑称变成了官方昵称，但不可思议的神话才刚刚开始。首个意甲赛季，人们都以为切沃是降级热门，可切沃敢打敢拼，拿下第 5，冲进了欧战。接下来数年稳定在中游偏上，2006 年还因为电话门事件递补拿到了欧冠资格赛的入场券。

不幸的是，那个赛季他们折戟欧冠资格赛，失去了创造更大奇迹和迈入经济巅峰的机会。意甲联赛中士气还受到严重影响，屡战屡败，最后以倒数第三跌入意乙。幸运的是，一个赛季之后"飞驴"就杀了回来，之后成功长期留在了意甲。他们虽然是保级球队，但作风硬朗，哪家豪门见了都不好打。这里也走出了很多后来加盟强队的球星，比如佩罗塔、莱罗塔列、克拉迪、巴尔扎利、阿毛里等。但有一个人在此成名，哪里也没去。他一留就是 19 年，成了"飞驴"队史的头号传奇，他就是塞尔吉奥·佩利西耶。

## 一个人一座城

佩利西耶出生于一座阿尔卑斯山脉间的小镇，人口大概只有两三万人。12岁时，他代表当地一家少年球队在与都灵梯队的比赛里上演帽子戏法，立刻被后者看中挖去了青训营。就这样，年少的佩利西耶独自一个人搬去了都灵这座大城市，开始了边读书边踢球的住宿生活。

其间有过痛苦，他曾经有一段时间非常想家，数次在和父母通电话的时候泪流满面，还偷偷溜回去了半个月。但他也有收获，努力坚持使他一路顺利从U14层层选拔进了U21，还在意乙和意大利杯里分别上演了成年队首秀。

2000年，切沃从都灵以几乎免签的方式得到了21岁的佩利西耶，并且把他租借给斯帕尔一年半的时间，因此他错过了德尔内里带队的神奇升级。但租借期满回到球队之后，佩利西耶很快发现这里的一切都和自己完美合拍。和工业化浓厚的都灵相比，在维罗纳的慢节奏使他仿佛回到了家乡。而在切沃这支小球队，阵容里很多人都是大球队的失意者和干劲十足的年轻人。佩利西耶很快就在这里找到了感觉，而且再也没有离开。近二十年的职业生涯，佩利西耶为切沃可以说付出了一切。各项赛事515次出场，他为切沃打入了139个进球，这对于得到机会有限的小球队前锋来说，已经足够优秀了。

也不是没有大球队对他抛出过橄榄枝，但他是这么回应的："我只是个小人物，去豪门的话很快就会被大家忘记。我还是更适合切沃，和大家一起做出点别人认为我们做不到的事情。"

看似轻飘飘的一句话，佩利西耶践行了整个职业生涯。2007年切沃降级后，很多主力出走，他却拒绝了三份很有诚意的报价跟着"飞驴"去打意乙。在意乙，佩利西耶首次戴上了队长袖标，还以22个进球打破了队史单赛季个人进球纪录，帮助球队只用一年又杀回了意甲。也许没有托蒂那样万人传颂，但一个人一座城的忠诚故事同样美好珍贵。

2018－2019赛季，切沃以全年仅两胜的糟糕战绩垫底降级。已经40岁的佩利西耶再也没有余力重演当年的力挽狂澜，宣布将在赛季结束后退役。最后一个主场比赛，每一名队友和球迷们都穿着佩利西耶的31号球衣，看台上到处都是感谢他的横幅和标语牌。他以球员身份留下了这么一段话:"我几乎在切沃度过了三分之一的人生,纵然世界各种变化,我都为我的决定无比骄傲。这里,永远都是我的家。"既然是家,哪里会有那么轻易离开。球员佩利西耶虽然告别了切沃,但他仍然以技术总监的身份为这家俱乐部服务,直到"毁灭"来临。

## 毁灭还是重生

很多人可能难以想象切沃有多难。它在维罗纳仍然只是一家小众俱乐部,很多个赛季的平均上座人数只有可怜的 8 000～10 000。在它和维罗纳俱乐部公用的本特戈蒂球场,甚至有一段时间因为观众太少只能为自家球迷开放客场看台。

能在意甲坚持那么多年,除了很多教练和球队做出的努力之外,老板坎佩德利的支持和转会主管萨尔托里的刮彩票能力必须记上头功。然而 2014 年,萨尔托里被亚特兰大高薪挖走,之后他亲手打造出了大名鼎鼎的"真蓝黑"。意大利和意甲的经济形势越来越颓,坎佩德利也失去了注资和维持球队的兴趣。降入意乙只是个开始,此前数年的经济危机才是末日之源。

说起来"飞驴"会在 2018－2019 赛季打成那个惨样,其中一个重要原因就是开赛前因为和切塞纳等队做假账被查出,以－3 分开启了那个赛季。之后失去了意甲的转播分成,对于这家揭不开锅的俱乐部来说可以算是雪上加霜。新冠疫情的到来,终于压垮了切沃。

2019－2020 赛季,切沃在意乙排名第 6,还拿到了参加升级附加赛的门票。2020－2021 赛季,它其实也拿到了第 8,本来也应有附加赛资格。但这些球场上的努力没有带来任何结果,因为俱乐部存在拖欠薪水、未交税费、缺少保证金等一系列财政问题。切沃于 2021 年 7 月 16 日被意大利足协"宣判死刑":禁止在新赛季意乙注册。没过多久,俱乐部宣布破产,随后因为无人接手,彻底解散了。拥有 92 年历史的球队,从此灰飞烟灭。但只有一个人坚决不愿意接受这样的结局,始终在做着看似没有意义的努力,还是他——佩利西耶。

就在切沃被禁止注册的两个月之前,佩利西耶辞掉了技术总监的职务。他很想帮助俱乐部提高收入,重回正轨,但管理层从上到下的所有人都只想缩减开支。职权渐渐被架空的他无奈发文:"过去一年半,我不断修改我对球员、俱乐部和目标的判断,改变对于球员、教练甚至主席的看法。我相信我已经提供了能给的一切,但我不能白白领着薪水不做任何事情。"

提前结束合约,他没向经济困难的俱乐部要一分钱的违约金。切沃宣布破产之后,所有人都作鸟兽散,佩利西耶却第一时间冲了回来。他的职业生涯并没有积累太多的财富,于是组织了一些有意向的当地投资者想要联手完成重组。这样,切沃至少能以新的名字、新的身份从职业联赛的末端,也就是意丁开始打起,就像过去在那不勒斯、佛罗伦萨、帕尔马等队身上发生过的那样。然而,切沃和这些球队的影响力显然不在一个等级,没有人愿意为之前欠下的债务和税款无偿买单。

2021年8月21日,佩利西耶在社交媒体发出一篇长信:"我非常遗憾地告诉大家,切沃的故事将走向终结,这是我人生中最悲伤的日子之一。俱乐部曾经给了我太多,我也尽了全部努力想让切沃重新开始,然而我没能做到。时间太少,情况太复杂,我们没有找到赞助商。所以再见了,我所爱的切沃,你是我生命中最重要的俱乐部。"这篇文章在意大利足坛引发了大量讨论,很快就有业内人士找到了佩利西耶,提出了新的设想。而他原本以为自己早已心如死灰,却发现只要有一丁点火光,自己还能燃烧起来。8月24日,佩利西耶宣布成立新俱乐部切沃1929,1929这个数字就是老切沃建立的年份。他成功完成了在地方足协的注册程序,再次尝试重建被摧毁的一切。

佩利西耶想找回以前那些为老切沃工作的人,说服他们延付薪水甚至暂时免费为切沃1929服务;他还想重建起合规的青训体系,让那些回家的孩子回到球场;他更需要找到愿意签约盖章的赞助商,为球队运转提供首批资金保障。

维罗纳市长表态愿意提供政策上的支持,如果能做到这些,那么政府将承担遗留债务让他们轻装上阵。这样,切沃1929就有机会被意大利足协承认为老切沃的"继承者",让他们直接拿到参加意丁的外卡。

然而时间实在太有限,也仍然没有人愿意站出来先掏钱。不仅如此,由于坎佩德利仍然持有着切沃俱乐部的商标,这个新球队在收到律师函警告之后,先是改成了切沃2021,最后又不得不完全改名成了FC克莱文斯,这个词就是"切沃人"的意思。

2021年9月1日,FC克莱文斯正式在意大利第三类锦标赛里注册,2021—2022赛季将在这个第九级别联赛重新开始,但佩利西耶无怨无悔。当球员时,他就是这里的传奇;当总监,他不想成为俱乐部的负担;破产后他两次尝试想要拯救未来。无论FC克莱文斯还要多久才能出现在我们的视野,又能不能拿回切沃这个名字,相信佩利西耶肯定会全程陪伴。"我不会放弃任何东西。为了切沃,我不能放弃。也许我今天没有成功,但我们还有更多的明天。"

# 魂断蓝桥：阿布的十九年

2003年，罗曼·阿布拉莫维奇（阿布）背着成捆的钞票来到英格兰。他买下球队、清偿债务、翻修球场、建设周边设施，指哪打哪地购买球员，不断和欧足联的各种政策周旋。可以说，他的出现彻底改变了英超甚至世界足球的玩法，而他的努力，也让一支中等偏上水平的俱乐部一步步成长为欧洲的顶级豪门。

19年后，一场战争带走了阿布继续留守切尔西的可能性。2022年3月2日晚，阿布宣布将出售切尔西俱乐部并放弃全部债权。那一夜，俄乌局势依然晦暗不明。但在距离基辅2 000公里的伦敦，阿布决定放弃他的热爱。

## 阿布的足球起点——烂摊子切尔西

阿布是俄罗斯富商，从2002年起，他出售了大量航空、天然气、食品行业的股份，逐渐退出俄罗斯市场。而下一步，他急需一个能把钱带走、能给他提供合法合理居留海外的身份，并且这身份还能保证自己进入该国家的上流社会。

足球，恰好符合全部要求。2003年4月24日，犹太球探扎哈维邀请阿布去老特拉福德观看曼联和皇马的欧冠四分之一决赛。在那场比赛中，外星人罗纳尔多上演帽子戏法，而曼联则奋起直追，由范尼和贝克汉姆完成绝杀。比赛最终定格在4∶3这个疯狂的比分上，无比热烈的赛场气氛和跌宕起伏的比赛进程都猛烈地冲击着阿布的内心。赛后，阿布在回程路上搭乘的还是里奥·费迪南德的顺风车。因为当时的曼联老板马丁·爱德华兹并不想放手红魔这棵摇钱树，所以曼联错过了一次青云直上的机会。阿布之所以转而看上切尔西，是因为蓝军地处伦敦黄金圈，球队本身实力也不弱。更重要的是，球队很缺钱，当时的老板肯·贝茨正在满世界地找接盘侠。阿布考虑再三，决定买下切尔西。

蓝军之所以把日子过成这番光景，主要是因为前老板肯·贝茨从1992年开始折腾的一项宏伟计划。这个计划打算以切尔西俱乐部为中心，建设一个集高档宾馆、餐馆、酒吧、购物中心于一体的"切尔西村"。这个村走的是高端路线，就是"每平方米两万美金起，还不打折；开日本车都不好意思跟人打招呼"的那种。然而，钱投进去了、村建起来了，但由于规格太高，大家都不买账。本金和利息越滚越多，到2003年切尔西的负债已经超过8 000万英镑。

当时球队穷到什么地步？据兰帕德回忆说："那个赛季俱乐部财务状况特别糟糕。老板甚至通知主教练，每场比赛结束后禁止球员和对手交换球衣，因为俱乐部需要节约球衣成本。"

到了2003年夏天，形势更加危机。7月23日之前，切尔西必须还2 300万英镑的外债，而且所有续约、转会谈判都被冻结。眼看着"切尔西村"就要变成一座"经济坟墓"了，一股西伯利亚暖流袭来……阿布来了，带着他的卢布。

2003年6月，阿布出资1.5亿英镑买下切尔西俱乐部，并一举付清了俱乐部高达8 000万英镑的债务。于是在2004年英国的福布斯排行榜上，罗曼·阿布拉莫维奇，一个99%的英国人都不知道名字的人，占据了首富的位置，轻松地挤掉了连续三年都排名榜首的威斯敏斯特公爵。

那一年，阿布的私有财产是102亿欧元。按照英国媒体的形象化比喻，阿布当时的资产足够自己举办一次奥运会，然后再用剩下的零钱把温布利大球场翻新9次。中国球迷进一步计算了一下，如果月收入5 000元人民币，那么攒够阿布的钱需要1 259 445年。

## 卢布飞舞的岁月，改变了英超

2003年7月，阿布以极大的热情开始花钱了。首先是高薪挖来曼联的CEO彼得·肯扬作为切尔西的新任管家，然后又为球队的首个夏窗转会开出了上亿英镑的支票。

据说当时阿布还列了份转会名单给时任主帅的拉涅利,名单包括罗纳尔迪尼奥、齐达内、罗伯特·卡洛斯等名字。可怜那时的拉涅利还没见过这么大世面,所以他的回答是:老板你冷静点……后来,彼得·肯扬和拉涅利共同排出了一份包括贝隆、乔·科尔、达夫、马克莱莱和格伦·约翰逊在内的引援名单。然后,阿布就开始照单买人了。

老球迷一定还记得2003年夏窗那条横行欧洲大陆的定理——凡是切尔西看中的人,别家就没戏了,甚至连抬一下的资格都没有。2003—2004赛季,切尔西欧冠四强,英超联赛第二,阿布支票一挥就把欧洲足球带入了挥金如土的时代。

不过,拉涅利取得的成绩还远没有达到阿布的要求。在他眼里,蓝军有了一流的球员和一流的首席执行官,但教练这一环还差点。

最开始,阿布心中的人选是弗格森,但是老爵爷明确表示他的心中只有红魔。于是,2004—2005赛季穆里尼奥以年薪500万欧元的天价加盟切尔西。

在穆里尼奥(绰号鸟叔)进驻蓝军的前两个赛季里,切尔西拿到了2个联赛冠军、1个足总杯冠军、2个联赛杯冠军、1个慈善盾杯冠军,并且打入了一次欧冠四强。虽然阿布和鸟叔的蜜月期过后产生了一些矛盾,特别是在买人卖人的话语权方面,鸟叔很嫌弃阿布的瞎指挥,但这并没有减弱阿布的花钱热情。在他入主切尔西的前四个赛季里,蓝军在球员身上的支出超过了5亿英镑。赫尔城前主席保罗·达芬说:"当切尔西来敲门时,俱乐部就不会再去考虑球员的实际估值了,漫天要价就是了。"在有意无意间,阿布逐渐地改变了英超。

(1)他改变了英超的争霸格局。他来之前英超是曼联与阿森纳两强争霸、利物浦跟着混口汤喝,而他来之后切尔西异军突起,其他球队都跟着喝汤。

(2)他开启了英超的消费内卷。阿布到来的前一年,英超各俱乐部在签约方面一共花费了1.87亿英镑。你买我也买,你买人不看价,搞得大家都对商品估值过高。到了2018年,英超俱乐部的总签约费用已经高达23.5亿英镑。

(3)他抬高了球员的工资水平。2003年,英超联赛的总工资支出为7.47亿英镑。在此后的17年里,这一数字上升了400%。

虽然这种军备竞赛让许多俱乐部叫苦不迭,但是阿布的支票簿却着实帮助了许多困难俱乐部。如2003年夏天阿布以1 260万英镑的价格从西汉姆联买下了格伦·约翰逊和乔·科尔。那一年,西汉姆联正欠着巨额债务并且从英超降级,用铁锤帮当时的青年发展总监托尼·卡尔的话来说："布总给的钱绝对是铁锤帮的救命稻草……"

而且，优秀球员的进驻英超也促进整个联赛品牌的提升，英超联盟的转播权逐渐达到了让其他联赛流口水的水平。在阿布之后，更多的外国财团也纷纷登陆英格兰。2005年，格雷泽家族来了，收购了曼联；2007年，吉利和希克斯来了，买下了利物浦……然而与阿布不同，大多数财团是为钱而来。

而阿布却依然在为热爱买单。从2003年至2008年，阿布在他的第一个五年计划里总计投入俱乐部的资金超过6亿英镑。不过，连续几年的高投资并没有换来他最想要的欧冠冠军，再加上穆里尼奥开始重用埃辛、马克莱莱、德罗巴这种控制型球员，两翼齐飞的进攻型4-5-1也开始逐渐变成4-3-2-1的稳妥型圣诞树队形。这一切，都离阿布期待的漂亮足球越来越远。最终，2007—2008赛季刚开打一个多月，穆里尼奥就黯然下课了。而那个赛季，也成为阿布在切尔西的转折点。因为从那时开始，阿布发现纯烧钱战略开始玩不转了。

## 一张名为FFP的战书即将到来

穆里尼奥的离开似乎带走了阿布的许多运气。穆里尼奥走后，阿布在人生的各个领域都有些不顺。2007年，他离婚了，媳妇分走了他55亿欧元的财产；2008年次贷危机，他的财富大幅度缩水。

然后，欧足联也开始对切尔西动刀了。为了限制切尔西和越来越多乱花钱的土豪，2009年9月欧足联出台了财政公平竞赛法案（Financial Fair Play，简称FFP法案）。其中对切尔西打击最大的，是俱乐部的亏损额度有了严格的限制，一旦超出两年累计亏损4 500万欧元上限（现在为三年），就要受到扣减欧冠分成、限制引援、减少欧冠报名人数等诸多惩罚。而仅在2004—2005财年，切尔西就亏损了1.4亿英镑。

在这危急关头，阿布再 次表现出一个真人FM玩家的豪迈，啊不是，是出于他对切尔西的热爱。对于蓝军账上欠阿布的巨额债务，阿布决定……自己吞了！是的，从2009年起，阿布先后三次将俱乐部的巨额负债转换成股份资产，第一次3.7亿英镑，第二次3.4亿英镑，第三次1.66亿英镑，总额高达8.76亿英镑。就这样，这支当年差点儿被8 000万英镑搞破产的蓝军,现在8.76亿英镑的负债也在阿布的弹指一挥间灰飞烟灭,成为一支零负债的球队。如此一来,老板的直接投资也就从账面上的负债,变成了无偿的捐赠收入。欧足联再来查账……"亏损?我们没有啊。"

这招一出,欧足联心中无比愤怒。作为有和俱乐部多年斗争经验的欧足联,立刻着手在FFP法案中做了补充规定:这么玩不行!这类所有者买断负债的行为是违规。不过,补充后的FFP法案直到2012年才开始正式推行,阿布在2009年的操作并不违规。但从那之后,切尔西之前那种"所有亏空都交给布总"的玩法,再也没法玩下去了。

于是,阿布的经营策略开始转变。2010年,英足总颁布精英球员表现计划,所有的青训营分成四个层级。层级越高,得到英足总的赞助款越多、享有的资源越多、对"小妖"的吸引力就越大。

按照这项政策,切尔西的青训营恰好属于最高级别,球队对于18岁以下球员的投资不算在亏损范围内,但卖出去的钱却可以算营业收入。

两项政策一碰撞,让切尔西发现了新的商机,因为这意味着切尔西的青训营能吸引来一大帮好苗子,而球队只要花300万英镑买个孩子,培养两年再以1 000万英镑的价格卖出去的话,不仅符合财政公平竞赛法案的要求,还能帮助转会支出填坑!

那还等什么?培养孩子啊!

## 阿布和他的"出租车战略"

2011年,曾在切尔西担任本土及海外球探网络主管的迈克尔·埃梅纳洛,正式出任切尔西的体育总监。虽然这哥们并不是省油的灯,但他却扎实做了两件事:

(1)他和当时的海外球探负责人麦克拉克兰给切尔西的青训营配了一套以精确统计数据为依托的球探数据系统。世界上任何一名潜力新星都逃不过蓝军的数据库,只要有小朋友在系统内的各项技术指标都超过90%,他马上就会被放进"购物车"比对。

(2)他一手创立了"出租车"模式。其实,切尔西的"小妖"一直就不缺租客,但是具体租到哪里却是个必须考虑的问题。这地方必须知根知底,不能送孩子去火坑;

这地方还得能保证孩子们真能得到机会,不然枯坐两年板凳,也不可能卖出好价。于是问题又来了,去哪儿找这么好的出租平台呢?埃梅纳洛苦着脸望向阿布……阿布说:算了,我给你建一辆"出租车"。

大家千万不要觉得阿布搞"出租车"战略是为了省钱。为了帮助切尔西多开辟一些卫星俱乐部,阿布甚至花费了比买切尔西更多的钱——控制本菲卡俱乐部的MSI公司,有15%的股份属于阿布;科林蒂安俱乐部,在阿布的帮助下已经成为切尔西的南美原材料市场;莫斯科中央陆军,从2004年起每年都能得到西伯利亚石油公司1 800万美元的赞助;原本阿布希望以他儿子的名义买下丹麦哥本哈根俱乐部,但生意进行到最后,哥本哈根害怕触犯欧足联禁止1人拥有两家同级联赛球队的规定而告吹,于是阿布就用生意伙伴名义隐性收购了荷甲的维特斯……对了,俄罗斯足协每年都能收到阿布至少2 700万英镑的资助,所以阿布2009年才能把还在担任俄罗斯国家队主帅的希丁克借调过来救火。

通过这一系列的收购和控制,切尔西既有广阔的眼界挖"小妖",又有足够的训练场练"小妖"。在之后的岁月里,马蒂奇、米亚兹加、潘蒂奇、特劳雷、奇克、博加、穆松达、库尔图瓦、德布劳内、卢卡库、克里斯滕森等一大堆青年才俊在各种切尔西自建平台和关系户家里练级。

切尔西出租大军2013—2014赛季,出租的球员只有19人;2014—2015赛季,切尔西出租26人;2015—2016赛季,切尔西出租32人;2016—2017赛季,切尔西出租38人;2017—2018赛季,切尔西出租39人;2018—2019赛季,切尔西出租41人;2019—2020赛季,切尔西出租39人。

在出租球员的同时,2020—2021赛季,蓝军甚至开始外租教练。U18教练詹姆斯·西蒙斯租借加盟英甲球队AFC温布尔登,切尔西希望通过外租年轻教练,让他们获得更多执教经验,学成归来之后降维调教自家的青训营。

然后,这一系列目光长远的举措在开启几年之后便开始疯狂为切尔西造血。据德国《转会市场》统计,切尔西近些年在买"小妖"上花了1.273亿英镑转会费,卖"小妖"赚了获得1.936亿镑的转会费,目前还在"小妖"库里练级的孩子总估价为9 460万镑,加在一起的话,切尔西的出租车事业收益已经超过了1.6亿镑。

这些年轻人,不仅承担了对冲平账的重任,也让蓝军不用再去苦恼财政公平法案。而且,在切尔西遭遇转会禁令时,正是亚伯拉罕、芒特、托莫里、奥多伊、吉尔摩、里斯·詹姆斯这一大批青训营的孩子挺身而出,帮助切尔西撑过了最危难的一刻。

2008—2015年间,阿布的资产已经从巅峰期的220亿美元缩水过半。但是2016—2017赛季,切尔西却在阿布时代第一次实现了税后的扭亏为盈。这些年阿布真是操碎了心。

## 阿布,是切尔西振兴的绝对支柱

阿布的贡献,还远不止如此。

(1)在入主切尔西的19年里,阿布出资翻新了科巴姆训练基地,如今的切尔西大本营已成为世界上最先进的球员训练基地之一。

(2)他们的后备力量已经成为欧洲足坛一股清流。2010年至今,切尔西已经获得7次青年足总杯冠军;从2013—2014赛季青年欧冠成立之后的七年里,切尔西U19四次杀入决赛。

(3)切尔西这些年雷打不动保持着账上留存至少3 000万英镑的现金,2019年6月底的账目上显示就有3 700万英镑。在欧洲足坛千万级转会费70%都是分期付款的情况下,这个数字足以保证有合适目标时可以迅速出手。

那么问题来了,如果库存现金不够,又遇到心仪目标必须激活违约金,或者卖方坚持要求立刻收到现款否则就另卖他人这种情况,俱乐部一般会怎么办?答案很简单:借。

其实,豪门俱乐部们进行大宗收购背后其实都有银行的参与,比如C罗和卡卡加盟银河战舰时主要出资方都是桑坦德银行,之后俱乐部再以各项营业收入逐步还款。哪怕是素来以财政健康闻名的拜仁,实际上也会不时进行短期借款、还款的循环,"零负债"只是外行的错误理解。

但在切尔西,急用钱的时候从来都不是找银行,而是找阿布。不同的媒体在统计俱乐部负债时,你经常会在切尔西那一栏看到两种完全不同的口径:一种是切尔西完全没有金融负债,是整个英超负债最少的俱乐部;另一种是切尔西现在负债十几亿英镑,在整个英超是最多。

有意思的是,这两种说法都对,只是统计口径不同。看起来矛盾的原因在于——切尔西欠的钱,基本上债主都是阿布,而且越欠越多,从来没还过。过去这十几年，阿布不断以极低利息甚至无息贷款的形式为切尔西提供着支持。哪怕在他个人资产缩水的时候，这一切都没有停止过。可以说，切尔西是在阿布不断提供资金的扶持下，慢慢学会走在自主经营道路上的。

2018年，英国与俄罗斯关系恶化。那一年的足总杯决赛，切尔西1∶0战胜曼联，夺得冠军，阿布却不在庆祝现场。当时英国宣布，不再给阿布的签证续签。而在那之后的2018—2019赛季，阿布又往切尔西投入了2.66亿英镑，其中的1 900万英镑现金直接以增资形式计入了所有者权益，剩下的2.47亿英镑又成为俱乐部对老板的欠款。

虽然最后几年阿布已经明显淡出了切尔西的经营，但他对蓝军的爱却从未褪色。直到2022年，切尔西账上欠阿布的钱已经累计达到15.1亿英镑，这也是切尔西出售估值除了俱乐部本身还要加15亿英镑的原因。

理论上，阿布可以在发出书面通知的18个月内要求俱乐部偿还这些欠款。而阿布，会这么做吗？

2022年3月2日深夜，我们知道了最终答案。在这份通过切尔西俱乐部官方发布的声明中，阿布说："我不会要求切尔西偿还任何贷款。"因为，"对我来说，这从来都不是生意或金钱的问题，而是对比赛和俱乐部最纯粹的热情"。

现如今，外资进驻英超已是家常便饭，格雷泽尔家族视红魔为赚钱工具，阿布扎比王室把曼城当做提高国家影响力的渠道。而阿布，在入主切尔西前十年里，只要他有时间都会到斯坦福桥观看切尔西的比赛，他对切尔西的热爱、对足球的疯狂毋庸置疑。

这种热情，也让切尔西从一支徘徊在破产边缘的英超中上游球队，变成了一家名副其实的欧洲豪门，从靠老板挥洒支票养活的啃老模式，发展为一家自主经营的良性俱乐部。

## 写在最后

故事的最后，我们不想过多地去讨论孰是孰非，因为风云诡谲中的纵横捭阖，不过是后人纸上的几笔松墨。在无数网友为战争的实质争来吵去的时候，在既得利益者和预期利益者都把算盘珠子拨拉得震天响的时候……切尔西，已经失去了他们最好的老板。而且,这一去,大概是永远不会再回来了。在阿布宣布离开的那一刻,无数切尔西球迷体会到了什么叫魂断蓝桥。

在阿布成为切尔西老板的 19 年里,球队一共夺得了 21 座冠军奖杯,他让切尔西球迷的每一个梦想都变成了现实。

临别时刻阿布深情地说:"我希望我能够最后一次来到斯坦福桥,亲自向你们所有人说再见。"

再见,阿布。

感谢你带给切尔西带来的一切。

# 一个能造核弹的团队,却帮利物浦买人卖人

2015年10月下旬的某天,刚成为利物浦主教练半个多月的克洛普在办公室迎来了一位特殊的"客人"。短发平头、黑框眼镜、纯色衬衫,一手笔记本电脑、一手便携式打印机,浑身上下都透露出仨字:技术宅。

"我叫格雷厄姆……"做完简单的自我介绍,他好几分钟一声不吭,打印出满桌的数据表格和比赛照片。克洛普一脸惊讶,场面略显尴尬。随后,他拿起一大堆资料开始分析起上赛季多特蒙德和美因茨的一场德甲联赛。那场比赛里,克洛普的球队从基础到高阶各种数据都是对手两倍,但点球罚丢了又打进乌龙,最后0∶2输了球。

克洛普的眼睛亮了起来:"啊,你看过那场比赛,太疯狂了,我们明明完全压制了他们!"

对方回答道:"没看过,我只是想说你运气不好。"

接着,他又开始分析之后多特蒙德与汉诺威的另一场德甲。数据更疯狂,大黄蜂几乎全是对手的三倍,可还是0∶1输掉了比赛。兴趣渐浓的克洛普几乎喊了出来:"我从来没见过那天发生的事情!我们本该赢球!那你一定是看了这场!"对方回答道:"不,不,我真没看过,我是想说你这场运气更不好。"

会面就在"直男范"十足的"尬聊"里结束了。摸不着头脑的克洛普打电话给当时的俱乐部CEO艾尔,想弄清楚来者究竟何意。艾尔回答道:"哦,伊恩(格雷厄姆)啊,咱们数据分析团队的负责人,他这人就这样,以后你们就是同事啦!"

第二天,艾尔又给克洛普回了个电话:"哦,对了,就是他拿着一堆数据模型,告

诉我们你在多特最后那个赛季本该排在联赛第二,只是你很倒霉地执教了德甲史上最倒霉的一支球队,最后才拿到第七。就是因为这样,我们下定决心把你找来了。"

两人的第二次见面,克洛普给了格雷厄姆一个大大的"熊抱",就像后来他对球员做的那样。

## 一个造核弹的团队

人们谈到利物浦从低谷重新崛起,2019年开始再次收获冠军的过程,基本上会把克洛普认定为首功之臣。不过那段时间在教练团队的幕后,还有着一支极其专业的数据分析团队,贡献了自己独特的价值。这个团队的常规配置六人,具体名单如下:

● 伊恩·格雷厄姆,也就是开头说到的这位。团队带头人,剑桥大学理论物理学博士,毕业后留校进行高分子物理的博士后研究。

● 威尔·斯皮尔曼,哈佛大学高能物理学博士,在日内瓦欧洲核子研究所工作时发表了一篇论文,提出了世界上第一种直接测量粒子宽度与质量的方法。

● 达菲德·斯蒂勒,数学硕士,拿过青年国际象棋全国冠军,被利物浦挖来之前在一家跨国能源公司当分析师。

● 蒂姆·瓦斯基特,卡迪夫大学天体物理一等荣誉学位持有者,此前工作于一家物理实验室,业余开发了几个独立游戏。

● 马克·霍利特和马克·史蒂文森,他俩负责维护数据库和编写PPT等技术工作,让前面四位可以专心搞研究。

前面那四位,其中的任何一位可能都不会被其他足球俱乐部雇用。可偏偏利物浦把他们全都"收集"了起来,然后把这个被BBC称为"能造核弹的团队",拿来帮助克洛普决定在转会市场上买谁不买谁。其中,格雷厄姆的经历最特殊,而他也正是这群人能聚到一起的核心。2005年,格雷厄姆拿到剑桥大学博士学位之后留校搞起了科研,因为儿时的梦想就是成为一名科学家。然而梦想这东西并不一定真是自己想要的,他在工作一年后逐渐开始觉得现在的生活并不适合自己。

一次偶然的机会,他在剑桥考试中心工作的女朋友(没错,他有女朋友)收到了一名教授群发的邮件,其中包括一份广告:有人正在招募有学术背景的足球数据统计员。妹子把广告转发给了男友,附上留言:"我记得你好像说过自己喜欢足球?"他后来说:"这真的是偶然中的偶然,幸运中的幸运,因为我就从来没在她嘴里听说过'足球'这个词。"

格雷厄姆出生在南威尔士的斯旺西谷,那里的人们普遍更喜欢橄榄球。但年少时他在电视上看到了利物浦的比赛,而且队内头牌拉什也是威尔士人,这使得他从此成为一名足球迷,也是利物浦球迷。

"科学＋足球",格雷厄姆看到了把爱好和工作结合在一起的可能性。五天后,他辞掉剑桥的工作,加入了这家名叫决策技术(Decision Technology)的体育数据公司,先后负责下面这三项工作。

(1)在《泰晤士报》每周的数据专栏《芬克坦克》(The Fink Tank)撰文,分析球员表现和评分,这活一干就是六年半。

(2)接受当时热刺足球总监科莫利的委托,进行了多个一次性的球员分析项目。比如"我们想买×××,你帮我用数据看看靠谱不靠谱?",或者"我们队里的×××最近感觉不太行,你用数据能不能看出到底是个人还是战术原因"。

(3)雷德克纳普执教热刺后,不喜欢足球总监的老雷把科莫利赶下了台,但留下了和决策技术的合作。而热刺指派给格雷厄姆的新联系人是老雷从朴次茅斯带来的视频分析师,后来利物浦球迷非常熟悉的"爱总"——迈克尔·爱德华兹。在爱德华兹的支持下,格雷厄姆开始给热刺定期提供引援建议。

没过多久,在利物浦当上总监的科莫利回过头把爱德华兹也挖到了红军。两位对数据十分感兴趣的前热刺员工一合计,觉得决策技术数据公司大有潜力可挖,未来必将引领数据潮流。

然而由于和热刺有合同里的竞品限制,决策技术无法和利物浦签约。怎么办呢?科莫利直到2012年4月离任也没想出办法,但机智的爱德华兹半年后找到了答案:公司签不了,我把干活的人挖来不就行了?

还记得前面说过格雷厄姆是哪队球迷吗?听到了来自主队的召唤,他几乎立刻做出了从决策技术辞职的决定,北上利物浦。那时的爱德华兹已经开始从技术岗逐步转向管理岗,于是利物浦新版数据分析团队基本上是围绕格雷厄姆搭起来的。那么这个"能造核弹的团队"具体做了哪些事呢?

## 那些年"数据控"买来的球员

利物浦数据团队最核心的工作内容还是帮助俱乐部决定买谁不买谁,用格雷厄姆自己的话来说:"这就是他们付我钱的原因。"而他入职后的第一份活儿,就是给一名年轻的巴西球员出份分析报告:库蒂尼奥。

在决策技术工作的六年多时间,格雷厄姆捣鼓出了一个原创的数据模型,具体来说就是确定球员的每一个有球动作会对比赛的胜负带来多大的影响。基础内容包括通过世界各大联赛累计数十万次射门总结出的进球概率分布,和普通人的认知基本相同。复杂内容则包括后卫在后场特定位置的一次成功抢断,与前锋在前场特定位置射正球门,如何用数字比较两者的价值。这也是后来利物浦愿意分别打破后卫和门将转会费世界纪录,签下范戴克和阿里森的重要原因之一。

还是先说回库蒂尼奥。格雷厄姆向俱乐部提交的第一份报告里对库蒂尼奥给出了高度肯定,结合他对比赛的影响力和市场行情,得出了"国米要求的850万英镑不到其实际价值1/4"的结论,管理层立刻拍板买下了他。至于五年后转会巴萨翻了多少倍,那就是另一个故事了。

如果你回去看看利物浦从2013年冬窗开始的转会,会发现很多人都有着浓浓的数据分析成分。从库蒂尼奥到阿斯帕斯、阿尔贝托,再到菲尔米诺、萨拉赫和凯塔……有些非常成功,有些不尽如人意。毕竟足球世界里的数据分析才刚刚起步,远远解释不了所有的问题。

格雷厄姆很快发现自己的初版模型有个巨大的缺陷,那就是没走出传统数据分析只能衡量有球活动的局限。而足球比赛时,无球跑动远比其他运动时跑动重要得多。阿斯帕斯和阿尔贝托在利物浦过得很挣扎,离开后却生龙活虎,可能就是因为:球只有一个,球权都不够分还谈什么有球价值。随着团队的扩大,利物浦数据团队开始改进这个模型。

第一步,瓦斯基特开始往模型里加入团队配合对比赛的影响。毕竟,如果你在反击里看到两名队友都跑出了得分概率相似的抢点位置,比起传给斯特林,传给苏亚雷斯显然更合理,对不对?而这项改进带来的最具代表性的转会,就是萨拉赫。

敲定萨拉赫之前,利物浦数据团队对他进行了一次多角度的评测。格雷厄姆得出的结论是,萨拉赫对比赛的决定性被严重低估了。哪怕是在不尽如人意的切尔西时期,他对胜负的影响均值也没有低于之前在巴塞尔或者之后在罗马。他不是像传统专家分析的那样"不适合英超",而只是和当时的切尔西八字不合。

瓦斯基特得出的结论是,萨拉赫能和菲尔米诺组合出爆炸般的效果。因为菲尔米诺在中锋位置上能给边锋带来五大联赛最高的期望进球,而萨拉赫的对抗和射门数据能最大化地利用这点。2019年,他试图向BBC记者解释具体原理,但在一大堆晦涩难懂的天体物理名词砸晕所有人之后,数学硕士斯蒂勒帮同事简化成了一句:"你们就认为是1+1＞2吧!"

第二步,斯皮尔曼开始向模型里加入最困难的无球活动。具体来说,就是利用高速视频跟踪技术,标记出球员的每一次连贯活动,然后量化其价值,哪怕他们的行为根本就和皮球的运行轨迹没任何关系。比如,球队的一次右路反击没打成被抢断,该过程里左边后卫前插跑到了什么位置?又比如,当队友的一次传中较高没碰到任何人就出了界,中锋争顶时跑到了哪?起跳高度又是多少?以及最重要的是,给出上面这些行为究竟有多少价值?以及能折多少价值?

听上去有点"虚"对不对?这只是一项刚刚起步的研究,还远远谈不上成熟,所以斯皮尔曼自嘲"利物浦的成功还没我什么贡献"。目前,这套理论最拿得出手的发现是"法比尼奥在中后场的跑动对攻守都有巨大价值",不过在他提交报告前,克洛普和爱德华兹其实就已经决定要从摩纳哥签下这个巴西人。

格雷厄姆说:"我们的数据仍然存在根本的局限性,就像通过迷雾看世界。我们所做的,就是希望能找到穿越这片迷雾的通道。"

穿越迷雾的过程里,必然会有误入歧途和绕远路。数据流买来的球员既有成功范本,自然也有失败或者暂时不成功的案例,比如:纳比·凯塔。很多球迷以为凯塔是因为克洛普偏爱才来的利物浦,但其实更多源于格雷厄姆。

凯塔还在萨尔茨堡红牛效力的时候,格雷厄姆就盯上了他。由于他一会儿打后腰、一会儿打中前卫、偶尔还客串前腰,角色的变化导致传统数据非常混乱。球探和专家们都把他概括成"全能中场",但格雷厄姆发现:虽然凯塔的传球成功率比顶级中场低,但一旦他传球成功,队友打出威胁进攻和射门得分的概率比那些中场还要高。

因此,格雷厄姆认定凯塔足以成长为一名世界级中场,而且是最好的几个人之一。从2016年1月开始,他在每一个转会窗给管理层提交的引援清单里,凯塔都在前两名。最终，利物浦在 2017 年夏窗使用"今年的欧冠资格激活明年的解约条款"的惊人操作预订了凯塔，格雷厄姆得偿所愿。但由于伤病和种种原因，凯塔的利物浦生涯远远没达到他希望的高度。而就是因为这样的巨大落差并不少见，使得这个行业的很多人起数据仍然不屑一顾。

## "没见过克洛普这样的教练"

2011 年，布拉德皮特主演的《点球成金》上映。足球数据公司 OPTA 的创始人欣喜地把这部电影的 DVD 寄给了英超 20 家俱乐部的 CEO，希望他们能从北美的"魔球理论"里得到灵感寻求合作。最终，他得到的回应人数是：0。

这基本可以代表当时足球行业对数据的态度。虽然那时的切尔西已经成立了英超第一个数据分析部门，阿森纳直接收购了一家数据公司，但由于足球比其他运动复杂太多（尤其是前面所说的无球方面），俱乐部其实就是赶个潮流，掌握实权的老派足球人压根就毫不在意。

阿勒代斯曾经说过："我们这种赛事是永远无法预测的，用统计数据来做决定太不靠谱了，咱们说的可不是什么棒球和橄榄球哦。"前切尔西中场克雷格·伯利面对 ESPN 镜头说："预期进球？数据什么的都是胡说八道，我还希望圣诞老人能给我礼物呢，但他根本就不会出现。"

这就是其他俱乐部不太可能凑出"造核弹团队"的原因。

利物浦是什么情况呢？美国老板约翰·亨利儿时在自家农场沉迷 APBA 棒球，一种类似球星卡、带有数据和数值的卡牌游戏，成年后靠着"类似的数字推算"在大豆市场发家致富。《点球成金》结局里想挖主角的波士顿红袜队就是亨利的球队，现实世界里他们后来也靠着"魔球理论"拿到了冠军。当亨利收购利物浦之后，自然把这一套数据理论带到了红军。负责人是之前在阿森纳和热刺当总监的数据狂魔科莫利，最初执行人就是当时还在做技术活的爱德华兹。

然而，就算从上而下这么多数据派，俱乐部内部仍然对新技术并不服气。"魔球理论"实行的第一个赛季，球队成绩不佳，包括亨德森在内累计超过 1 亿英镑的引援被视为普遍失败，科莫利这个总监当了不到一年半就背锅走人。虽然亨利留下了爱德华兹和继续升级了数据团队，但格雷厄姆等人在俱乐部的地位非常尴尬。

首席球探巴里·亨特给他们起了个"只会敲笔记本的人"（laptop guys）的外号，说这群人根本就不懂球。其实他也没说错，laptop guys 里面也就格雷厄姆是球迷，另外三个理科男之前连一场比赛都没看过，美国人斯皮尔曼甚至是来到利物浦之后现学了足球规则。

罗杰斯私下和助教说过"他们就是来办公室蹭空调的"，那时的罗杰斯对数据完全不感兴趣，俱乐部内部出现了严重分裂。一开始，利物浦每笔引援都要走一遍格雷厄姆的模型，过不了的被一票否认，通过了的罗杰斯不一定喜欢用，因此红军球迷应该还记得那些年对"转会委员会"吐过的口水。

"3S 组合"大杀四方那个赛季后，腰杆硬了的罗杰斯接过转会大权。但他不顾数据部门反对，力主签下黑风双煞本特克和巴洛特利……

所以，当克洛普入主利物浦时，俱乐部里很多人都在担心他和数据部门要如何相处，这才有了发布会上记者连问三个关于"转会委员会"的问题，以及开头说的那次会面。要知道，之前在德甲执教了那么多年，渣叔从来没有和数据分析师有过任何合作。克洛普的反应让很多人感到了惊喜，用格雷厄姆的话来说："我也算在足球这行干了不少年了，但从没碰见过克洛普这样的主教练。"

一方面，克洛普虽然是更相信直觉和经验的传统教练，但并不排斥新技术。在多特他就搞了套"铁笼足球"的训练机器，之后也带到了英超。听闻老乡朗尼克在萨尔茨堡红牛弄了花样繁多的黑科技，克洛普这两年让利物浦陆陆续续给他配了大半套同款。另一方面，就像后来成为门兴主帅、被称为渣叔爱徒的罗斯所言："克洛普塑造了我们所有人，尤其是在对待他人的方式上。"不止给了格雷厄姆一个大大的拥抱，渣叔后来对待 laptop guys 的态度，充分展现了自己的情商。

他对数据团队的工作非常尊重，也信任他们提出的报告。克洛普曾经在采访里说过："我知道伊恩（格雷厄姆）的数据库里有超过 10 万名球员，我也欢迎他随时走进办公室，告诉我其中哪个人简直酷毙了。"但他也同样相信自己的判断，以及传统助教和球探们给出的意见，划分出了不同工作的职能范围。"不懂球"的数据分析团队绝对不会主动去对球员和助教指手画脚，教练团也不允许嘲讽数据团队的工作。双方以互相尊重为前提进行合作，不搞对立。

作为两方面信息的交汇点，克洛普把转会的最终决定权牢牢握在自己手里，既不独断专行，又不全听数据。看法不同没问题，必要时开个会求同存异。听起来容易,但其实很少有教练像克洛普一样做得那么坦诚和融洽。

比如,格雷厄姆的团队除了推荐引援之外,也会为教练们提供赛前和赛后分析。张伯伦就说过:"我们知道有人会花好几个小时总结出一大堆数据表格,但主教练不会把任何数字丢给我们,而是挑重点直接告诉我们比赛里该怎么做。"

聊两个经典案例。2017年与布莱顿的比赛前几天,一名负责调查对手的球探告诉克洛普,他觉得布莱顿防守任意球时的人墙经常喜欢高高跳起。克洛普把这事转达给格雷厄姆,数据团队分析发现确有其事,布莱顿人墙全体起跳的概率在英超近五年来首屈一指。赛前渣叔把这事讲给了全队,之后有了库蒂尼奥的进球。

2019年与热刺的比赛前,作为重点研究对象之一,数据团队给克洛普提交的报告里写满了对方每一名球员左脚和右脚在不同区域处理球的效率值。教练组赛前从中提取重点对球员们做出了强调,之后诞生了范戴克那个足以写进教科书的1防2。

不过就像格雷厄姆说的那样,足球世界里的数据远远没达到能解析比赛的水平,甚至还有很多与现实看起来完全相反的矛盾。比如,利物浦数据团队也曾经不止一次在报告里写道:角球的价值被远远高估了,实际上并不需要在训练时花费太多时间。因此,当更加经典的"安菲尔德奇迹"发生后,格雷厄姆立刻给当时采访他的《纽约时代》记者发了封邮件:"阿诺德这种操作和我们真没关系,你别瞎写……"

不想神话任何人,因为这些在数据方面的成功看起来充满偶然:一套从上而下重视数据的管理层、一群顶尖水平的数据团队、一个尊重但不盲从的主教练。他们之间的观点有时相同,有时相悖,却能尊重、沟通,不甩锅。

之后几年这个团队对于转会市场的贡献有所下降,格雷厄姆等人也离开了利物浦,更能证明那些年取得的成绩多么难能可贵。

也许终有一天,这样的偶然或许会在更多俱乐部渐渐成为常态。

# "鱼腩"卢森堡，为什么能逆袭

2023年11月17日，在一个平凡的国际比赛日，传来了一个不那么平凡的新闻：卢森堡在欧洲杯预选赛里以4∶1的大比分战胜了波黑。几天后，他们又以1∶0客场击败列支敦士登，最终以5胜2平3负的成绩压倒冰岛和波黑，排在了小组第三。与此同时，还凭借着之前的欧国联成绩稳稳拿下了参加附加赛的资格。那么，这支曾被视为国际"鱼腩"的球队，是如何在欧洲足球的激烈竞争中支棱了起来？让我们一起来聊聊卢森堡的足球故事。

## 咸鱼的养成

作为一个欧洲知名小国，卢森堡被法国、德国、比利时完全包围，国土面积一共2 500多平方公里，大概相当于0.04个通辽。从历史上看，这个极具战略价值的位置深受法国、德国和荷兰重视，所有权数次在这些大国间转手。19世纪成为独立自主的国家并由荷兰管制，在两次世界大战里都被德国闪电战攻占，也因为瞬间投降成为第二次世界大战唯一一个零伤亡的参战国。战后，卢森堡再也不敢保持中立，后来成为欧盟和北约的创始国之一。

从经济上看，如今的卢森堡是欧洲的金融中心之一，境内有欧洲法院、欧洲审计院、欧洲投资银行等多个欧盟机构，成为继布鲁塞尔和斯特拉斯堡之后的欧盟"第三首都"。也因为这份欧盟金融中心的特殊性，使得卢森堡成为世界上人均GDP第二高的国家，平均工资超过月均3 000欧元，孩子从出生到两岁，政府每个月补贴几百欧元,可以说是待遇福利相当丰厚了。

在较高的生活水平得到了满足之后,卢森堡人民自然很喜欢各种各样的生活娱乐,比如音乐戏剧、体育运动。最受欢迎的运动那当然就是——足球。

早在遥远的1906年,一名英语老师创立了卢森堡历史上的第一家足球俱乐部埃施福拉,这家俱乐部也成功地延续到了今天。1908年,终于凑够数量的俱乐部欢聚一堂,创立了卢森堡足协,商量着第二年咱就开始搞卢森堡联赛。所以,卢森堡联赛的历史其实已经超过一百年了。而且,人家的联赛并不是野球队过家家,而是一个拥有五个完整级别、覆盖超过100家俱乐部的联赛金字塔。只可惜,一个国家的足球实力强大与否和历史是否悠久并没有啥直接联系,最关键的还是足球人口的数量。卢森堡全国一共就这么几十万人,注定他们的整体足球水平在欧洲基本就是个"弟弟"。不过,这并没有打消卢森堡人民参加世界大赛的热情。

事实上,卢森堡国家队从1934年世界杯就开始参加欧洲区预选赛,1964年欧洲杯开始参加欧洲杯预选赛。然后,他们成为参加这两项预选赛次数最多,但至今都没能打入决赛圈的球队。不过,在1920-1952年间卢森堡国家队先后参加了六次奥运会。而且当年的奥运会足球还不是一项U23赛事,整体水平比现在高得多,所以也可以说他们登上过顶级国家队大赛的舞台。

在六次奥运会的征途里,他们基本上都是陪跑一轮游,但也有过1952年的神奇。那次赫尔辛基奥运会里,卢森堡曾经在首轮通过加时赛战胜过一支世界强队,这支强队就是现代足球的发源地、快乐竞技的代言人、欧洲足球圈的翻车领袖、"鱼腩"足球队翻身做主人的唯一指定倒霉蛋、身上撰写着圣马力诺和卢森堡光辉足球历史的——英格兰。

其实,确切地说,那年卢森堡击败的是英国代表队,就是英格兰、苏格兰、威尔士和北爱尔兰四大金刚合体队。在那场比赛中,卢森堡的草台班子队以5∶3的比分战胜了英国,成为卢森堡足球史上的最高光时刻。

除了这次刹那辉煌之外,卢森堡在其他时候基本就是个预选赛"打酱油者"和"惨案背景板",国际足联排名最惨时跌到过195名。翻开他们的荣誉簿,你会发现他们国家队历史最佳射手莱昂·马特只不过打进了16个正式比赛进球,而且这位老人家踢球时还是遥远的1933-1946年。这下你就能明白他们究竟有多惨了。

## 咸鱼的翻身

那么,作为一条欧洲老牌的"咸鱼",卢森堡足球究竟为什么在这几年有了长足的进步呢?很简单,青训和归化。

先来聊聊青训。2002年,卢森堡足协在首都的新总部正式开业,17名转为全职编制的员工拥有了一个崭新明亮且设备先进的办公室。而他们还没搬家前就开始筹备着一个大项目:在卢森堡西南部名叫蒙代康日的小镇,建一个国家级足球青训中心。

在政府各部门的支持下,蒙代康日足球学校很快就建了起来。而且所有的布局和安排,看起来都很像是邻居法国那个克莱枫丹的浓缩版。这里分成了U11/12、U13、U15、U17和U19五个年龄段,每个年龄段都请来了一名持有欧足联教练证的主教练、两名助理教练和一名守门员教练。教育部特别安排了学员们的学校课程,并且有专人负责,保证孩子们在每周5次的足球专业训练之外,至少完成普通高中的文化课学业。

此外,他们从国外雇了5名专业的职业球探,让他们每年花费4~5个月在全国寻找有足球天赋的11~12岁好苗子,还和周围的各大足球强国达成了各种合作协议,把蒙代康日U19代表队送去参加德国西南部的青少年比赛,低年级的则和比利时、法国各种职业俱乐部梯队定期切磋,架起友谊的桥梁。

蒙代康日足球学校确实大大促进了卢森堡人民对足球的热情和青训的发展。2002年,他们的注册球员为28 000多名,学校建成后每年都能新增注册接近1 000人,目前的注册人数基本稳定在4万人以上。更多成年人开始在业余时间踢足球,也有更多的孩子开始加入足球青训。国内联赛的俱乐部也开始正儿八经地搞起了青训梯队,并且在足协的协助下和蒙代康日足球学校展开了非常密切的交流。

有一家名叫FC Schifflange 95的俱乐部,梯队里有一个因为逃离战争从前南地区搬家而来的孩子。这个孩子从7岁开始在卢森堡接受了7年青训,14岁时在蒙代康日足球学校组织的一次跨国交流活动里被球探看中,把他挖去了法甲梅斯的青训营,后来先后加盟尤文和巴萨两大豪门,他的名字叫:皮亚尼奇。

十几年的扎根青训带来了明显的效果。现在国家队里的穆拉托维奇和米卡·

平托都是在卢森堡接受过早期青训,然后跟着老大哥皮亚尼奇(虽然他还是选择了代表波黑)的步伐,十几岁时来到了国境线附近的梅斯接受更高水平的指导。

类似的例子还有许多,不少国脚都是在卢森堡接受过青训启蒙之后到邻国继续深造,后来效力于比利时和德国球队,其中也有包括标准列日和美因茨这样我们熟悉的名字。而留在卢森堡踢球的一些青训球员,也帮助迪德朗日在2018－2019和2019－2020赛季连续打进欧联杯小组赛,得到了面对AC米兰和塞维利亚等五大联赛球队的宝贵机会。这也是欧冠和欧联改制以来,终于有卢森堡球队登上欧战的舞台。

当然了,青训作为基础很重要,但卢森堡这么个小国纯靠青训是很难真的有迅猛发展的。所以,他们必须借助另一条腿:归化。

有大量的前南斯拉夫家庭因为战火纷争移居卢森堡,皮亚尼奇留不住,但他们成功留下了西纳尼等人。西纳尼2018年为迪德朗日打入了卢森堡球队在欧联杯的首个进球,2019年又在与塞维利亚的小组赛里梅开二度,后来先后加盟了诺维奇和圣保利。

还有经常在卢森堡国家队踢单箭头的格德森·罗德里格斯,他其实出生于里斯本、青训于梅斯,但18岁时来到卢森堡踢球并且最终融入了这个国家。

就是靠着"青训＋归化"这两条腿,卢森堡足球顽强地从国际足联排名150开外的鱼腩部队里站了起来。虽然不可能一步登天,但他们几乎已经走到了欧洲杯预选赛附加赛行列,而且单届预选赛就赢下了5场比赛。要知道,在2020年之前的11次欧洲杯预选赛中,卢森堡一共就赢过4场。

卢森堡国家队可能距离成功还很遥远,但足球嘛……只要你有梦想并且为之努力,咸鱼也会有跳过龙门的那一天。

# 第二篇

## 球场上的传奇

# 防守贝利的唯一办法，就是"铲断他的腿"

他是足球界的上古大神，是世界上唯一一位三次获得世界杯冠军的球员，他在 1 366 场比赛打进 1 283 个进球，给足球史上留下了无数华丽过人和经典场面。国际奥委会评价说：他的辉煌业绩，已经达到了人类所能达到的极限；路透社评论说：他是一个彻底改变了巴西和足球这项运动的人。

他就是，球王贝利。

## 少年时代的壮志雄心

1940 年 10 月 23 日，贝利出生在巴西特雷斯科拉松伊斯镇的一个贫寒家庭，他的父亲感慨于发明家爱迪生的伟大，于是用谐音将自己的儿子命名为埃德森·阿兰特斯·多·纳西门托。是的，像许多巴西球员一样，"贝利"也并非贝利的本名，只是个绰号。

贝利的父亲唐迪尼奥曾经是一名足球职业球员，甚至一度得到过签约米内罗竞技俱乐部的机会。然而，一次严重的膝伤让他被球队抛弃。俱乐部拒绝为他支付工资，走下了绿茵场的唐迪尼奥没有保险、没有补偿金，最后只能在一家诊所当清洁工，负责洗厕所。

不过，这并没有妨碍唐迪尼奥成为贝利心中的偶像。因为，出生在一个人人均有足球梦的国度，没有什么比拥有一个球员父亲更让人骄傲了。于是，贝利抱着一只破袜子缠成的简易足球，带着父亲给他刻在基因里的足球天赋，逐渐踢成了当地的小球王。

1950年,9岁的贝利和小伙伴们组成了一支名为"九月七日街道"的野球队。而在那一年,巴西开门迎客,作为东道主举办了1950年世界杯。那届世界杯,巴西队在阿德米尔和济济尼奥等球星的率领下,一路摧枯拉朽地打入最后的四强循环赛。两战两胜的他们,只要最后一场和乌拉圭打平就能夺冠。

然而,"打平即可××"是每个国家足球史上都经历过的魔咒。那场比赛,马拉卡纳球场涌进了近20万位主场观众,然后眼睁睁地看着巴西队以1∶2输给乌拉圭,痛失冠军。

这场被后人称为"马拉卡纳惨案"的比赛,让整个巴西陷入了沉寂,甚至有球迷因此自杀。而贝利全家也用收音机收听了整场比赛,在终场哨响的那一刻,贝利看着自己的父亲趴在老旧斑驳的木桌上,好像一下子被抽空了所有力气一般,失望、悲伤,然后泪流满面。

这时,年幼的贝利走过去安慰道:"爸爸,我发誓,以后一定会为您赢下一个世界杯。"

那时候,没有人会把一个9岁孩子的话放在心上,除了他自己。

三年后,12岁的贝利加盟了父亲曾经效力过的包鲁竞技俱乐部。在青年队中,贝利展现出了无与伦比的天赋和技术,他总是一次次过掉对手,旁若无人般地完成一条龙进球。这种拉仇恨式的碾压,让所有孩子面对贝利总是如临大敌。于是,他们为了激怒贝利,总把他叫做比利(Bilé)——那是贝利父亲效力于包鲁竞技时,球队门将的名字。这个绰号经过无数口齿不清的孩子传颂之后……世界上本没有贝利,叫的人多了,他就成了贝利。

1956年,15岁的贝利来到桑托斯俱乐部试训。他只踢了短短十几分钟,就让所有人惊掉了下巴。当时桑托斯的球队大腿佩佩全程围观贝利的表演,然后亲自找到球队管理层说:"赶紧把这娃签了!这神一般的天赋,我可不想成为他的对手!"

就这样,贝利留在了桑托斯。第一个赛季,他还被丢在青年队吃饭长肉;第二个赛季,他就被提拔到一线队,在29场各项赛事打进了36球……

贝利的光芒,已经藏不住了。1957年7月,巴西邀请老对手阿根廷打了场友谊赛,16岁的贝利首次身披国家队球衣登场亮相,然后在球队落后的情况下,替补登场,打入了扳平比分的进球。

然后，1958年世界杯的大幕开启。

那时候的贝利，还没有冲出国门走向世界的名气，所以当时的人们也不知道，他们将迎来一届——属于一个未成年人的世界杯。

## 少年贝利的梦幻之旅

1958年的瑞典世界杯，是贝利第一次走出国门。在那个信息闭塞、交通不发达的年代，一个普通的巴西人对于欧洲来说都是个稀罕物。贝利还记得，当他和队友走在瑞典街头上，会有瑞典小孩过来摸他们的脸。"然后他们会看看自己的手，看看会不会有黑颜色掉下来。"

不过，很快的，全世界都记住了这个17岁的巴西孩子。

由于出征前受伤，贝利错过了前两场小组赛。最后一场对阵苏联，巴西主教练维森特大手一挥，同时派上了17岁的贝利和24岁的加林查。正是这一次换人，开启了一个时代。

在帮助巴西小组出线之后，淘汰赛阶段变成了贝利一个人的舞台。对阵威尔士的1/4决赛，贝利打进了自己在世界杯上的处子球，帮助巴西1∶0小胜对手。时至今日，亲历那场比赛的威尔士名宿克里斯·琼斯还记得当时那一幕幕令人震惊的场景："贝利在我们的半场拿到球后，轻松摆脱了四名后卫，然后直接面对球门，好在我们的门将杰克·凯尔西反应迅速，才没有让贝利得分。"

"然后，他又出现在我们禁区里，我们甚至没看见他是如何转身的，他就攻破了我们的大门。全队面面相觑，心想，这孩子是谁？"

后来，比赛录像向我们展示了这个进球。他胸部一停，挑球转身，像个精灵般闪过高大的对手，捅射破门。这仅仅是个开始。

半决赛对阵法国队，17岁零244天的贝利只用了23分钟就上演了世界杯历史上最年轻的帽子戏法，和队友一起将国家队送入了决赛。而在奖杯面前，贝利依然冷静非凡，一个梅开二度将瑞典队在家门口夺冠的希望彻底浇灭。半决赛和决赛，巴西都是以5∶2的大比分战胜对手，而贝利自己就打进了5球。

巴西沸腾了！世界震惊了！

1950年的马拉卡纳曾是巴西人心中无法痊愈的痛，没人能预料到国家队在8年之后就可以弥补遗憾,更没人想到夺得这座冠军奖杯的最大功臣竟是一个 17 岁的孩子。

巴西夺冠之后,贝利激动地哭倒在队友的怀里。

那一刻,被摄影师纪录成永恒的画面。自此之后,世界上再无埃德森·阿兰特斯·多·纳西门托,因为贝利的名号,已经享誉全球。

## 巴西的国宝,也是其他队的公敌

瑞典世界杯一战成名之后,全世界都想看到贝利在家门口的表演。于是,桑托斯俱乐部就把球队送到欧洲去踢友谊赛,搞了一大堆欧洲圈钱之旅。

那时候,贝利的每场友谊赛都能给桑托斯带来 2 万美元的收入,这个数字是什么概念呢?1953 年,皇马以创纪录的转会费签下的迪·斯蒂法诺,身价是 14 万美元……是的,贝利用 7 场比赛就能给自己的母队桑托斯赚到这笔钱。

难能可贵的是,所有看过贝利表演的欧洲人,都觉得值回票价。

这样的贝利,欧洲豪门自然是天天流口水。于是,1961 年国际米兰出价 100 万美元收购贝利,桑托斯瞟了一眼就一口回绝。紧接着,尤文图斯主席詹尼·阿涅利直接绕过桑托斯,向贝利许诺:"只要你来尤文,我就送给你菲亚特公司的股份!"

再这么加码下去,桑托斯和贝利早晚得动心,然而就在这时,巴西总统夸德罗斯出手了。为了留住贝利,更为了留住自己的选票,夸德罗斯迅速行动,召集其幕僚,紧急推出一道法案,将贝利定义为巴西国宝……是的,巴西甚至用立法的方式规定了贝利不许卖!

虽然夸德罗斯的任期只持续了 7 个月,但他的继任者们都没有修正这一法案。毕竟,这位巨星给巴西带来了巨大凝聚力和快乐,没有人敢去卖,也没有人舍得卖。

不过,在其他球队眼里,贝利带来的杀伤力可就不那么快乐了。

20 世纪 60 年代,足球的发展开始趋向功利和保守,恶劣犯规成为足球场上司空见惯的常事,但与此同时,对球员保护方面的规则却没有跟上。而贝利,恰好赶在了这么一个下黑脚的年代。

1962 年世界杯,贝利成为对手重点照顾的对象,小组赛首场他便被对手踢伤,次战更是因伤下场,直接告别了那届世界杯。好在,失去了贝利的巴西并未受到致命影响，球队还是拿下了那届世界杯冠军。巴西的荣誉簿上，雷米特金杯+1。

伤愈之后，贝利继续大杀四方。1962年的南美解放者杯决赛，贝利梅开二度带队夺冠。随后的世界俱乐部杯，贝利上演帽子戏法，桑托斯以5∶2的比分对欧洲冠军本菲卡完成了屠杀。

这样的表现，让其他俱乐部都开启了对贝利的"砍伐"战术。1963年的南美解放者杯决赛，博卡青年在糖果盒球场孤注一掷，他们不断地铲翻贝利，甚至一度把贝利的球裤扒下来，但依然没能阻挡贝利一传一射拿下比赛。

但是，这几乎是防守贝利的唯一办法。于是等到1966年世界杯，"只要贝利一拿球就铲他的腿"，已经成了所有球队对付巴西的通用法则。

## 1966年，世界杯之殇

1966年世界杯，25岁的贝利步入自己的职业巅峰，也成为更多球队的眼中钉。巴西首战对战保加利亚，贝利遭受了22次犯规，最终受伤离场，并因此错过了巴西1∶3不敌匈牙利的比赛。

小组赛第三轮的生死战，贝利带伤出场。同样的，葡萄牙对贝利的防守策略也是恶意铲球。在专门盯贝利的后卫科鲁纳几次断球无果之后，葡萄牙中场莫莱斯决定亲自出手，完成对贝利的致命一击。

于是，他先是用一次凶狠的背后飞铲把贝利放倒，然后一看贝利又爬起来了，他再次伸出一脚，直接把贝利铲飞到空中。这记铲球让贝利的膝盖严重受伤，而当值的英国籍主裁判甚至没有吹停比赛。而且，当时的足球比赛并没有换人制度，只要有球员退场，球队就会少打一人，所以贝利只能缠着绷带一瘸一拐地踢完了整场。

就这样，贝利和巴西匆匆结束了他们1966年的世界杯之旅。伤心至极的贝利，甚至一度宣布退出国家队。他说："这已经是第二次了，我只踢了两场世界杯就被铲伤。""我再也不想参加世界杯了。"

事实上，那届世界杯也的确是野蛮粗暴的顶点。在1966年《世界杯技术报告》里，撰写者写下了这么一段话："你很难乞求力量派野蛮足球去停止对其他球员的伤害，因为他们知道在当下的制度中，他们的伤害行为并不会受到严重的惩罚。"

"球员受伤后，其后果之沉重，足以让4年的努力付诸东流。"

这段非常感性的话,出现在本该充满数据和图标的分析报告中,可见当时执笔者的痛心疾首。而这其中所指的最大受害者,便是贝利。

于是,一场针对犯规和保护球员的改革就此展开。4年后的1970年世界杯,两项崭新的规则亮相绿茵场。(1)红黄牌制度,让恶意铲球不再毫无顾忌;(2)换人制度,让受伤的球员得以替换休息。在一定程度上说,贝利就是足球这项运动从野蛮走向文明的重要推手。

规则修改后,贝利也终于重新回到国家队。1970年,在政府的邀请下,在民众的期盼中,他开启了前往墨西哥的旅程。和年轻时的自己相比,1970年的贝利已经有了明显的不同,毕竟在这段时间里,他已经踢进了超过1 000粒球,心态早已超脱了很多,也学会了依靠队友来赢下比赛。

不过在需要他的时候,他依然可以成为英雄。对阵意大利的世界杯决赛中,贝利打进了一粒漂亮的头球,这粒进球不仅帮助球队再次夺冠,也让巴西以三次夺冠的成绩得以永久保存雷米特金杯。

1970年世界杯之后,贝利逐渐退出足球舞台。

1974年宣布退役的他,第二年在美国赛场宣布复出,帮助纽约宇宙夺得总冠军之后,在1977年彻底告别了足球——他最热爱的运动。

告别赛上,他用一粒任意球进球,将自己的职业生涯进球数定格在了1 283粒,其中的大多数进球奉献给了桑托斯,帮助这家俱乐部两次赢得了南美解放者杯和洲际杯的冠军,还赢得了10次圣保罗州联赛冠军和6次巴西全国联赛冠军。

退役之后,国际奥委会官方对他的评价是:贝利用1 366场比赛打进1 283个进球,这样的辉煌业绩,已经达到了人类所能达到的极限。

"球王"称号,名副其实。

## 尾 声

现如今,我们已经很难对贝利的成就感同身受,因为绝大多数球迷并没有经历过他的辉煌时代,更没有现场看过他的比赛。

更多时候,我们只能通过文字和录像的记录去仰慕他:他是历史上唯一夺过三次世界杯冠军的球员;他是国际足联官方认证的球王第一人;他创下的职业生涯

1 283粒进球的纪录至今无人能破;他是唯一一个即便被红牌罚下也被邀请继续比赛的球员;他28岁那年随队出访刚果,刚果内战双方达成了停火两天的战争协议,只为能够好好看这场比赛;他一生会见了15位国王和70位总统;他的名字在90多首歌曲中被提及……

作为一名足球运动员,贝利所享有的声誉几乎是这项运动巅峰。

退役之后,贝利担任过巴西体育部长,当过联合国儿童基金会的亲善大使,联合国教科文组织还任命他为"教科文组织体育卫士",原因是他在促进体育和帮助弱势儿童方面所做出过的杰出贡献。

2020年,贝利迎来了自己80岁的生日。接受FIFA官网的专访时,他觉得虽然自己没有参加过欧洲足球的正式比赛,也没有加盟过欧洲的俱乐部,但自己的人生已经非常圆满。

在那次采访时,他开玩笑地说:"我在地球已经没什么遗憾了。不过,月球上有足球的时候,我就去那里踢踢球。"

这一愿望虽然已经无法实现,但对于球迷来说,以后再看向天空,便知道,那里是贝利的全新赛场。

再见,贝利。感谢你为这项运动带来的一切。

如果有朝一日,有人能在浩瀚宇宙中看见一个身着巴西球衣的球星,请帮地球上所有球迷问候一句:

"嗨,巴西球王,好久不见!"

# 从孙雯踢到王霜！43 岁的她，第 7 次参加奥运会

对于许多足球运动员来说，能参加一次世界杯是他们毕生的梦想。对于许多运动员来说，能参加一次奥运会代表着他们运动生涯的巅峰。而她，已经参加了 7 次世界杯，7 次奥运会……

在女子足球的领域里，她是活化石一般的存在。没有哪个球员比她更能代表女足那充满抗争、偏见、努力的历史。

她就是 43 岁的巴西女足运动员——福尔米加。1996 年亚特兰大奥运会，她与孙雯领衔的"铿锵玫瑰"交手；25 年过去了，中国女足的旗帜交到了王霜手上，而福尔米加，依然是横亘在她们面前的叹息之墙。

## 在巴西，女孩踢球曾是违法的

如果把巴西、足球、歧视这几个词联系在一起，你一定觉得不可思议。然而，这对于巴西喜欢踢球的女孩子来说简直习以为常。甚至，在长达 38 年的时间里，女性在巴西踢足球都是违法的。

1941 年，巴西国家体育委员会起草了一项法令，规定本国女性不允许从事足球、拳击、橄榄球、马球、水球和一些田径项目，因为这些运动"太过暴力""会影响女性的气质""与女性的生理特点不相容"。这项禁令直到 1979 年才解除，那一年，福尔米加刚满一周岁。

虽然解除了女足禁令，但人们的歧视仍然普遍存在。在 20 世纪 80 年代，巴西

踢足球的女孩被称为"大鞋",这是巴西俚语中对女同性恋的蔑称。对于这一点,福尔米加感受非常明显。她回忆说:"我的兄弟们不喜欢我和其他男孩一起踢足球。""在他们眼中,我更应该在家洗碗。"

出生于一个贫困家庭,又是家里5个孩子中唯一一个女孩,福尔米加的足球生涯是在哥哥们的嘲讽中起步的。然而,这地狱级别初始模式并没有影响福尔米加的进步——她对足球怀有极大的热情,而且天赋异禀。

那时候,她是班里最矮的女孩,但又在足球场上碾压了大部分的男孩子。一个小个子的女孩每天熟练地控球,在一帮男孩子之间穿梭,于是大家送给她一个福尔米加的绰号,葡萄牙语的意思是"蚂蚁"。是的,就像贝利、罗纳尔多、卡卡一样,福尔米加的名字也不是她的本名。

然而,即便人们认可她的球技,性别的歧视也依然无处不在。由于贫穷、由于偏见,福尔米加身边那些热爱足球的女孩陆续放弃了自己的足球梦想,有的邻居甚至禁止自己家的女孩和福尔米加一起玩。

"当我邀请她们来我家做客的时候,她们回答说:不,我不能去,我爸爸会杀了我。"

除了福尔米加的母亲,几乎没有人支持她踢足球。在经过了一段饱受欺凌的岁月之后,福尔米加终于在13岁那年作出了一个重要的决定:逃离自己出生的狭小街区,去一个比较大的城市——萨尔瓦多。

## 从萨尔瓦多到奥运会,一段30年的传奇

到萨尔瓦多之后,福尔米加加盟了巴伊亚EC俱乐部。在那里,她见到了许多像她一样怀有绿茵梦想的女孩,拥有了专门的宿舍和球场,"即便只是片渣土场,它对我也有重大的意义,因为这块场地真的是为女孩子踢球准备的。"

虽然收入微薄,虽然她们连教练都没有,只能靠老队员传帮带,但巴伊亚EC俱乐部依然为福尔米加打开了新世界的大门。在那里,她的球技突飞猛进,逐渐成为国内的超新星。

16岁那年,福尔米加只身南下,加盟了国内的女足强队圣保罗俱乐部。一年之后,她入选了巴西国家队,跟着姐姐们参加了1995年的瑞典女足世界杯,成为那届

世界杯年龄最小的参赛者。18岁,她又出现在亚特兰大,开启了自己的首次奥运之旅,那同样也是女足项目在奥运会上的首秀。

那是最好的年代,福尔米加代表巴西女足参加了1996年、2000年、2004年、2008年奥运会,都至少打入了半决赛,玛塔、克里斯蒂安妮等一批才华横溢的女孩也先后与她并肩作战。

那也是原地踏步的年代,巴西女足入围了每一届的奥运会和世界杯决赛圈,但她们训练的场地还是烂得连草皮都看不见,足协对待她们的态度依然"很随意""很轻视"。

2006年,巴西曾做过一项调查,16~21岁女足球员中,有57%的人感到压力的主要原因是踢球被歧视。许多巴西女足球俱乐部因为卖不出门票而关门,2012年巴西著名的桑托斯俱乐部就曾经原地解散了自家女足,原因是要筹钱给内马尔发工资。

与地位相似的还有球员待遇。据2014年的数据统计,巴西女球员的平均月薪只有1 000雷亚尔(约合1 242元人民币),而巴西的最低工资标准则为每月724雷亚尔(约合899元人民币),女球员的收入甚至远不如餐厅服务员。

2016年,中国女超和女甲联赛开始允许引进外援,当时加盟长春女足的达琳在被问到为何来到中国踢球时,她非常实在地回答:"因为中国给了我一份更理想的合同,收入至少比在巴西翻了3倍。"

过低的待遇让福尔米加同样选择了去国外踢球,她先后转战瑞典、美国、法国,经历了13家俱乐部,曾经在法国和王霜做过队友,共同效力于巴黎圣日耳曼女足。

然后,她一次又一次回到国家队为国征战,发现不仅女足的地位和30年前没啥两样,甚至连身边的国家队队友都还是十几年前的那几个人……

## 常青树的背后,更多的是无奈

如果你看看2021年奥运会巴西女足的大名单,会有一种时光穿越的感觉。43岁的福尔米加,35岁的玛塔,35岁的贝尼特斯,33岁的塔米雷斯、艾丽卡、芭芭拉……

由于看不到出路,所以巴西踢球的女孩越来越少,巴西女足联赛近些年4次中断、4次恢复,足球王国里的女足队伍已经青黄不接。

其实,2016年里约奥运会之后,当时已经38岁的福尔米加就宣布了退出国家队。但在2019年女足世界杯前夕,巴西女足不得不又一次劝说福尔米加重新回来,因为"球队实在没人了"。

于是,福尔米加以41岁零98天的年龄第7次站在了世界杯的赛场上,成为女足世界杯历史上年龄最大的球员。那届女足世界杯一共552名参赛球员,其中有150名在福尔米加完成巴西队首秀时都还没有出生……

两年之后东京奥运会,福尔米加再次代表巴西队出战,虽然她表示"没有什么比代表自己的国家更让人自豪了",但同时也承认,"其实,我不应该出现在这里。我现在更愿意待在家里,在电视机前观赏一个崭新的、年轻的桑巴军团,顺利地完成更新换代。"

事实上,足球界的歧视并非巴西独有。

● 1921年,英国就曾经禁止女子足球,因为它"非常不适合女性",这项禁令直到1971年才被解除。

● 1955年,德国同样颁布了禁止女性踢足球的法令,直到1970年才解除这一禁令。

● 在伊朗,女性甚至不允许出入任何体育场馆,想要去球场看比赛甚至要冒着刑罚的危险去女扮男装。

这便是女足的现实。巴西有许多业内人士都建议"女足应该向女排学习,穿着更加紧身、短款的服装",以身姿去博取人们的关注。巴西的运动广告里有充斥着与运动没有任何关系的超模,却看不到拿过金靴奖的足球小姐,因为广告商认为玛塔们长得"不够性感"。

所以,福尔米加仍然出现在奥运赛场上并非只为了打破纪录那么简单。早在2010年,她就加入了巴西女足前队长佩莱格里诺发起的为女足争取平等权利的组织,组织名为"Guerreiras",葡萄牙语的意思为"女战士"。她曾多次和玛塔一起抗议女性足球教练所遭受的不平等待遇,甚至在2017年为此事退出过国家队。

福尔米加说:"在巴西的贫民窟里,男孩子们大多只有两个选择:足球或是黑帮。而女孩子们的选择则更为狭窄:黑帮、黑帮的女朋友或者妓女。"

"只有我们这些经历过地狱的人才知道,我们曾经忍受了多少,才取得了今天的成就。"

"我不想作为一个参加了许多届奥运会和世界杯的球员被人们所铭记,我只希望大家记得,我是一个为女足的进步而奋斗的人。"

这就是福尔米加。她是女足世界杯历史上年龄最大的球员,她保持着世界杯最年长的进球纪录,她是唯一一名参加过七届奥运会的足球运动员……

在女子足球的领域里,福尔米加是活化石一般的存在。没有哪个球员比她更能代表女足那充满抗争、偏见、努力的历史。

在一定程度上说,福尔米加的长青是对女足发展的控诉。

她象征着女足在过去的 40 年里走了多远,以及还要走多远。

# 温格教授,以及那段我们终将逝去的青春

我们习惯了一个关于时间的舒适区。当你周边的某一事物保持长久不变时,你会误以为时间未曾流逝,生命依然当年。

在我们少年时代刚开始蹲在屏幕前看比赛时,有三个稳如灯塔的名字,分别是杰里·斯隆、亚历克斯·弗格森和阿尔塞纳·温格。这三个名字,无论我什么时候想看到他,他在,他还在,他仍然在;不管我喜不喜欢,他们对于我来说,都是一起来看,一起又看,一起还看的神奇存在。这甚至让人产生一种执念——他们都是上帝派来代表永恒的使者,任务就是陪着"80后"一起成长。

然而,时间终是无情。2017-2018赛季,温格结束了自己在阿森纳的教练生涯。一起结束的,还有很多球迷那段曾经青葱年少的时光。

## 日本来的教练,行吗

1996年10月,阿森纳球迷接到了一个令人震惊的消息:他们的新教练,竟然来自J联赛。

其实,1996年10月,对于阿森纳来说温格并不是一个最优选择。虽然里奥奇教练并没有像前任格拉汉姆一样带给阿森纳有分量的冠军,但也是带队挤进联盟杯的水平。而温格有什么呢?在法甲不算辉煌的经历?发掘了乔治·维阿?签下了如日中天的克林斯曼却依然没能有所作为?还是拿下了一座神秘的天皇杯?

所以当温格出现在海布里球场时,舆论普遍认为这是阿森纳副主席大卫·邓恩

职业生涯中做出的最愚蠢的决定。而且,当时的阿森纳以球风硬朗、防守铁血著称,你能想象这样一支球队的统领是一个戴着金丝边眼镜、经济学位比执教生涯更辉煌的家伙吗?

"书生治国",大概是温格带给海布里的第一印象。然而,大家很快发现,这个书生很可怕。入主当年,他就以一纸禁酒令改变了所有阿森纳球员的生活方式。这虽然让亚当斯、基翁、莫森和帕洛尔等一帮更衣室大佬兼英格兰传统酒精爱好者痛心疾首,但温格知道,要想打造他心目中的阿森纳,这是必须迈出的一步。

于是,他说服了队长亚当斯,带领大家把食谱中的炸鸡换成瘦肉,把炸鱼薯条换成蔬菜沙拉,甚至开创了比赛日必须集体用餐的先河,这在当时的英格兰足坛是绝无仅有的。至于,他把训练科目细化到分秒以及把体能消耗具体到能量值这些新花样,更是让英格兰糙汉子们闻所未闻。

然后,他又开始着手改变球队的战术风格。虽然,他在阿森纳引进的第一名球员,名叫维埃拉。无论你是否相信,温格到来之前的阿森纳是个标准的闷蛋型球队。崇尚1比0,崇尚进球之后就故步自封。而在温格到来之后,他先后签下了阿内尔卡、奥维马斯、佩蒂等一大批球风华丽的球员,再加上博格坎普、赖特等枪手老班底和他的悉心调教,枪手逐渐成为英格兰足坛的一股清流,把流畅、绚烂的风格固化在自己每一个基因的碱基对之中。

温格来到阿森纳的第二个赛季(1997—1998赛季),枪手曾一度落后曼联多达12分,最终却奇迹般地逆转夺冠。那是温格的第一座英超联赛冠军,却只是他辉煌的开始。在那之后,亨利、皮雷、永贝里、阿什利·科尔,一个个初出茅庐的新星在海布里的大地上变得如雷贯耳。更重要的是,那时候还没有一支能像后来的巴萨一样能打出Tiki-taka(极致攻守)的球队,所以艺术足球的最高统领就是温格——在海布里,你能看到水银泻地般的进攻、眼花缭乱的跑位、亨利的犀利射门、皮雷和科尔组成的左路尖刀、维埃拉和吉尔伯托组成的黄金后腰……

温格和大卫·邓恩,一个主管赛事,一个主管经济,两人一起把一支擅长催眠的球队变成了技术足球、攻势足球的代名词,齐心协力为阿森纳打下了一片广袤的江山。所谓强势,就是赛季26胜12平夺冠,马踏连营凭栏远眺;所谓盛世,就是联赛49场不败,一朝成名天下知。

## 一切，从盖房子开始改变

时光如果回到2004年，那时的阿森纳球迷恐怕无法想象球队未来将经历怎样的动荡。在球迷眼中，10月24日鲁尼倒在老特拉福德禁区里拿的点球只是暂时打破了枪手的不败纪录，摆在阿森纳面前的依然是一幅大展宏图再造辉煌的美好蓝图。

然而他们不知道，那时摆在温格面前的，其实是一张新球场的设计施工图……

2002年的秋天，珠宝商人丹尼·费兹曼骄傲地宣布阿森纳新球场计划必将成功。这是个伟大的计划，因为图纸上所描绘的既是一座能容纳6万名观众的现代化球场，也是世界足坛首个票价能超过100英镑的昂贵玩具，还是一个全年比赛日收入接近1亿英镑的赚钱机器。但与其同时，这也是一个俱乐部需要每年还贷几千万英镑的无底洞。

从2003年开始，阿森纳开始大兴土木。预算一直在增长，缺口越来越大，再加上海布里公寓的修建以及次贷危机的影响，阿森纳从建球场到还清贷款整整用了8年。当酋长球场矗立在北伦敦时，费兹曼已去了天堂。而在此期间，温格究竟经历了什么？

在酋长球场动工之后的8个赛季里，曼联、曼城、利物浦、切尔西，甚至以抠门著称的热刺，在转会市场上的总投入都超过了1亿英镑，而阿森纳一共花了多少钱呢？——2 100万英镑。

是的，你没有看错。在大家都忙着军备竞赛的时候阿森纳正在忙着还"房贷"，董事会2004年制定的谨慎薪金规划使阿森纳成为2004－2012年英超在转会市场上投入最少的球队，平均每个赛季在转会市场上只有不到300万英镑的净支出。

维埃拉、亨利、加拉、法布雷加斯、范佩西、维尔马伦，年年卖队长，个中滋味也只有教授自己最清楚。那是一段苦涩的、无奈的、靠着温格的眼光和造血能力支撑的惨淡岁月，从"3 000万英镑的球员我不是不能买，关键是没有适合我们的"到公开承认"我们无力承担2 000万以上的引援"，教授不得不在所有引援上"步步三思"。

所谓三思，就是思危、思退、思变。一个浪漫的法国人，为了阿森纳谋划退路，他只能选择放弃华丽，追求功利，然后用有限的资源对抗全世界。

在阿森纳背负"房贷"的时期,温格是枪手保持在第一集团的最大功臣。尤其是年年卖队长那几年取得的第四,对于阿森纳、对于温格来说都是一项非常伟大的成就。我不是在讽刺,我是真挚地、满怀敬意地说这句话的。第四的名声看起来不够光彩夺目,但实际上对阿森纳却极为重要,因为阿森纳每年可以通过参加欧冠获得转播分成和奖金多拿到3 000万～3 500万英镑。在2006—2010年这四年,阿森纳每年需要偿还5 600万英镑左右的本金与利息。如果少了这3 000多万英镑,枪手有可能不得不低价出售更多球星,从此一蹶不振……

虽然这种窘迫造就了卖队长、"温差签""球员迷失在体检室"的种种笑谈,但回头看看,温格的功绩不仅在于为阿森纳开创了一个时代,更在于为阿森纳守住了一个时代。

## 立雕塑,他值得

教授也有被诟病的地方。比如他坚持的薪水架构对大牌球员缺乏吸引力;他创下的大锅饭模式导致待清理球员薪水太高,无人接盘;他在临场指挥方面战术板不足;还有他那颗对小妖执着追求的心。

而阿森纳也像掉进了无法解脱的六道轮回:圣诞争冠伤一个;一月魔鬼赛程伤俩;二月欧冠伤俩;三月就只剩个足总杯还有希望;每次队医说他三个周能复出,你就得做好等仨月的准备;在冬季大范围伤病袭来之前,你永远不敢对他们的前景做过早评估。这一切可能因为教授不甚科学的轮换模式,可能因为传闻中不太科学的体能训练模式,或者因为只有八成体能的球员被用到了十成……

谁也不会想到,2006年的欧冠决赛成为教授治下辉煌的顶点。在那之后让人铭记于心的都是些1:5输给热刺、2:8输给曼联的耻辱之战,以及教授英超千场庆典上切尔西送来的六个蛋。

于是,球迷终于着急了,都还完贷款了,我们能不能换一种活法?然而,新的活法,教授给不了。英超已经不是当年的英超了,阿尔沙文之后有罗西基,罗西基之后有卡索拉,卡索拉之后的继任者一个比一个贵,但阿森纳却依然毫无起色。球迷只能开始去习惯球队4:0领先也不靠谱和赛季末段的准时崩盘,去接受喜欢的球员被英超恶汉铲断腿,去绞尽脑汁理解教授的转会政策和临场指挥,还要善于在球队失利后从中寻找积极因素来鼓励自己,顺便面对其他球迷的冷嘲热讽。

球迷耗光了自己最后一丝耐心。虽然教授还想继续坚持,但在球迷眼里,过期的理想就和过期的爱情一样,一旦过了那段时间,就会变成横在心尖上的砂砾,看着碍眼又硌得难受。

终于,在教授即将迎来 70 岁生日的这一年,他的职业生涯受到了空前的质疑,在经历了世人无情地淘筛之后,他的精神再也无法超越肉体的极限,于是他做出了可能是这辈子最艰难的决定:紧锁眉头,喝下一口苦酒,然后依依不舍地卸下身上那身穿了 22 年的枪手戎装。

解甲归田,挂印封金,带着无尽的荣誉和遗憾。

## 尾 声

温格对于阿森纳来说,其实是教父般的存在。

22 年间,他见惯了政权之更迭、疆土之瓦解、围墙之坍塌、城邦之兴荣。他的任务,只是阿森纳在金钱的舞台上被混淆、被渗透、被解构、被操纵到难辨真假时也能清醒地以最原始的面貌存在和面对,然后让球队继续植根于英超之中,生生不息。

他也许并不像弗格森爵士一样带着浓烈的个人风格,也没有穆里尼奥那种一言掷地、肃杀全场的作风,更没有克洛普、西蒙尼身上的激情感和江湖气。绝大多数时候,他只是安静地站在海布里或者酋长球场的边线旁,温文尔雅。

教授对自己的形容,则更加简单:"如果有一天我步入天堂,他们问我,你这辈子都做了什么?""我只能够回答,我一直在努力赢球。""这是我能给出的唯一答案。"

感谢温格教授。感谢那个时代有你,以及你带给我们的那个时代。

# 贝尔萨:"疯子"和教父合体的痴狂人生

他是瓜迪奥拉眼中最好的教练;他是波切蒂诺心中的"足球教父";他是巴蒂斯图塔口中"成为教练之前你最好和他谈谈"的人;虽然你在他的功劳簿上看不见几个冠军名头,但他依然是足球世界里最有影响力和声望的主帅之一。

马塞洛·贝尔萨——一个把进攻宣扬到极致的主教练。"疯子"的人生不需要太多解释。

## 一个跑偏了的政客苗子

提到拉丁美洲出生的教练或者球星,你脑子里肯定出现的是赤脚、街头、贫民窟、踢球改变命运等具象化的词汇。显然,贝尔萨在其中是个极端的例外。

他出身于阿根廷一个富裕而显赫的家庭,祖父是负责创建阿根廷国家立法机构的律师,父亲曾是阿根廷的外交部长,哥哥是国内著名的政治家,姐姐是圣菲省政府高官,家里其他兄弟姐妹不是政客就是律师。然而,作为家里最小的男孩,祖传的从政基因传到贝尔萨这里愣是"变异"了,他对做公务员没有兴趣,然后跟家里说:"我要踢足球。"

于是,贝尔萨在15岁时加入了纽维尔老男孩俱乐部,慢慢成长为一名后卫。由于"速度慢,头球也不好",他21岁才代表球队打了第一场正式比赛。然后,贝尔萨就开启了自己顺利、简练而又笔直的职业生涯,整个生涯履历可以归纳为:首秀—第二场—第三场—第四场—退役。

是的，贝尔萨踢了 4 场职业比赛之后就意识到自己的条件并不适合当职业球员。出道即退役的他进入了布宜诺斯艾利斯大学当体育老师，并在 25 岁那年成为大学校队的主教练。

不过，这种训练确实卓有成效。在一场友谊赛中，布宜诺斯艾利斯大学逼平了人才济济的博卡青年预备队。正是因为看了这场业余球队对阵职业球队的伟大平局，纽维尔老男孩球探向俱乐部报告了"这一切都是那个 21 岁就退役的家伙干的"，于是纽维尔老男孩很快向贝尔萨送上了一份 offer——"要不，你回来带我们的青年队吧。"

1982 年，退役 6 年之后的贝尔萨重回纽维尔老男孩成为青年队的教练。在那个青年才俊被博卡、河床、独立几家俱乐部垄断的年代，贝尔萨开始漫山遍野地找豪门遗漏的苗子。

一张阿根廷地图，一辆菲亚特 147，他以参加达喀尔拉力赛的劲头陆续把阿根廷的角角落落跑了一个遍，发现了不少沧海遗珠。比如，他凌晨两点跑到波切蒂诺家，只为了把波切蒂诺从床上拽起来告诉他"你有适合踢球的双腿"。又比如，他在阿韦亚纳达小镇的一个屠户家里发现了一个名为巴蒂斯图塔的小胖子，拉着他减肥、训练、远离饼干，还在雨中不断奔跑……

最终，工作热情和青年队的优秀战绩打动了俱乐部高层。1990 年，贝尔萨完成了教练生涯的再一次升级，接下了纽维尔老男孩一线队的教鞭。

贝尔萨毫不掩饰他对米歇尔斯的推崇。"全攻全守"本就是一盆海陆空"毛血旺"，而贝尔萨还往里面多加了一大把辣椒。

- 他提倡控球，要求球队整体施压、发动进攻。
- 他要求阵型中的每个球员都要疯狂奔跑，封住对手的所有传球线路，不惜把自己的身体扔出去对抗。
- 他的球队侵略性极强，甚至指示守门员诺尔伯托·斯科波尼故意将球踢出场外，然后让对手掷界外球，以便自己的中场能够更快地反抢，然后打反击。

……

好消息是，这种执教理念让纽维尔老男孩成为一台不断给对手制造压力的机器，贝尔萨带队首个赛季就获得了阿根廷甲级春季联赛的冠军；坏消息是，高消耗的训练和打法就像个全年无休的"997"，"鸡血"过后的球员们很快就会"身体很诚实"，这一问题几乎贯穿于贝尔萨的30年执教生涯。

1992年,卡福的制胜点球让纽维尔老男孩输掉了南美解放者杯的决赛,贝尔萨决定离开。这时,墨西哥的阿特拉斯俱乐部向他提供了一份体育总监的职位,贝尔萨前往瓜达拉哈拉市考察了一个月,然后在观看了一场当地16岁少年之间的比赛后决定接下这份offer,因为他觉得那场比赛的选手"达到了国际水平",这活儿大有可为。阿特拉斯俱乐部一脸疑问:嗯?我们有一群很厉害的娃?我们怎么一个都不知道?

1992年7月,贝尔萨正式在阿特拉斯疯起来。他设计了一个体系,从每场比赛挑选15名运动员,每年可以观察2万名球员。他组织了一个球员招募网络,直到现在阿特拉斯的青训系统还在受益。至于贝尔萨眼中那批"达到了国际水平"的孩子——2006年德国世界杯1/8决赛,墨西哥的11名首发球员中有8个是贝尔萨在阿特拉斯担任体育总监的时候挖掘和培养出来的。

不过,培养孩子一直被他视为足球的初级阶段,他心里向往的仍然是教练席。于是,在1997年在萨斯菲尔德向他发出面试邀请时,他准备了51盒自制的录像带讲解自己的执教理念,后来俱乐部的工作人员掐指一算:"除去休息的时间,贝尔萨整整唠叨了42个小时。"

就这样,被淹没在唾沫星子里的俱乐部高层签下了贝尔萨,然后这伙计一到俱乐部马上开启自己的传统技能——他将阿根廷划分为70个区域,驾车到每一个训练场中寻找好苗子,亲自为萨斯菲尔德考察了12 000名年轻球员。

只可惜,这份工作贝尔萨并没有干多久,因为1998年率萨斯菲尔德夺冠后他接到了一份更加高端大气上档次的邀请函:"你想继承家族传统吗?你想成为一名公务员吗?你想带领潘帕斯草原最好的足球运动员吗?阿根廷国家队,欢迎您!"

## 世界杯滑铁卢

1998年9月,贝尔萨接下了阿根廷国家队的教鞭,因为萨内蒂、贝隆、西蒙尼、奥特加、波切蒂诺、卡尼吉亚、阿尔梅达、巴蒂斯图塔、洛佩斯……这一串名字放在一起,实在让人没法拒绝。

如果你看过阿根廷2002年世界杯预选赛的表现,那一定会为贝尔萨所折服。

令人窒息的全场高压逼抢加传控突破,一个中锋搭配三个前腰,贝隆和艾马尔居中,奥特加拉到右边锋位置向内突破,身后的维瓦斯通吃边路,萨内蒂内收到右后腰位置从肋部带球发动进攻……正常时的3—3—1—3,极端化的2—3—2—3,整个画面集足球技战术和原始激情于一身,让人看得热血沸腾。

最终,这支大牌云集、观赏性极强的阿根廷队以13胜4平1负的预选赛成绩挺进世界杯。再后来,好吧,他们连小组赛都没出线。

多年之后,我们回顾那届世界杯时,会复盘出很多原因。

- 当时防线居中的阿亚拉受伤,西蒙尼和贝隆的状态都不好;
- 他没带里克尔梅,因为罗米那慢悠悠的球风不能适应他的高压逼抢;
- 他还是没能顶住舆论压力,带了几个不符合自己战术的巨星搞萝卜开会;
- 他的疯跑流需要建立在体能充沛的基础上,大家打完联赛再去的世界杯;
- 他在预选赛杀得大家一见阿根廷第一反应就是苟,甚至连尼日利亚都跟你玩龟壳防守;

……

于是,一次史诗级别的"开翻航母",就这么诞生了。

2004年8月,在率领阿根廷队夺得雅典奥运会金牌之后,贝尔萨辞去国家队主教练职务,闭关了三年。在这三年中,他没有执教任何一支球队,也鲜少出现在公众视野中。我们只能从采访中得知他其中几个月的行迹:"我把自己关在一所修道院里三个月,没带手机,没有电视,只带了自己想读的书。"就当大家都以为这位热血教练要遁入空门时,他重新出山。

这一次,他执教的是已经12年没进入过世界杯的智利国家队。当时的智利国家队是出了名的自由散漫,曾经因为在2007年美洲杯上集体酗酒、破坏酒店设施以及骚扰酒店女员工……丢了整个国家的脸。贝尔萨到来之后,立即对球队进行了整风,宣布国家队大门对卢比奥、希门内斯等违纪球员永远关闭,并且启用了布拉沃、苏亚佐、比达尔、梅德尔等一大批新的年轻球员。

这些年轻人逐渐接受了贝尔萨独辟蹊径的训练手段,乐意于反复进行跑位和进攻演练。这种战术执行力让那支智利队拥有了严谨的纪律、凶悍的拼抢和流畅的反击,然后,一支残暴的智利队出现在世界足坛。

2010年,智利在南美区预选赛中以第二名的身份突围杀入了世界杯,并且一路杀入了 16 强。在那届世界杯上,其他球队的口号都是"好好踢球,天天向上"什么的,而智利队的口号是:"贝尔萨带来成功!"智利人对贝尔萨的爱,就是这么简单、粗暴。而且,这种爱,也渐渐地辐射全球。

## 人人都爱贝尔萨,除了球员

贝尔萨的战术理念可以这样描述:由前锋线和前腰开始反抢,每个位置用极致人盯人防守贴住对手;然后用跑动优势在小范围内制造人数优势压迫,针对对手的传球线路进行极限切割;丢球后在 6 秒钟之内抢回球权,打出反击,否则就快速退守;反击时强调边路作用,把阵型拉开宽度,用快速传球实现推进;打嗨了之后甚至可以完全抛开场上阵型的阻碍,除了门将之外都可以没有固定的位置。这种极度推崇进攻的绚烂打法和战术板,让很多名帅都流下了哈喇子。

瓜迪奥拉在执教巴萨之前曾经专门跑到阿根廷求教贝尔萨,二人共度了 11 个小时,讨论了很多场内场外的东西,临走瓜迪奥拉还拷走了贝尔萨一大堆视频。

桑保利是贝尔萨的忠实门徒,他执教智利和塞维利亚时的理念都充满了贝尔萨的影子。

波切蒂诺说:"贝尔萨就像我的父亲一样,他是我成为教练的灵感之源。"

西蒙尼说:"贝尔萨是我一生的老师。"

在教练的世界里,你很容易看到贝尔萨的门徒,他们或者喜欢贝尔萨的战术,或者当过贝尔萨的助手,或者曾是贝尔萨手下的球员。但在球员的世界里,贝尔萨就不那么受人欢迎了。

贝尔萨曾用过 4 个词来总结自己的足球哲学:专注、运动、转换和即兴发挥。这事儿放在教练圈里没什么问题,但球员拿过来就会发现……除了最后一个词,其他三个哲学都是体力活儿。

在贝尔萨的体系中,每个球员都得经受魔鬼训练,每天训练时长都比其他球队多,季前训练开始得也比别家早。前马赛中场谢鲁在贝尔萨麾下不久,中途选择了离队,因为"在他手下球员没有太多自主权,这对经验丰富的老将来说很困难,我们不停重复训练计划,没完没了……"他会把战术视频反反复复拿来演练,在毕尔巴鄂竞技甚至把一个角球战术演练了 300 遍,略伦特表示"我都要疯了"。毫无疑问,这种训练方式和战术灌输对于年轻球员是巨大的提升,但对踢球风格已经相对成熟的老油子们就不那么友善了。

贝尔萨说:"我会告诉我的球员,当你退役的那天,我才是你的朋友。"而他这种近乎严苛的执教方式,也运用到与俱乐部的交往之中。

执教毕尔巴鄂竞技时,他曾与训练中心的施工负责人发生矛盾,只因他要求的细节没有得到遵守。在执教里尔时,他曾经让11名不符合他战术要求的一线队球员另谋他就,差点儿引发了一场"逼宫"。

2016年他在成为拉齐奥教练两天之后就宣布辞职,因为他给了主席洛蒂托一份未来引援名单,还给每个引援对象都配了2到3小时的录像,结果洛蒂托用"没钱或没听说过"的理由来搪塞。后来,洛蒂托让教练组成员仔细研究了那份名单,然后引进了名单上的阿尔贝托、小卢卡库、米林科维奇、卢卡斯-雷瓦……再后来的事情,我们都知道了。没错,大家都知道"他是个天才"。

但真要请这位天才来执教,得好好掂量掂量。然后,利兹联来了。

## 枪炮与玫瑰的结合

2017—2018赛季,利兹联在英冠位列第13位,距离英超还差一大截。2018年夏天,球队高层决定结束这种不温不火的生活。他们派出俱乐部CEO安格斯·金尼尔和体育总监维克多·奥尔塔的超高规格代表团,飞跃7 000英里到阿根廷,请贝尔萨出山。

在布宜诺斯艾利斯的一家酒店里,利兹的两位高管和贝尔萨整整聊了13个小时,然后发现这位老爷子在接到第一次邀约之后已经看完了利兹联之前一个赛季所有的比赛,超过70个小时的录像。到见面之时,贝尔萨已经对利兹联甚至英冠的各个对手都了如指掌。几天之后,利兹联为贝尔萨开出了球队历史上最高的主教练年薪。

贝尔萨到达利兹联之后,他的疯劲儿又来了。

● 老板给他在市中心的高档酒店订下了长期包房,他不要,自己跑去训练基地附近租了个单身小公寓。

● 俱乐部给他提供接送车辆,他不要,每天就背着帆布包,戴着耳机步行45分钟上班,拒绝一切想顺道拉上他的球员和球迷。

● 球队想给他提供最好的生活条件,他也不要,经常睡在球队的一个小休息室里,里面只有一张小床和一个小厨房。

但是,厉行节俭的他却给球队提出了一个长长的愿望清单。比如,对于训练基地阿奇村的改造计划蓝皮书;重新改造俱乐部的训练设施和泳池;给球员张罗了一个休闲区,里面有台球桌、PS游戏机,希望球员能劳逸结合;等等。

当然,这些"好心"还是建立在魔鬼课程的基础上,利兹联球员表示:"训练课确实很漫长,因为经常被打断,用来演示和纠正。我们早上8点到训练中心,晚上7点才回家,然后还有需要在家里完成的家庭作业……不过,大家都乐在其中。"这大概是执教一支年轻球队的好处,认真、上进,乐意为了实现主教练的理念,白天干活,晚上做作业,因为他们都知道,贝尔萨的每一个计划和想法都是为了打造一支更好的球队。

在贝尔萨麾下,艾林的助攻能力不断提升,混子哈里森重获新生,卡尔温·菲利普斯完成了国家队首秀,然后大家共同为了一个目标迈进——2018-2019赛季,他们折戟升级附加赛;2019-2020赛季,离开英超16年之久的利兹联重返顶级联赛。

在冲超成功的那一天,瓜迪奥拉说:"世界上最好的主教练,来了。"

然后,在英超的前两轮,利兹联以3:4输给利物浦,4:3赢下富勒姆——"我来英超只是想打死各位,或者被各位打死。"这就是贝尔萨的英超宣言。

## 贝尔萨,依然继续疯着

在竞争激烈的英超,贝尔萨延续了自己华丽的进攻风格,让中立球迷期待所有利兹联的比赛。2020-2021赛季,贝尔萨率队取得英超第9名的成绩,这是自2000-2001赛季以来英超升班马的最高排名。然而,激进的进攻和疯狂跑动是把双刃剑,贝尔萨在执教利兹联的第二赛季遭遇了伤病潮,球队成绩下滑,最终导致贝尔萨下课。

休息了一年后,2023年5月贝尔萨拿起了乌拉圭国家队的教鞭,接手的第一个任务就是世界杯预选赛。在世界杯预选赛上,贝尔萨一直就是个传说,这次也不例外。他上任后,前7场预选赛赢下了5场,尤其是背靠背连战巴西队和阿根廷队,乌拉圭以 2∶0 把这两支南美巨头先后斩落马下，在贝尔萨的职业生涯中又增添了浓墨重彩的一笔。

虽然贝尔萨的传奇还在继续，但我们也许可以给他这样的评价。贝尔萨，并不是个适合豪门的教练。

● 他对球队必须有绝对的话语权，疯狂训练和跑动只适合年轻球队，成名球星对这种训练方式就很抓狂。

● 他的"对捅流"总是上半赛季高光、下半赛季拉垮，杯赛中也难以持久。

● 他讨厌一对一的访谈，拒绝各种商务活动，习惯坐在冰桶上指挥比赛，即使参加利兹联俱乐部创建一百周年的庆典也只穿了一身运动装。

即便放眼整个世界足坛，他也是个毁誉参半的人物。

在爆出他派出教练组成员偷看德比郡训练的"间谍门"时，他不仅大大方方承认，还特地搞了个新闻发布会，用 PPT 把德比郡过去一年 51 场比赛要点进行罗列，如数家珍地说出每一场比赛进球的球员和比赛细节，详细列举了德比郡的阵型图、定位球、球员跑位、重点需要注意的战术、重点需要盯防的球员、关键视频片段、球员数据横向比较……愣是把一场"道歉会"变成了以"我还用偷窥？"为主题的战术发布会。

2019 年 4 月 28 日，阿斯顿维拉球员科德加受伤倒地但裁判并没有吹停比赛，利兹联队由克利赫打入一球。随后贝尔萨要求手下球员们放弃防守，在阿斯顿维拉开球之后，利兹联队球员放对手打入一球。当年 9 月 24 日，国际足联年度颁奖典礼在米兰斯卡拉大剧院举行，贝尔萨以及利兹联队获得公平竞赛奖。

就连他自己，都是个矛盾综合体。他出身上流社会，酷爱读书，有文人之骨；他有对足球的一腔热血，到了绿茵场上就露出反骨峥嵘；他拒绝各种采访却喜欢与每个爱足球的人结交，和齐达内、瓜迪奥拉每次见面都会拉着人家聊战术；他在利兹租房子的时候跟房东好一顿砍价，但反手就捐款 250 万美元帮助纽维尔老男孩兴建新的训练设施；从业 30 年，他没有太多拿得出手的冠军奖杯，却被各路教练视为战术大师；直到今天，他 25 年前在阿特拉斯创立的球探网络依然在墨西哥的 92 座城市继续运行……

我们该如何形容贝尔萨？以出世的情怀入世？前脚嗜血千万里，后脚淡看江湖路？

其实没那么复杂，他就是爱足球爱疯了的老头儿。不疯魔不成活而已。

# 德罗巴:他的惊天一跪,用足球阻止了内战

一千个球迷有一千个热爱足球的理由,精彩破门、暴力过人、神奇逆转、球队底蕴……都能让我们把一些精彩画面和球员表现永远铭记。虽然大多数时候,我们只把足球当做一种娱乐消遣的方式,但殊不知,世界足坛曾经有一个球星,将本不属于自己的责任义无反顾地扛在了肩上,在祖国最需要他的时候站了出来,尽自己所能阻止了内战。

他就是,迪迪安·德罗巴。

## 德罗巴,在科特迪瓦意味着什么

德罗巴,1978年出生于科特迪瓦的阿比让。为了自己的足球梦,儿时的德罗巴跟着叔叔来到了法国。少年时代的德罗巴搬了14次家,几乎没有朋友,唯一的玩伴就是足球。于是,足球就成为他的信仰和努力方向。

即便足球初始化之路并不顺利,但德罗巴还是一路实现了"打怪升级"。2003—2004赛季,德罗巴当选法甲赛季最佳球员和法国足球先生。虽然成绩骄人,虽然远离祖国,但他却在法国和科特迪瓦国家队之间毅然决然地选择了后者。这一选择,在个人层面上是基本放弃了世界杯冠军的机会,但对于科特迪瓦来说,却意味着一个民族英雄的诞生。

大多数球迷,只知道德罗巴在法甲和切尔西的光辉岁月,但并不知道,他在科特迪瓦是神一样的存在。科特迪瓦在法语的意思是"象牙海岸",这里年轻人模仿他的

穿着,这里的音乐家为他写歌,街头巷尾随处可见穿着德罗巴球衣的人们,就连当地出产的一种黑啤也被命名为"德罗巴"。甚至,这种影响力并不止于足球。

2002—2005年,科特迪瓦国内曾经爆发了一次大规模内战,南方政府军和北方反叛军把国家打得支离破碎。平常国家都是战火纷飞,但如果当天有德罗巴比赛,整个科特迪瓦就会按下暂停键,因为每个人都盯着电视屏幕看球赛。

是的,德罗巴作为一个球星,他的魅力甚至可以短暂地停止战争。而在2005年10月8日,这种魅力又再一次得到升华。

那一天,2006年世界杯非洲杯预选赛走到了决定生死的一夜……

## 出线之夜,他接过了麦克风

在科特迪瓦的历史上,从未有过进军世界杯的经历。而2005年的预选赛,世界杯之梦似乎又在渐行渐远。非洲区预选赛最后一轮之前,喀麦隆以1分优势领先科特迪瓦,只要他们末轮战胜埃及,就可以晋级世界杯正赛。

这场比赛喀麦隆踢得并不顺利,大部分时间和埃及1∶1战平。另一边的科特迪瓦,则早早领先于苏丹。那一刻的科特迪瓦,全国人民都在紧张地等待喀麦隆的终场哨。

然而,比赛最后一分钟,喀麦隆却突然获得了一个点球。后卫沃姆走上点球点,他的一举一动都牵动着两个国家球迷的心——沃姆助跑,射门,皮球中柱,出了底线。

科特迪瓦胜利了,他们历史上首次拿到世界杯的入场券。结果一出,兴奋的科特迪瓦电视台工作人员来到了自家球员的更衣室,然后出人意料的事发生了。德罗巴没有立刻投入庆祝,而是要了一个麦克风,郑重其事地对着全国观众说:"科特迪瓦来自北部、南部、中部和西部的兄弟姐妹们:我们向世界证明了,所有的科特迪瓦人都能和平融洽地团结在一个目标下,为世界杯资格而奋斗。我们曾承诺过为了团结人民而庆祝,我们做到了。现在,我祈求大家:原谅、谅解、饶恕。这个资源富饶的国家不应该沦落到被战争所摧残。请放下你们的武器,重新拿起选票。一切都将变得更好。"

这段话,让科特迪瓦国内沸腾了。那一夜,科特迪瓦展开了疯狂的庆祝。没有人再去关注谁是南方人谁是北方人,人们在街头巷尾不断和陌生人拥抱,许多人重新认识到:科特迪瓦是一个完整的国家。

在接下来的几个月里,德罗巴这段演讲在科特迪瓦各大电视台被反复播放,而科特迪瓦内战双方也开始向谈判桌靠拢,最终签订了停火协议。

不过,那时的科特迪瓦内战并没有完全结束。两年后,德罗巴获得了非洲足球先生。他受到了科特迪瓦总统巴博的接见。在接见中,他向总统请求将下一场非洲国家杯预赛安排在象征反叛军中心的布尔凯地区进行,他说:"那是最好的和解机会。"

总统同意了。

科特迪瓦足协官员迪克特回忆说:"听到德罗巴的这番话,我浑身颤抖,很多人都哭了。过去5年,这个国家被分割成两半。其他任何人都不能让科特迪瓦恢复健康,只有德罗巴能够医治我们战争的创伤。"

没错,以德罗巴的地位和财富,他完全可以远离战火。然而,德罗巴就是有着如此刚毅而有责任感的性格,当年斯坦福桥惨案蓝军惨遭裁判门,赛后德罗巴连续对着摄像机怒吼着"shame!(羞愧)shame!"的镜头,让全世界球迷都感受到他是多么正直和坚定。

也正是这份骨子里的历史使命感,让德罗巴继续以一己之力,去努力改变一个国家。

那场科特迪瓦和马达加斯加的非洲国家杯预赛如期进行,地点就在布尔凯。赛前,德罗巴拜访了反叛军首领索罗并且赠给对方球鞋,球鞋上写着一句话:为了和平而团结。

最终,科特迪瓦5:0战胜对手。赛后,科特迪瓦发行量最大的报纸报道了此事,标题叫"这是足球的胜利——5个球,抚平5年的战争之伤"。

报纸上说:"我们对德罗巴和他的球队充满了希望。他们有来自北方的图雷,来自南方的德罗巴,真是一幅真正的'象牙海岸'镶嵌画。"

虽然在2010年科特迪瓦内战战火重燃,但在全国每一次观看德罗巴的比赛时,足球都能给这个陷入困境的国家一个走向和平的理由。

很多人喜欢德罗巴。有人是因为他魔兽般的身体素质,有人是因为他绝杀拜仁的经典场面,有人是因为他是一代蓝桥精神的象征,有人是因为他的人格魅力和自律精神。的确,球迷有无数爱上德罗巴的理由。因为绿茵场上,德罗巴不仅代表着一种个人英雄主义,更代表着无数的情怀,关于和平、关于向往、关于信仰、关于老男孩……

为了足球,他走过了少年的背井离乡、青年的雄霸天下、中年的风轻云淡。在此过程中,他将自己的广告代言收入的半数以上都捐献给一个致力于解决非洲贫困国家儿童的健康和教育问题基金会。在退役之际,《世界体育报》曾经对德罗巴有这么一句评价:"德罗巴是一个非洲斗士,他不仅仅为足球而战,更为自己的民族和国家而战。"

直到今天,科特迪瓦销量最高的球衣依然是切尔西球衣,以及德罗巴的科特迪瓦 11 号球衣;我们提到支点型中锋,第一个想起的仍是德罗巴的模样;那些皮肤黝黑、力量爆表、奔跑如荷尔蒙罐子的锋线未来之星,都逃不过"小魔兽"这个名字。

是的,德罗巴退役多年了,但大家仍然忘不了他。因为他在足球世界中有独特的历史地位和战术价值,而这些记忆,永远不会随着时间而淡忘。

# 杰拉德：割开血管，仍是利物浦的红色

2015年7月12日，一个35岁的英国男人在洛杉矶开启了他的新生活。

他顶着清晨第一缕阳光起床，在自家后院的餐桌上喝了一杯咖啡，然后和家人悠闲地共进早餐，早餐后和三个女儿一起到旁边的公园散散步。路上走过100个人，有99个都不认识他。相比英国的阴冷潮湿，洛杉矶阳光灿烂。他说："我太爱这里的天气和惬意的生活了。"

8个小时后，他出现在洛杉矶银河与墨西哥美洲队的比赛中，完成了自己在美国职业足球大联盟的首秀。又过了两小时，他摘下护腿板，走向场边接受采访，摄像机给了那块护腿板一个特写——上面刻着利物浦的队徽。

一边想逃离一边却又无法割舍，割开血管仍是利物浦的红色。

这就是，史蒂夫·杰拉德。

## 只能是利物浦

对于英格兰默西塞德郡出生的孩子来说，想成为职业球员其实有很多选择。蓝色的古迪逊公园、红色的安菲尔德、白色的特兰米尔，56公里外还有整个曼彻斯特，对于杰拉德来说，似乎没得选。

1986—1987赛季，埃弗顿夺得了英甲联赛冠军。杰拉德的舅舅带着小杰拉德去了趟埃弗顿，给他套了太妃糖的蓝色球衣，拍下了一张珍贵的照片。然而，杰拉德的父亲却是利物浦的死忠粉，在得知此事后差点和杰拉德断绝父子关系。

20多年后,杰拉德回忆说:"父亲当时很愤怒,他骂我什么我都忘记了,只记得他在我耳边反复吼道:利物浦!利物浦!只能是利物浦!"

只能是利物浦。

8岁那年,杰拉德进入了利物浦青训营。几个月后,杰拉德的好伙伴、好球友、曾经和他共同许下为利物浦效力愿望的表哥乔恩·保罗拿到了一份珍贵的礼物——作为成绩优异的奖赏,家人允许他跟着邻居一起去观看利物浦和诺丁汉森林的足总杯半决赛。

"嘿,你别忘了要签名啊。"杰拉德充满羡慕地说。保罗点点头,一脸开心地出发去了希尔斯堡球场,然后,就再也没有回来。希尔斯堡惨案有96名利物浦球迷在踩踏事件中丧生,乔恩·保罗是其中年纪最小的一个。

杰拉德在自传中写道:"保罗是我哥哥,也是我最好的伙伴。我后来穿着红衣踢球,每一次传球、每一次铲断,都是为了保罗。"也许你听过动漫中上杉达也和上杉和也的故事——当一个孩子背负了亡者的夙愿,他便再也没有退缩的可能。

更何况,这个愿望,名叫利物浦。

## 腼腆而鲁莽

最开始,他只是个小球童兼擦鞋小弟。

队长小雷德克纳普特别喜欢杰拉德擦的鞋,既干净又仔细。有一天,小雷想送给杰拉德一双球鞋并且问他穿多大尺码,杰拉德回答说"6、7、8、9,或者10码都可以!"

但球队"大佬"因斯恐怕并不喜欢这孩子,因为这孩子第一天踏上梅尔伍德训练基地与一线队合练时,就在场上凶狠地铲走了因斯脚下的皮球,然后又用一脚30米开外的长传准确找到了球场另一端的队友。

腼腆又鲁莽,但球技战术匹配度又全能到"你多大鞋我多大脚",这是杰拉德给一线队教练的最初印象。

当时利物浦的主教练埃文斯和助理教练汤普森曾经在提拔杰拉德问题上犹豫再三,他们认为"杰拉德拼劲是有的,身体素质也没有问题,但是防守过于粗线条,太容易伸脚把自己扔出去,要不就变成吃牌大户,要不就会导致中场防守失位"。

如果今天再看这个评价，那么你会觉得这是在形容纽卡悍将谢尔维。事实上，那时的杰拉德的确是这种初始化的形态，和责任感毫不沾边。所以，当后来的主教练霍利尔决定使用他时，汤普森提醒说："你要用这个斯蒂夫，就需要为他的成长付出巨大的代价。"霍利尔回答说："除了他，我没有更好的选择了。"

1998年11月，在只比他大5个月的欧文已经打入31个英超进球的时候，杰拉德终于拿到了首秀登场的机会。然后，他又为自己的处子球苦等了13个月。在1999年12月对阵谢菲尔德星期三中，杰拉德接到宋的传球，晃过了两名谢周三的防守球员，把球送入了普雷斯曼身后的大门。

赛后记者问他攻入处子球的滋味，他想了想说："队友把我扑倒在草地上的时候，我觉得今天的草泥特别好闻。"

19岁的年纪，单枪匹马直捣黄龙，以为拿下谢周三便是夺了天下。场边有提拔他的教练，身边有队长和大佬护体，然后他可以继续让球队为他交学费——在他的第一次默西塞德郡德比中，他替补出场给了凯文·坎贝尔一记飞铲，吃到了职业生涯第一张红牌。

即便当时把他招进国家队的主教练凯文·基冈，对杰拉德也很是担心，因为他发现这孩子莽撞的外表下装着个不自信的灵魂，经常表现出羞涩、思乡和恐惧，觉得自己配不上与希勒、希曼、亚当斯们一起踢球。更麻烦的是，他的表现像在俱乐部一样，总是容易"控制不住自己"。

## 把自己逼成队长

2001年，在杰拉德差点废了阿斯顿维拉的乔治·博阿滕之后，一向宠爱他的霍利尔觉得必须管管这孩子了，于是他摁着杰拉德的脑袋去维拉的更衣室道歉，毕竟，那时的利物浦已经没有资本再让杰拉德无忧无虑地成长。2001年，罗比·福勒因为与霍利尔的矛盾离开了安菲尔德；2002年，小雷德克纳普以自由之身加盟热刺；2003年，老队长海皮亚年过而立，欧文拒绝与红军续约……为了给球队注入生机，当时已经饱受心脏病折磨的霍利尔决定递给杰拉德一份四年的新合同，以及队长袖标。

事实证明，戴在头上的"紧箍咒"和写着"C"的胳膊箍，都能让猴子和孩子一夜成人。在杰拉德担任队长之后的后半个赛季里,他竟然只吃到了两张黄牌。而在之前几个赛季,他家里攒下的"红黄宝石卡"已经足够做成一副扑克牌。

没法子,利物浦总是一副破落户的样子,得靠着杰拉德四处补锅。初出茅庐时,杰拉德踢的是后腰,直到利物浦中场多了哈曼、里瑟、博格、墨菲这样的狠角色,杰拉德才跑到边路磨砺自我,习得一脚优秀的传中球。渐渐地,利物浦有了西索科、马斯切拉诺这样的中路屏障,但缺少调度者,杰拉德就又跑到中路担任指挥官。再后来,球队有了阿隆索,杰拉德再次改行,开始打前腰和托雷斯一起冲锋陷阵。终于,那个曾经连中场蹲个坑都不让教练放心的家伙把自己磨砺成了万金油。甚至,他还有一次顶替受伤下场的芬南出任过右边后卫……

那场比赛发生在 2005 年 5 月 25 日,伊斯坦布尔。在那场天堂地狱轰然掉转的比赛中,他的头球、他创造的点球、他激励队友的振臂高呼,都成了比赛的胜负手。当时他还准备好了第五个罚点球。

2005 年的杰拉德其实也不是什么铁血队长的完全形态,没有去罚第五个点球从某种程度上说也是一种幸运:我们无法想象一支就要被写进历史的队伍,会因为那个救世主在点球大战中的某种失误而轰然倒塌。还好这样的剧本没有发生。

## 生不逢时

2007 年,美国"狗血双熊"(吉利和希克斯)用实际行动践行了"空手套白狼"这套经济学界的葵花宝典,他们拿利物浦当抵押物从苏格兰和美国的银行贷款,然后用利物浦每年的收入来偿还银行的高额利息。渐渐地,杰拉德身边没了阿隆索、托雷斯、马斯切拉诺,取而代之的是鲍尔森、孔切斯基和约万诺维奇……贝尼特斯下课,霍奇森入主,大漠孤烟,长河落日,这样的利物浦,带给人一种悲凉感。

利物浦的列侬机场有一句著名的标语:"在我们之上的只有天空。"

2010 年 10 月 4 日,利物浦主场输给布莱克浦,7 轮仅积 6 分,排名联赛倒数第三,24 年来首次掉入降级区。那场比赛过后,列侬机场的标语下面被人加了一行小字:"在我们之下的也只有伯明翰和布莱克浦。"

其实,杰拉德有很多次机会可以选择离开,去切尔西,去皇家马德里,去跟随对他三顾茅庐的穆里尼奥,去一个离冠军更近的地方。在夺得欧冠后的第六周,杰拉德曾经向俱乐部递交了转会申请,然后又在经过一个不眠之夜后收回申请决定留下来。"球迷们很伤心,烧掉了我的球衣。"

"我觉得自己还是应该留下来。"但是,留下来的代价,就是把自己的巅峰期砸在了一支不太成器的球队身上。身边的战友换了一茬又一茬,只有他始终身着红色战袍南征北战,以自己微薄的力量来确保球队能在将近1/4个世纪的无休止重建中依然保持着尽可能良好的表现。

"至少我们还有杰拉德。"在那段日子里,利物浦球迷总是这样安慰自己。不知不觉间,他已经把自己活成了这座城市的象征。

## 滑 倒

显然,杰拉德并不是一个天生具备领袖气质的人。在他的自传里曾经有12处提到流泪、沮丧、精神崩溃,而这些字眼在基恩或维埃拉的自传里是根本不可能看到的。

因为性格原因,卡佩罗一直不想选择杰拉德做队长,因为他觉得杰拉德实在太腼腆了,而弗格森更是尖刻地评价说:"杰拉德其实是在装腔作势,故作勇敢。"

这种性格,也最终决定了杰拉德的职业走向。2013—2014赛季末段,利物浦每赢下一场球,他都会把大家围成一圈加油打气,激情澎湃的同时却又有一种强弩之末的倾斜感。然后,在最关键的一场比赛中,面对奔袭而来的登巴巴,他滑倒了。

"我站起来,玩命地追赶,我用尽一生的力量,拼了命想要拦住登巴巴,我很清楚,如果我无法追上的话会是什么结果。"

"我几乎是榨干自己最后一丝战斗力、野心、渴望,但我没有为球队做出贡献,哪怕是一次关键铲球、一次长传助攻、一次弧线球破门,相反,我滑倒了。"

"回家的路上,我的泪水一刻也止不住。当我坐在车里时,我甚至无法感知,大街上到底是熙熙攘攘的人群,还是一片寂静。"

"我看不到什么希望。我需要专人看护,来防止我自杀。"

杰拉德在自传中的叙述,已经让人感知他的痛苦和绝望。事实上,在他的自传里经常能够捕捉到一种焦虑感。每次提到这些,你都会发现他内心的紧张其实源自担心让队友、教练、球迷失望,而墨菲效应就是如此——越是担心失误,就越容易发生致命失误。

他已经足够努力,但我们看到的只有四个字——在劫难逃。

## 最后的倔强

罗杰斯曾经私下承认,杰拉德在安菲尔德的英雄形象让更多人忽略了他的局限性。何况,"个人 vs. 时间",是一场从来没人打赢过的战争。经历了反复伤病之后,他已经只能通过注射药物来维持韧带强度,虽然他觉得自己犹有余勇,但属于他的宏伟时代其实已到了黄昏。

然而,杰拉德已经习惯了这座城市赋予他的期望值,所以每一次红军被逼到悬崖边上,他都希望自己能够挺身而出,力挽狂澜。也正因为如此,他会在被球队忽略这件事上显得格外敏感。

2014—2015 赛季,杰拉德的出场时间大幅度缩水,他在欧战对阵皇马的比赛中成为看客,让他决定离开,但这依然不能挽救他接下来的赛季——在最后一次双红会之前,他依然稳稳地出现在替补名单中。

"周三训练,我感觉状态非常好,比球队中任何人都渴望出场。晚上,我收到罗杰斯的短信:最近这几天,你训练这么好,我们能聊聊吗?明天训练之前,你能来我办公室一趟吗?"

"当时我已经准备上床休息了,但我很快就回复信息:当然没问题,谢谢。那一刻,我真的很兴奋,我把罗杰斯的短信又读了一遍,内心在翻腾:我又可以回到球队了。罗杰斯知道,对手是曼联,还是主场,重要的比分,他需要我!"

"第二天一早,我来到罗杰斯的办公室。罗杰斯说:你看,我不顾一切地想让你重回首发,但球队现在表现这么好,我想继续沿用目前的首发。"

在描述这段故事时,杰拉德使用的词汇是:"欺骗。"

对于一个超级英雄来说,最大的悲哀不是战死沙场甚至也不是出师未捷身先死,而是像廉颇一样,在自己仍然"一饭斗米、肉十斤,只待披甲上马"之时,球队告诉他:"我们不需要你了。"一句话,就足以把所有的骄傲关进绝望的地下室。

于是,杰拉德攒着一股怨气在板凳上坐了半场,然后在下半场出场 38 秒之后就吃到了红牌。

在伊斯坦布尔之夜十周年那一天,在杰拉德最后一次身披利物浦战袍之时,利物浦球员选择了"集体自杀"为队长送行,以一个1∶6的比分,争取到最后一个放弃欧联杯、逼教练下课的机会。

也罢,其实球迷已经不会太在意。因为从双方球员列队欢迎杰拉德入场的那一刻起,这场比赛的意义早就不在于比分了。

这只是一场纪录片式的老电影,一个不看路牌、不看门牌号就能走进去的地方,一段从一个老球员身上反射回来的时光。那90多分钟的比赛更像是一曲略长的片头曲,真正的戏码在于终场哨响后那段返场道别:老教练,老朋友,三位小公主,满屏幕的8号。

匠心既成,戛然而止。然后,利物浦告别了那个名叫杰拉德的时代。

## 谁是杰拉德

詹俊说:"杰拉德曾经滑倒过,曾经自摆乌龙,曾经回传失误,你们可以嘲笑他,但他是一个忠诚的象征,那些失误都是他从云端跌落凡间的一瞬间。大家看一看杰拉德,想想自己,或许是这些跌落凡间的瞬间让杰拉德接近了和我们这些凡人的距离。让我们觉得他是那么亲近,也许当你看着杰拉德会像自己一样在成长中犯错误的时候,是不是有一份释然呢?"

这正是杰拉德让球迷感怀之处,那种拼尽全力、求而不得、强装坚强却依然努力生活的样子,实在太像我们普通人的人生。他在英超联赛一共吃过6张红牌,其中默西塞德郡德比两张,和曼联的双红会两张,和切尔西的比赛也吃过一张,几乎所有红牌都发生在有重大意义的比赛中。

他在2004年欧洲杯回传失误,让英格兰丢掉3分;2006年"助攻"亨利,2010年回传德罗巴送切尔西提前夺冠;2014年联赛的致命滑倒,使他丢掉了最后一次夺取英超冠军的机会。

相比许多传奇,他的领袖气质远不够强大。不同于马尔蒂尼的祖传光环,不同于萨内蒂的天生稳重,不同于伊布的生来桀骜,也不同于托蒂的气势十足,杰拉德对球队的领导力更多地体现在以身作则、亲和力以及对更衣室的团结上。

如果生在其他大都会,他的性格可能并不足以成为队长,只因为利物浦是个偏僻小渔村,人口少,人们愿意等待一个本土的孩子慢慢长大,然后接过红军的队长袖标。

也许,并不是他自己愿意将如此多的责任和压力承担在自己身上,但是一座城市对他的期望值,以及17年红军岁月、5位主教练、6位CEO、上百个不同的队友、6 021天、710场、186球……终究把一个凡人逼出了伟大的模样。

那么,这副模样应该如何形容呢?

- 斯图里奇说:"他是年轻球员的完美楷模。"
- 科洛·图雷说:"他能创造无人能创造的奇迹。"
- 阿隆索说:"他是我的英雄。"
- 托蒂说:"他是我心里最佳阵容的队长。"
- 亨利说:"在我眼里,他,就是利物浦。"

在效力洛杉矶银河的两年里,杰拉德曾无数次回到安菲尔德,省亲、观战,甚至随队训练。很明显,他有些后悔,连他自己也很介意自己在生涯末期那短暂的灵魂出走,因为他总会不断地回忆起往昔。

"我总会想起父亲陪我一起去利物浦培训中心的日子,转两趟公共汽车,在下雨的时候,在寒冷的日子里,在冰雪皑皑的季节。"

"如果有人在我8岁进入利物浦青训的时候对我说:你将来会为这支球队踢710场比赛,赢得各种荣誉,但也会经历数不清的起起落落。我想我依然会毫不犹豫地答应。"

"割开我的血管,里面流淌的始终是利物浦的红色血液。"

退役之后,他拒绝了米尔顿·凯恩斯足球俱乐部的教练职位,选择回到利物浦执教青年队。后来,他接手了格拉斯哥流浪者,把这支开始没落的老牌劲旅重新带得所向披靡。再后来,在大家都以为他终于成熟稳重,磨炼出了一颗大心脏时,他说:"利物浦4∶0领先巴萨后,我因为过于紧张中途离场了。"

看吧,他依然还是那个杰拉德,害羞,有几分胆怯,还容易焦虑。只是,在经历过大喜大悲、荣光失意之后,他的脆弱和坚强其实都远远超过了自己的想象。现如今,他已经不再去追忆二三十岁时苍茫大地一剑尽挽破,而是开始考虑四十岁之后的何处繁华笙歌落。

好在,他最初的梦想已经和最终的梦想渐渐重合。

# 弗格森最后悔卖掉的人,他是后卫中的铁血战神

那是一场 2000 年欧洲杯小组赛,荷兰与捷克的对抗。比赛第 67 分钟,两队的两个著名光头高高跃起之后撞到了一起,其中一位被撞开了眉骨,血流如注。然后,永存于足球史册的画面出现:荷兰队医现场在他眉骨上穿针引线,短短几分钟内就完成了一个外科手术。在整个手术过程中,被缝合的那位甚至连眼睛都没有眨一下,全程关注着场上局势,给全世界球迷演绎什么叫"钢铁战士"。

这个故事的主角,就是硬汉、铁人、荷兰关云长——雅普·斯塔姆。

## 距离电工,只差一步

1972 年 7 月 17 日,斯塔姆出生于荷兰上艾瑟尔省的坎彭市。即便在这个男人平均身高达到 182.5 厘米的国度里,少年时代的斯塔姆依然能在同龄人里鹤立鸡群。7 岁那年,斯塔姆加入了当地的业余足球队,然后把比他年龄大好几岁的前锋一个个撂倒。

然而,13 岁的一场车祸改变了斯塔姆的足球之路,几年的恢复期让他在足球场上逐渐跑龙套,直到 18 岁他依然没有接受过职业足球训练,只能和一群邮递员、搬运工踢踢业余比赛。那时候,他的理想已经不再是成为"一个伟大的足球运动员",而是成为"一个伟大的电工"。

如果故事继续这样讲下去,那么斯塔姆想登上电视屏幕只可能出现在"电气化技术哪家强"的广告中,但是 19 岁那年他却在野球场上碰到了一个触发新剧情的

NPC（指路人）——前荷兰国脚，蒂奥·德容。在一个阳光明媚的周末，蒂奥·德容围观了斯塔姆的一场野球比赛，然后眼前一亮："雅普非常强壮、非常投入、非常凶狠，他将成为我所见到过的最好的球员。"

蒂奥·德容的劝说动摇了斯塔姆的电工之心，一张全新的蓝图就此展开。1992年，德容用40万英镑将斯塔姆带到了韦利姆足球俱乐部二队；6个月后他转投荷乙球队兹沃勒，正式开始了自己的职业生涯。后来，这个成年之后才开始接受系统足球训练的少年开始以惊人的速度不断提升。

效力兹沃勒的第一个赛季（1992－1993赛季），斯塔姆就代表球队在荷乙出场32次，成为兹沃勒的防线大腿；1993年7月，荷甲吕伐登坎布尔俱乐部一口价将他买走，即便俱乐部在一年后降级也无法掩盖斯塔姆的光芒；1995年7月，威廉二世俱乐部再次将他带回了荷甲，还没等在手里捂热乎，威廉二世就收到了埃因霍温对斯塔姆的报价。那时候，距离威廉二世签下他，仅仅过了半年。

1996年冬窗，斯塔姆正式加盟埃因霍温。4年时间，斯塔姆搬了6次家，一次次换防和一次次换房之间，他完成了从野球少年到国内顶级球队中后卫的蜕变。

对斯塔姆来说，那实在是个美好的时代，国内新星、一路飞升、入选国家队、成为荷兰足球先生，把阿贾克斯从王座上拉下马。

"面对某个强力前锋感到头冷？"不存在的。

## 我更强了

在埃因霍温期间，斯塔姆不仅能以卡位和对抗轻松赢得一对一，而且越发表现出沉稳淡定的大将气质。1998年世界杯上，他已经成为世界瞩目的超级中后卫，把巴蒂斯图塔和罗纳尔多都安排得井井有条。

这样的斯塔姆，埃因霍温的庙宇有点儿装不下了。尤文图斯、国际米兰、曼联、利物浦纷纷向他抛出橄榄枝，弗格森甚至亲赴荷兰和斯塔姆促膝谈心（忽悠他加盟）。好在，荷甲造星工厂也从来不会放过一个当中间商赚差价的机会，所以当曼联砸下一张面额高达1 060万英镑的支票时，埃因霍温很愉快，然后递给斯塔姆一张前往曼彻斯特的机票。要知道，同时期的罗纳尔多从巴萨转会国际米兰身价也不过1 950万英镑——超过0.5个罗纳尔多的价格，无论按照哪个时代的转会标准，都是一笔巨资。

去曼联签约的那天,正好是 1997－1998 赛季曼联的最后一个主场比赛日。那个下午,曼市阴雨绵绵,弗格森扔下即将比赛的球队,亲自前往签约现场,签字、握手、拥抱,然后递给斯塔姆一杆印有曼联 LOGO 的大伞……"红魔的天空,以后就由你撑起了。"

不过,初到曼彻斯特的斯塔姆并没有马上适应英超的节奏。幸运的是,弗格森教练给他配了约翰森和博格这样位置感极强、制空能力超卓的搭档。很快,斯塔姆就向英超展示了什么叫国际足坛身价最高的后卫。

他身体对抗极强,经常能把其他英超糙汉子一撞三米远;他正面防守强悍,人送外号"没人能正面突破的雅普";他的拦截铲抢凶狠,总能以放铲姿势把球拦截在自己身前一米之内,简直就是个"行走的禁止通行符号"。

而且,斯塔姆这杀气腾腾的长相对于每个前锋都是一种内心震慑,怒怼维埃拉的镜头已经成为世界足坛彪悍之经典画面,无论谁面对他,都能让人未战先怯。当然,怕他的可能只有职业球员。

总之,凶悍、强硬、稳定、意志力超强是斯塔姆给曼联留下的个人符号,这一切和当时的曼联简直绝配。于是,他们共同迎来了伟大的 1998－1999 赛季,联赛冠军,足总杯冠军,然后,来不及庆祝就走上了欧冠决赛的赛场。

那注定是一场载入史册的比赛,第 6 分钟拜仁就取得领先,之后还有一大堆机会。斯塔姆、约翰森、舒梅切尔组成的防线铁三角虽然顽强地帮曼联守住了一球落后的底线,但他们的锋线却直到补时牌举起也没进球。看台上,欧足联主席约翰松已经起身离开,他乘坐电梯准备到球场给冠军拜仁慕尼黑颁奖。比赛的最后三分钟,贝克汉姆罚了两次角球……叮!约翰松的电梯到达球场,冠军已经变成了曼联。

对于那场比赛,斯塔姆有着自己独特的回忆:"反超比分的那一刻,真是一种极致的满足。""不过我后来想了想,奥莱进球的时候,我就在他的身后,所以要是他错失了机会,也许补射得手的人就是在下了!"

勇武又坦率,毫不掩饰自己的想法,斯塔姆就是这么一个"钢铁直男"。

### 拿刀的手提起了笔,可能就是一场悲剧

1999－2000 赛季,曼联以领先亚军阿森纳 18 个积分的成绩蝉联英超冠军,斯塔

姆在后防线上出众的表现缓解了舒梅切尔转会的影响,而他自己也在1999年和2000年连续两次成为欧足联俱乐部年度最佳后卫。

正是在那个赛季之后的2000年欧洲杯上,斯塔姆演出了不打麻药缝针而面不改色的画面。虽然后来荷兰输给了托尔多,斯塔姆也踢飞了一个重要的点球,但没人会怀疑他作为后卫的顶级能力。

然而,2000—2001赛季中段,斯塔姆遭遇了他加盟曼联以来的最大伤病,在对阵西汉姆的比赛中脚踝受伤,大休了三个月。在养伤期间,他在家待着实在无聊,然后他翻开自己的荣誉册……

"想过去,看今朝,我此起彼伏。""于是乎,我冒出个想法。""我想写本书。"

2001年,斯塔姆的自传《头碰头》正式出版。在这本自传里,他称弗格森当初从埃因霍温将自己签下时采取了非法的手段;描述了他的荷兰国家队队友戴维斯大骂贝克汉姆的情景;嘲笑了内维尔兄弟在更衣室的喋喋不休;批评了欧文控球能力差;指责维埃拉在比赛中喜欢用小动作;还说英足总"将一把枪顶在曼联头上",逼着他们参加在巴西举行的世俱杯;等等。

总之,从对手到队友,从教练到英足总,斯塔姆一口气向所有人宣战。后来这本自传在《镜报》连载时被别有用心的报纸进一步演绎,导致事情一发不可收。

自传连载后的第一场比赛,斯塔姆就被排除在对阵布莱克本的大名单以外,几天以后他接到经纪人的电话。"雅普,你被卖了。""什么?"

在接到电话后不久,弗格森教练约斯塔姆见面,二人在一个购物中心附近的加油站碰头。"弗格森上了我的车,告诉我俱乐部已经接受了拉齐奥的报价。"24个小时之后,曼联官宣:斯塔姆以1 600万英镑的身价转会拉齐奥。

其实,并非弗格森教练小肚鸡肠或者意气用事,自传只是斯塔姆转会的导火索,他真正被卖的原因是:根据当时的曼联助教、"数据狂魔"麦克拉伦统计,斯塔姆脚踝受伤之后的跑动距离明显减少,场均抢断更是下降了几乎一半。麦克拉伦认为这代表着他再也回不到巅峰,所以强烈建议弗格森"趁着斯塔姆还值俩钱抓紧时间把他卖了"。

然而,这便是数据的片面之处。后来的分析师发现,斯塔姆的抢断下降并不是他变弱的标志,相反,由于他对比赛的判断能力增强了,所以对许多不需要抢断的球他都采取了跟随战术,反而提升了防守的成功率。

但是，一切为时已晚。转会那一年，斯塔姆刚满 29 岁，正值当打之年。他转会之后在 2001—2002 赛季中，曼联在联赛中丢了 45 球，比前一个赛季多了足足 14 个，最终仅列第三，无缘联赛四连冠。五年后，弗格森在接受曼联官网采访时说："卖掉斯塔姆是我做过的最糟糕的决定，直到现在我仍然无法释怀。"

当然，这并不全是曼联的错，如果时间能倒流，斯塔姆大概希望在自己提笔写那本自传之前有人能骂他一句："写书？拉倒吧，你看书还看不下来呢。"

## 从拉齐奥到米兰，右后卫的春天和秋天

转会拉齐奥之后，斯塔姆的霉运还没有结束。由于老板克拉尼奥利的账户已经到崩溃的边缘，斯塔姆在加盟半年后才收到了自己的第一笔薪水。而且，2001 年 10 月 30 日拉齐奥战胜亚特兰大的比赛后，他在药检中被查出癸酸南诺龙指标呈阳性，收到了一纸禁赛 10 个月的罚单。好在，经过一系列的上诉，斯塔姆的禁赛期被缩减为 4 个月。在他解禁复出之后，他发现自己身边站着一位完美的搭档——内斯塔。

一个钢铁、一个优雅，一个身体无敌、一个意识超群，一个作风勇猛、一个善于补锅……无论斯塔姆出任中卫还是右后卫，意甲各支球队都会撞上他和内斯塔组成的无解组合，无论哪个前锋来都得"掉层皮"。

然而好景不长，2002 年克拉尼奥利和他所经营的跨国公司——Cirio 食品集团陷入财务丑闻，拉齐奥俱乐部交由财务经理和银行代为看管。2002 年，内斯塔以 3 100 万欧元被卖给了 AC 米兰，这一转会终于让饱受折磨的意甲前锋长舒一口气，结果好日子才过了两年，2004 年斯塔姆也跟着转会到了 AC 米兰……

"怎么又是他们俩？把球给我，我要回家！"

那时候的米兰城防线，看起来比罗马城的更可怕，因为组成这条防线的名字是卡福、内斯塔、斯塔姆、马尔蒂尼。不过，大家很快发现，斯塔姆的无敌似乎只存在于当时的"实况足球 8"里，在现实中，他已经没有想象的那么可怕了。

是的，连续的伤病让斯塔姆的状态下滑，卡拉泽的上位也让他渐渐远离中路。在米兰的日子里，斯塔姆大多在右后卫的位置上打拼，幸运的是，球队整体实力足够强大，把他再一次带进了欧冠决赛；不幸的是，那场决赛发生在伊斯坦布尔。

90 分钟，天堂与地狱交换，全队成了红军的背景板，对杰拉德防守时的慢半拍

也是板面的重要组成部分。欧冠历史上最匪夷所思的两场决赛，斯塔姆是唯一的全程亲历者，只是结果完全不同，一份荣耀，一份失败。之后的那个赛季中，斯塔姆 3 月受伤之后就变成了板凳常住人口，赛季最后两个月只出场过 4 次……米兰城内，夜凉如水，他看着巅峰就这样渐渐离自己远去。

2006 年 7 月，斯塔姆回到故土，加盟阿贾克斯。绝大部分时候在荷甲这种级别的赛场，他仍然不可逾越。15 个月后，35 岁的他，宣布退役。

## 我的字典里，没有退缩

当你想要评价斯塔姆的职业生涯时，会发现他似乎是个矛盾体。

一方面，他的身材、对抗、防守能力让他每次出现在场上都带给对手巨大的震撼，许多球员都将他视为那个时代最伟大的中后卫之一；另一方面，他恰好处在一个中卫崛起的时代，卡纳瓦罗、内斯塔、马尔蒂尼的存在，让他很少能出现在各种颁奖典礼中。而他在场下的低调更是拉低了自己的曝光率，你搜遍全网也没有什么花边故事或者铁骨柔情的桥段，甚至在出任辛辛那提 FC 主教练的时候，球队的官宣图都错配了另一个光头。

于是，球迷每次回忆起他时，总是连带着想起一个波澜壮阔的时代，那些足坛的风云际会和变化，山河的破灭与新生。而斯塔姆就以独特的形象屹立在画面之中，拔山盖世、冲锋陷阵、铜头铁额、一往无前，眼角一抹血迹、缝针时面不改色……

- 他选择执教的第一支球队是雷丁，球风就像他一样，无比刚猛。
- 他最后一次出现在比赛中是曼联与拜仁的元老友谊赛，他一个人玩着马赛回旋，还撞翻了三个拜仁名宿……那一年，他 48 岁。

对于斯塔姆来说，从来没有用来"活动筋骨"的比赛。只要登上绿茵场，他的心思就只有一个方向：战斗，战斗，永不退缩。

# 生布冯时，永远的 1 号门神

当布冯宣布退役的消息传来，人们的反应基本上可以分为两种："啊？他居然现在才退役"，或者"啊？他居然真的会退役！"——长达 28 年的职业生涯，数不清的集体和个人荣誉，对标的竞争者从卡恩到卡西，再从诺伊尔到库尔图瓦。变化的是岁月，不变的是布冯。

有人说，这世间的大多数相遇是直线相交，短暂重合之后各奔东西。球迷和布冯之间的联系却像是两条平行线，似乎只要你喜欢看足球，他就会一直踢下去。直到 2023 年的夏天，这样的故事走到了终点。

## 谁不曾是小鲜肉

1978 年，吉安路易吉·布冯出生在托斯卡纳小城卡拉拉的一个体育世家里。父亲是代表过意大利参加田径比赛的铅球运动员，母亲拿过三次铁饼全国冠军。两个姐姐后来都进了国家排球队，叔叔也是职业篮球运动员。爷爷的堂弟则是洛伦佐·布冯，曾经的米兰、国米和意大利国家队门将。

这要是不去练体育，多少有点对不起家族 DNA。于是，家里让布冯自己选择想练什么项目，6 岁的他第一个去选了乒乓球，后来才被广告上的足球明星装扮吸引移情别恋。接着，当地一支儿童球队里出现了一名叫做布冯的前锋。

足坛第一定律，不想当前锋的门将不是好中场。之后的几个月，布冯又在球队里试过多个位置，从边锋到边后卫，又从中后卫到后腰，最后固定成一名全能中场，尤其擅长任意球。据他自己所说，1989年曾经代表地区联队去圣西罗参加比赛，一脚技惊四座的任意球打中了横梁。但那场比赛他身前的前腰，也是后来在尤文和意大利的队友克里斯蒂亚诺·扎内蒂笑着表示："我根本不记得这回事，他肯定是在吹牛。"

真假并不重要，因为就在第二年，命运的齿轮开始转动。1990年夏天，布冯在电视上看完了那届本土世界杯，被喀麦隆门将恩科诺迅速圈粉。恩科诺高接抵挡，表现神勇，让年轻的布冯发现：原来门线上也能诞生超级英雄。

父亲鼓励他改练门将，但教练强烈反对。正好当地另一家少年球队的两个门将同时受伤，布冯爸爸迅速促成了"转会"。到了新球队，人们惊讶地发现：这娃并不是非要当门将，而是天生就该当门将。一个赛季之后，他就在当地小圈子打出了名声，AC米兰、博洛尼亚等青训营都发来了邀请，红黑军团甚至拿了份合同上门，愿意给13岁的布冯发点"青训补贴"。然后，他选择了帕尔马，因为，离家最近。

四年之后，布冯被提拔上了帕尔马一线队，不到18岁就上演了意甲首秀。面对的恰好就是上届冠军AC米兰，太过年轻的他在开场之前就犯了错。列队入场后，队友都聚在一起准备拍照，布冯却一溜小跑直奔球门。这是因为当年的青年队没这规矩，而帕尔马留下了队史上第一张没有门将的首发合影。

不过等到比赛开打，再也没有任何错误。布冯在那场比赛里先后做出三次神扑，零封对手。而那三次射门，分别来自罗伯托·巴乔、乔治·维阿和博班。赛后，意大利门将圈大佬佐夫表示："我从未见过这样的首秀，他展现了不可思议的个性和水平。"记者补充到这个孩子之前没有门将基础，刚练这个位置还不到五年。佐夫听完沉默了一会，然后说："我的天呐！"

该怎么形容刚出道的布冯带给意大利足坛的震撼呢？这么说吧，假如放在今天，媒体上一定会大量堆叠这样的形容词："超新星""天才妖人""提前敲定世界第一门将"……

1996—1997赛季，18岁的布冯成为帕尔马主力门将、帮助球队拿到了意甲亚军。接下来的四个赛后，帕尔马先后捧起了意大利杯、欧洲联盟杯和意大利超级杯，布冯则收获了一系列个人荣誉，其中包括两次意甲最佳门将，一次欧洲U23最佳球员，以及职业生涯的首次金球奖提名。

2001年，23岁的布冯以1 000亿里拉（约合5 290万欧元）的身价转会尤文图斯,打破了世界足坛的门将转会费纪录,并且在这个位置上坐了长达 17 年。直到 2018 年,才被阿里森和凯帕先后超越,仍然保持世界第三。

## 无所不能的"超人"

考虑到当年的物价水平,布冯的这个身价绝对是天文数字。而且为了给布冯腾位置,尤文在那年夏天果断处理掉了阵中原本一老一小的两位门将:老的那位叫范德萨,之后转道富勒姆再成为曼联主力;小的叫伊萨克森,去过曼城的瑞典国门。

是什么让尤文甘愿付出这么大的代价?看看布冯 20 多岁时的表现,你很快能找到答案。

(1)他当时最出名的其实是超强的柔韧性和反应速度。明明身高超过 1.9 米,却非常擅长下地扑救。每次挡出射门需要再去抓球或者面对补射,二次反应快得惊人。

1997 年的世界杯预选赛,意大利在附加赛首回合客场面对俄罗斯。佩鲁济缺席,帕柳卡中途受伤,19 岁的布冯上演国家队首秀。莫斯科的冰天雪地里,他拿出了出色且稳定的表现,尤其是极限下地扑出了坎切尔禁区里的低射,力保球队 1∶1 战平,后来挺进了世界杯。正是这样的表现,让老马尔蒂尼第二年把他带去了法国世界杯,成为球队三门。之后二十年间,无论风雨,他都是蓝衣军团最后也最让人放心的屏障。

2003 年,布冯在欧冠决赛里扑出了因扎吉几乎完美的头球攻门。赛后,欧足联在官方报道里形容这次扑救"快得如同一道闪电"。2017 年之后,已经转职主教练的因扎吉在采访里表示:"我后来把这段录像放给每一个认识的门将教练,然后问明明重心已经去了反方向,这究竟是怎么做到的?没人能给我答案,他们都叫我自己去问。"

2004 年,尤文在意甲联赛里主场 0∶1 输给了国际米兰,制胜球来自克鲁斯顶出了一记"落叶球"。赛后《米兰体育报》用了两句话来吹克鲁斯,接着却用一长段文字来"洗"布冯:"面对吊向远角的弧线球,布冯在失去有利位置的情况下飞了起来。完美的反应,舒展的身体,精准的轨迹判断,不可思议的滞空时间。如果运气再好点,则会是一次比班克斯扑贝利更伟大的扑救。"你见过哪个媒体这么吹一个进球里的背景板?

（2）他拥有极强的心理素质和出色的阅读比赛能力。不仅是扑救成功率高、失误率极低，布冯还会在每次扑出必进球时大声呼喊提振士气，在丢球和落后时仍然斗志昂扬鼓励队友。几乎满分的心理素质带来了布冯长期稳定的状态，哪怕是尤文只拿到意甲第三、欧冠16郎的2003－2004赛季，各种机构媒体的最佳门将评选里还是把布冯列进了前三，IFFHS（国际足球历史和统计联合会）甚至直接给了他第一。

此外，布冯也并不是一个所谓的"门线型门将"。由于意大利足球的防守理念，他多数情况下会坚守在门前。但高空摘球、出击封堵他都很擅长，如有必要也能冲出禁区。就像前面提到的那场2005年输给国米的比赛，对手利用马丁斯的速度数次长传反击，而布冯一共完成了5次禁区外的解围。

（3）他甚至很擅长扑点球。是的，很多人会因为2006年世界杯决赛点球大战里，他5个点球全都猜错了方向，觉得布冯并不是一个擅长扑点的门将。但实际上，布冯整个职业生涯的扑点率达到了30.3%，接近每三个就能扑出一个，高于卡西和切赫。1993年欧青赛，他带领意大利拿到亚军。八强和西班牙踢成0∶0，布冯在点球大战扑出了俩。四强打捷克斯洛伐克还是0∶0，这次他甚至扑出了仨。

1997年，他在帕尔马对阵多特的欧冠小组赛里常规时间扑点二连。1998年，他又在联赛对阵国米时扑出了罗纳尔多的点球。兴奋的布冯脱下球衣向球迷们展示里面的S字样T恤，从此得到了"超人"这个贯穿职业生涯的外号。

2003年欧冠半决赛，他扑出菲戈的点球，力助尤文挺进决赛。决赛与米兰的点球决战，他连续扑出了西多夫和卡拉泽的点球，距离内斯塔的射门也只是差了一点点。

简单来说，作为一个门将，当时的布冯没有任何缺点。他也随着尤文拿下了意甲和意大利超级杯的两连冠，只差了这座倒在点球大战的欧冠。几个月之后，欧足联将2002－2003赛季最佳球员颁给了布冯，至今为止没有其他门将拿到过这个奖项。但这可能只能算是小小的安慰，真正的惊喜在三年之后的世界杯。

## 共攀高峰，共度低谷

2006年的德国之夏，对于每一个意大利球迷来说都是完美的回忆。固若金汤的防守,高效致命的反击,灵魂附体的伟大左后卫,运动战只能被扎卡尔多击败的布冯。半决赛时刻,他扑出了波尔多斯基的准单刀。那场经典又让人窒息的决赛,虽然没能扑出齐达内的勺子点球,但布冯在加时赛里扑出了对方的大力头球,才有了后面的故事。

布冯自己说:"这是我人生中最重要的扑救,因为这是我人生中最重要的比赛。"目睹这一切的里贝里后来表示:"每次回想布冯扑出齐达内的头球,那个球速……天啊!"

那支意大利队里,大多数都是二十七八到三十来岁的"老熟男"。捧起梦寐以求的大力神杯,是对他们职业生涯最完美的加冕。同年,布冯在金球奖评选里仅次于卡纳瓦罗,拿到第二,是雅辛之后的门将最高排名。

但对于布冯来说,2006年同样是改变命运的一年。世界杯结束之后不久,"电话门"事件爆发,尤文被降入意乙。走还是留?对于队内的大部分球星来说不难选择,但布冯、卡莫拉内西、内德维德、皮耶罗和特雷泽盖留了下来。而在被球迷们称为"布拉德皮特"的五人组里,布冯的选择其实最为艰难。

当年,布冯28岁,对于一个门将来说黄金岁月才刚刚开始,报纸上几乎和全欧洲的豪门都传出了绯闻,包括拥有卡西的皇马和拥有迪达的米兰。但他选择了坚守,站在自己职业生涯的巅峰,去和球队一起打次级联赛。

球队重建是艰难的,布冯付出的代价也是巨大的。虽然一年之后就回到了意甲,但阵容补强和财政回血都需要时间。那些年,尤文的成绩起起伏伏,一度有过两年第七。布冯身前的后卫来来去去,比乌姆蒂蒂还要糟糕的安德拉德,退役前最后几年才觉醒的莱罗塔列,身体属性狂掉的卡纳瓦罗,以及还是个愣头青的基耶利尼。

终于等到2011-2012赛季,老队长孔蒂执掌教鞭,巴尔扎利以30万欧元的身价回归意甲,布冯面前的中后卫变多了,也变强了。人们称呼他们叫:BBC。

## 与布冯同时代

居中出球的博努奇、查漏补缺的巴尔扎利、缠斗上抢的基耶利尼,以及渐渐开始转型的布冯。人们都知道,靠反应速度吃饭的门将经常会在30多岁状态突然下滑。布冯显然不是这一类型,但年纪摆在那,必然需要升级版本才能保持顶级。

于是,我们开始看见一个选位和预判属性点满的布冯。以至于现在的年轻球迷可能会觉得,布冯是一个神扑比较少的门将。

这种印象来源于两个原因。(1)他们没有见过 20 多岁的那个"超人 1.0"。(2)30 多岁的"超人 2.0"在防守时不停地移动选位、摆好姿势,这些都几乎可以拿出来直接当门将教材,等到对方射门时基本不会出现需要用反应去强行弥补的狼狈。

意甲连冠,变得家常便饭。等到 2014 年孔蒂离开,阿莱格里接任,这支球队三年内两进欧冠决赛。在柏林,他们输给了无坚不摧的 MSN,尤文球迷难以释怀基耶利尼的缺阵。在卡迪夫,他们输给了典礼中场和梅开二度的 C 罗,尤文球迷无法理解下半场的崩盘。再加上 2012 年意大利国家队打进欧洲杯决赛,却惨败于小组赛曾经打平过的西班牙。没有欧洲冠军,无疑是布冯职业生涯最大的遗憾。

但这并不会影响对于布冯的评价。2016 年,布冯时隔十年再度入选欧足联年度最佳阵容,同时拿下最佳门将。2017 年,这两项荣誉继续二连,还从国际足联那儿同样拿走了最佳门将,入选最佳阵容,同时首次"喜提"意甲 MVP。十年前,这些奖项的竞争者是卡西利亚斯和切赫。十年后,已经变成了诺伊尔和库尔图瓦。

卡西数次在采访里说过,他见过最好的同行就是布冯。诺伊尔在 2013 年与尤文交锋时,提前在更衣室宣称"我要布冯球衣,谁都别跟我抢",结果被穆勒抢先换走,送给了替补门将施塔克,气得他把手套摔到了队友背上。

除了来自同行的肯定,舆论对于布冯的称赞更是花样百出。意大利媒体做了调查"谁是我们最伟大的门将",超过 60% 的球迷选择了布冯,第二名变成了佐夫。要知道,40 岁以队长身份举起大力神杯的佐夫,曾经被看作这个国家永远无法被超越的门神。

国内球迷间开始流行"三大苦"的段子:英国王储、罗马队副,以及布冯替补。然后,给托尔多、阿比亚蒂、德桑蒂斯和内托等人送上一个称呼,叫做"与布冯同时代"。

但是无论待机多么持久,电量终究还是会逐渐减少。2016 年,布冯的小伤小病开始增多。2017 年,尤文引进了什琴斯尼,两人分享出场时间。2018 年,他告别镇守了 17 年球门的斑马军团加盟巴黎,不过一年之后又宣告回归。

但这一次,年过 40 的"超人"真的老了。首发门将已经牢牢握在了 3C(什琴斯尼)手里,波兰人完成了"先后让阿里森和布冯给我看饮水机"的梦幻挑战。而打了一辈子主力的"小将",则解锁了一个"与四对父子同场竞技"的超级成就。

两个赛季之后,布冯再次离开,回到那个梦开始的地方:帕尔马。我们原以为这只是还乡养老,没想到布冯在两个意乙赛季里又为帕尔马打了超过 40 场比赛,还有 44 岁在意大利杯神扑哲科推射,差点把国米拖进加时赛的新闻。

遗憾的是,帕尔马在 2022—2023 赛季意乙升级附加赛中止步四强,无缘升回意甲。2023 年又是布冯曾经说过的"最后期限",最终还是做出了退役的决定。

## 熊熊燃烧,年轻到老

17～45 岁,要怎么形容布冯如此漫长的职业生涯呢?有人会说布冯最大的优点只是"稳",巅峰时的卡西、切赫、诺伊尔等人都比他强。更不客气地,还有什么"名气大于实力""只是工龄长"。

从 1987 年开始设立门将位置投票、得到国际足联官方认可的 IFFHS,给出的评价则是:5 次年度最佳门将,持平卡西和诺伊尔,并列第一。21 世纪前十年最佳门将评选,力压卡西,排在第一。21 世纪第二个十年最佳门将评选,仅次于诺伊尔排在第二。

2012 年,他们办了 25 周年最佳门将评选,布冯以 13 分的优势战胜卡西登上榜首,第三名是切赫。2023 年又办了创立至今最佳门将评选,第三变成了诺伊尔,第一第二还是布冯与卡西,但差距变成了 97 分。

然而,当人们真的回顾完这 28 年的岁月,或许会发现主观评价其实并没那么重要。我们会想起小学那个尘土飞扬的破败球场,初中时三个傻孩子对着盘桃子称兄道弟,高中时偷偷拽前桌女孩的马尾,然后终于鼓足勇气送出小纸条。高考后的肆意狂欢,大学时的心比天高,踏上社会之后被现实教育,然后一次又一次爬起来,挺直身板。

每一段原以为不再深刻的记忆,都变得如此鲜活。而在每一段笑着哭着的鲜活里,背景故事似乎总有这些"布冯和×××,哪个更强"的争论,从 240P 到 4K 高清中的布冯;从 PS1 到 PS5 游戏里的布冯;振臂高呼庆祝胜利、遗憾落泪但打不垮的布冯。

他让世界足坛见证了一段属于门将的伟大冒险,是这个位置象征最强的标杆与图腾,也告诉我们青春散尽,人生仍然可以熊熊燃烧。

永远的门神布冯。

# 伊布拉希莫维奇：世界足坛唯一合法的装酷者

有人说他是最牛雇佣兵，出道21年他辗转6个联赛9家俱乐部，从不知"水土不服"为何物，因为他自带体系。于是，有人爱他爱得全心全意，有人恨他恨得无可奈何，但无论你是爱是恨，如果需要把网络小说里那种世界最强最酷炫的王者投影到足球界里的一个具象，那么你一定会想到他的名字——兹拉坦·伊布拉希莫维奇（伊布），世界足坛唯一合法的装酷者。

## 难民后裔，野蛮生长

瑞典，一直是高福利国家的代名词，从摇篮到坟墓，政府一条龙服务。然而，光鲜亮丽的资本主义国家也有隐秘的角落，比如伊布的出生地，马尔默市的罗森加德。作为瑞典最贫穷的地区之一，这里被划为难民聚集地，生活着30个国家的后裔，混杂着十几种宗教信仰。伊布的父亲是波斯尼亚人，母亲是克罗地亚人，两口子为逃离战乱来到瑞典，生下了伊布，然后离婚。

伊布从小跟着他酗酒的老爸长大，童年充斥着啤酒罐、空冰箱、南斯拉夫流行乐和巴尔干战争。"我像一头饿狼一样回到家里，打开冰箱，心中祈祷着：拜托，拜托，有点能吃的东西吧！但是，没有，什么都没有……"

他因为装备太贵放弃了自己的冰球梦想；因为被队友嘲讽而由门将改踢前锋。然后，他在一个名为"吉普赛"的球场和一帮南斯拉夫人、土耳其人、索马里人一起野蛮长大。生活在这种环境中，伊布说："我通常会选择自大一些，否则人们会很容易看轻我。"

到了上学的年纪,伊布成功地培养出两个主要"爱好":(1)踢足球。(2)偷自行车。左手足球场,右手警察局,一个孩子的命运就这样摇摆。好在,足球天赋一脚把他踹进了左手边。由于野球场上显露的球技,伊布进入了 FBK 巴尔干俱乐部的青训系统,后来又被马尔默俱乐部招入麾下。虽然他表面上仍然年少轻狂、目中无人,但"我有时候会忍不住看一眼别的孩子的父母,他们总呆在场边,只有我无人陪伴"。

伊布人生的第一次转机出现在他 16 岁的时候,教练把他叫到办公室,告诉他升入一队的好消息,然后"我一离开他的办公室就去偷了一辆自行车,那一刻,我觉得自己是全城最酷的小伙子"。

伊布人生的第二次转机出现在他 17 岁的时候,正在全世界挖苗子的温格教授向他发出邀请,让他到阿森纳试训。然而他拒绝了,因为"兹拉坦从不试训"。

正是因为这古怪的理由,马尔默留下自家的天才少年。1999 年,马尔默由于财政的原因降级,无力引援的俱乐部把伊布提拔到正印中锋的位置上。一年之后,伊布以赛季 12 球的成绩帮助马尔默升级成功。

他的前队友尼克拉斯说:"他传球的时机不对,射门的时机也不对。但他就是能进球。"这样的表现,很快引来了另一家热爱收集"小妖"的俱乐部——阿贾克斯。

伊布:"需要试训吗?"

阿贾克斯:"不需要。"

伊布:"那,走吧。"

2001 年 7 月,阿贾克斯用创瑞典转会纪录的 780 万欧元把伊布带到了荷兰。伊布赚到钱之后给他爸买了一张新床,然后他爸没雇车,一个人背着床走了两千米回了家……这大概就是斯拉夫人特有的倔强。

## 他是个巴尔干人,不是瑞典人

其实,伊布来到阿贾克斯之后并不顺利。顶着 780 万欧元的高身价,穿着范巴斯滕的 9 号球衣,在前锋位置上阿德里安赛教练显然更信任埃及人米多,让他上场机会非常有限。在队友眼中,他总是一个人发呆,一个人吃晚饭,一个人早早回家,一副孤独的样子。但当记者采访他时,他依然肯定地回答:"没关系,我的时间会来的。"

果然,他的时间出现在阿德里安赛下课之后。科曼上任之后,技术流的球员受到了更多重用,更何况伊布是如此与众不同。比起瑞典人,他更像自己的巴尔干祖先——有身高优势,却懒得用头球;技术精湛,但又不屑配合;时不时就会推丢个单刀,但很快又能用各种奇怪的姿势把球捣鼓进球网;至于2004年的连过7人和禁区外倒钩……在足球的地界上,他真就是个怪物。

在阿贾克斯效力的三个赛季里,伊布在110场比赛中打进48球送出15次助攻,成为阿贾克斯名副其实的大腿。然而问题在于,那时候阿贾克斯还有一条大腿叫范德法特。在二人短暂的蜜月期过后,伊布扔给了俱乐部一道选择题:(1)要么我俩走一个,一山不容二虎。(2)要么确立我的地位,官方证明我的腿比他的腿粗。

● 2003—2004赛季,伊布主动找主教练科曼要求取代范德法特成为球队队长,被科曼拒绝。

● 2004年8月18日,在瑞典对荷兰队的一场国际比赛中,伊布一路追防几十米踢伤了范德法特,范德法特认为伊布是故意的,导致二人的矛盾不可调和。

● 2004年8月31日,在转会窗的最后一天,伊布以1 600万欧元的"低价"转会尤文图斯。

## 亚平宁风云第一季,从蒂尼到内拉祖里

既然一个自由散漫的刺儿头选择了世界上最严谨的球队之一,那也就不可能继续自然发育。来到尤文图斯之后,卡佩罗对伊布说:"我得把你身上那些从阿贾克斯带来的坏毛病都改了。"因为:"你太年轻了,根本不知道如何才能激发自己的天赋。"

于是,一场盛大的生瓜蛋子改造计划开始了。

(1)改掉他懒散的毛病,把他塞进健身房。

(2)针对"过人美如画,打门总拉胯",每次训练结束后都单独加练射门。

(3)增重10千克,学着做个支点。

(4)学会为团队服务,增加无球策应和跑位。

(5)给他压力,告诉他:"你要给我进球,如果你进不了球,那么你就给我坐到看台上去。"

这些他本该在少年时期就学会但被他用天赋强行跳过了的东西,被卡佩罗一一

补课。但伊布向来是个顺毛驴,只要真心佩服谁,那么他就乐意听话。更何况,那时候的尤文图斯拥有皮耶罗、图拉姆、内德维德、维埃拉、卡莫拉内西,一群大哥带着他刷数据,怎么踢怎么顺心。

维埃拉曾经说过:"伊布这小子真的很麻烦。当你要给他传地滚球时,他想要用胸停的高空球;当你传高空球时,他又想要地滚球了。但如果你愿意花时间在家陪他或者邀请他与朋友们一起吃晚饭,你就会知道他是多么好的一个人。他开朗、爱笑,还笨,就像是个没长大的孩子。那些所谓的电视媒体上看到的关于他的张狂和傲慢都是假的,只是他的伪装。"

2004—2005赛季,伊布在35场比赛中打入16球,被尤文球迷评选为当赛季最佳球员。他自己也在慢慢补强自己的短板,尝试做球,尝试拉边,眼瞅着助攻数都快超过进球数了……"电话门"爆发了。

事情发生之后,尤文图斯球员做了不同的决定:布冯、内德维德、皮耶罗:我留下;伊布:再见。

没法子,他实在做不到委身于低级别联赛,集体的温暖也敌不过骨子里的桀骜。况且,拉伊奥拉从来不会错过任何一个拿佣金的机会,他把伊布直接操作到尤文图斯的死敌国际米兰,赚得盆满钵满。

好消息是:转会国米之后伊布的射术终于刷了出来,不仅扔掉了尤文时期"伊布单刀不进莫维奇"的帽子,连续两个赛季拿下队内射手王,还捧得了两座联赛冠军奖杯。坏消息是:伴随着数据一起涨高的还有伊布的自我认知,国米在欧冠淘汰赛初始阶段就"宕机"的表现让他再一次心生去意。

虽然,穆里尼奥真的很对他的胃口。但是,再见。

2009年7月28日,巴塞罗那官方宣布签下伊布——4 600万欧元现金,外加埃托奥和赫莱布当添头。这应该伊布的高光时刻。

## 巴萨的黄金时代,瓜帅的小算盘

之所以巴萨下血本签下伊布,用当时球队主席拉波尔塔的话来说就是:"伊布是从竞技角度考虑最佳的选择。"

是啊,一个能跟上巴萨前场传递节奏的中锋,一个能踢 Tiki-taka 的大个子,在没掉技术指数的同时还填补了巴萨前场身高上的空白，既能传也能射，这加长版巴乔上哪儿去找？

而且，在亚平宁修炼出来的人际交往能力终于在巴萨派上了用场，伊布和新队友都相处融洽。唯一的问题是，球队并不想给他国王的地位，他控球、传球、射门的大前提是——不能抢占梅西的空间。

论资历，梅西从13岁就在加泰罗尼亚混，伊布只是个新兵；论功绩，梅西刚带领球队加冕六冠王，伊布寸功未立；论继承顺位，瓜迪奥拉早就把梅西视为天选之子，致力于把巴萨打造成一台围绕梅西运转的机器。

在这种前提下，伊布的问题就显现出来了。

（1）他喜欢像伪九一样回撤到前腰位置拿球，占用了梅西的空间。

（2）他没有能力在中路密集区域突破打出纵深，拖慢了球队的速度。

（3）他过于高大的躯体承载了不该有的细腻，因为技术过于精湛，所以他需要大量的球权。

最终，单赛季16球8助攻的数据没能打动瓜迪奥拉的心，2009—2010赛季伊布频频出现在替补席上，他抨击瓜迪奥拉"买了部法拉利，却把它当菲亚特用""在除了加泰罗尼亚以外的任何地方看见瓜迪奥拉，我都会请他吃一顿老拳"……

回头想想，伊布本有机会开创自己的时代，但偏偏他生不逢时，正好赶上世界足坛群雄割据。亨利、舍瓦老而弥坚，小罗、卡卡如日中天，后辈梅西、C罗发育过快，于是伊布在自己事业最巅峰的时期、在卡卡、C罗们创造一个又一个转会神话的时候，被巴萨扫地出门。

更难堪的是，2009—2010赛季，伊布刚离开国米，国米就夺得欧冠；2010—2011赛季，伊布刚离开巴萨，巴萨也夺得欧冠。这时的伊布急需一个能当老大的地方——下一站，红黑军团。

## 忘了那浪漫的土耳其，我带你去米兰和巴黎

伊布曾经在自传中写道："曾经是天赋控制了我，后来是我控制了天赋。"两者之间的转折点，正是在AC米兰。

在尤文，他是个孩子；在国米，他有竞争压力；在巴萨，他只能做僚机；但AC米

兰，他就是正印中锋、前场核心，回撤有理、射门有据，特别是在罗纳尔迪尼奥状态下滑的那一年，他就是圣西罗唯一的老大。

"诺切里诺，你别的不用管，会暴力前插就行了。""博阿滕，组织你不用操心，会暴力抽射就足够。"

自带体系？伊布就是体系。设计战术？伊布就是战术。只要能配搭出一套大差不差的防线，他就能运转整个进攻套路，后腰需要做的就是防守和前插。

2011—2012赛季，诺切里诺打进了10球，凯文·博阿滕打进9球，而他自己也以33球10次助攻的数据如日中天。

然后，就没有然后了。

2012—2013赛季，意大利爆发财政危机，贝卢斯科尼的菲宁韦斯特集团在股市上节节败退，总理让贤了，和老婆离婚了，豪掷的9 000万欧元一直没能平账，最后只能把伊布和蒂亚戈·席尔瓦打包6 000万欧元卖给了巴黎圣日尔曼俱乐部。失去了伊布的那个赛季，诺切里诺打进3球，凯文·博阿滕打进2球……就是这么立竿见影。

被卖到法国的伊布当时是个啥心理状态呢？

他说："我真不清楚法甲是个什么联赛，但是法甲一定对我知之甚详。现在，我觉得巴黎的人们除了蒙娜丽莎以外，还有别的东西可看了。"

事实证明，伊布的能力到了竞争不那么激烈的法甲联赛，的确是大杀四方的水平。他在大巴黎效力了4年，180场156球打出了场均0.87球的超级效率，让卡瓦尼老老实实给他当小弟。即使不喜欢他的人，也不得不承认他站在对面所带来的恐惧。

但是，他已经34岁了。是该到了神秘东方古国刷金币的时候了吧……这时，穆里尼奥来了，他说："我手下有一批红小鬼，需要个带头大哥啊。"伊布："呵，就是我了。"

2016年6月30日晚，伊布在自己的社交媒体上宣布将加盟曼联。结尾顺便加了一句话——我如国王般到来，离开时已是传奇。

## 我真不是为了钱

伊布说过："没有一个教练敢和我如此说话，除非你是穆里尼奥！"

穆里尼奥的回报是:他把马夏尔的9号球衣直接给了伊布,虽然马夏尔的团队已经给他注册了M9商标。

好吧,就是能有这么奇妙的化学反应,让两个"自大狂"惺惺相惜。这样的伊布,带给了曼联什么?

(1)他单赛季为曼联打进28球送出9次助攻,几乎以一己之力扛起了锋线。

(2)他带着曼联走过了大半的欧联比赛,为曼联带来了两座冠军奖杯,最后拄着拐看红魔绕道拿到了欧冠资格。

(3)他帮着穆里尼奥带孩子,甚至多次在场上给拉什福德陪跑指导:"好孩子,就这样,别慌,推远角"。

(4)他被拜利踢了屁股,导致拜利一直受伤病诅咒。

(5)穆里尼奥说:"伊布每天吃饭的时候都会被年轻球员团团围住,问东问西,他知道自己是年轻球员的榜样。"

那么,榜样究竟应该是什么样的呢?2017年,穆里尼奥希望与伊布续约一年,但伊布拒绝了,他表示不想在养伤期间白拿钱。

2018年,当伊布复出时,卢卡库已经上位,伊布难以得到首发机会,这时候他老婆说:"世界这么大,我想去洛杉矶看看。"伊布回答:"那,走吧"

## 传奇,仍在继续

远离欧洲主流联赛的日子里,伊布仍然频频出现在新闻里。今天首秀世界波,明天梅开二度,后天倒钩射门,在洛杉矶银河效力两年,一把年纪竟然打入53球,送出15个助攻。

但球迷们只是以"哟,这伙计还行啊"的心态看看热闹,没人真指望他重回顶级联赛。毕竟,他已经39岁了。这年龄,在马其顿能当总理,在格鲁吉亚能当总统,伊布竟然要重回AC米兰?谁信啊。

10个月过后,他又倒钩了,他又把米兰带到积分榜首,距离他第一次拿到意甲金靴已经过去11年了,他竟然还在领跑射手榜……

以前觉得伊布是自大狂,现在觉得他真谦虚。2020年,拥有伊布的AC米兰20场比赛拿到42分,进44球,失22球;没有伊布时,AC米兰17场比赛只有21分进账,进 16 球,失 24 球。

AC 米兰表示:"39 岁算什么？我要和你续约。"2020 年 8 月,AC 米兰和伊布又续了一年。2021 年 12 月 11 日,米兰打乌迪内斯,伊布第 92 分钟飞身倒钩破门,打入自己在五大联赛的第 300 个进球,成为 21 世纪继梅西和 C 罗后第三位完成这一成就的球员。

AC 米兰表示:"40 岁算什么？我要和你续约。"2022 年 7 月,伊布与 AC 米兰续约至 2023 年。2023 年 3 月 19 日,依然是米兰对阵乌迪内斯,伊布在比赛中罚进点球,以 41 岁 146 天的年龄,超越科斯塔库塔成为意甲进入三分制以来出场年龄最大的球员。

AC 米兰表示:"41 岁算什么？我要和你……"伊布说:"可拉倒吧。"2023 年 6 月 5 日,伊布向世界宣布:"是时候和足球说再见了。"随着伤病的增加、球队的成长,他明白:"自己能提供给球队的帮助已经很有限。"

于是,他选择了急流勇退。与许多大牌球星不同,伊布没有再去一些偏远小联赛谋一份高薪,而是把职业生涯结束在当赛季重回欧冠四强的 AC 米兰。就像他年轻时说"兹拉坦从不试训"一样,他退役时也懒得为了钱再去一个新球场颠球。

因为伊布知道,那些土豪们为他甩出的钞票,已经纯粹是为了他的名气而非球技了。而他站在球场上,就是为了带小弟,当老大。

这就是伊布。他可以成就一支球队,但球队不能成就他。纵观伊布的整个职业生涯,他必须是球队的上限,一旦球队需要超越他所能带来的最大极限,他就很难生存。

其实,伊布的伟大和局限,都是来自这一点。他需要当老大,必须当老大,因为他出生于那个阴暗潮湿被人嘲笑的环境中,小时候时常饥肠辘辘,在野球场上不强硬就没法活下去,所以他用暴躁、自大、桀骜不驯来伪装自己。同时,他又得勇敢、细腻、追求完美,这一切都是成长过程留下的印记,用他自己的话形容就是:"你可以从贫民窟带走一个孩子,却永远无法从那个孩子心中带走贫民窟。"

于是,伊布便成了今天这个样子。

- 他深爱着大他 10 岁的妻子,因为他的世界里没有多少人,他就只有小心又强势地守护着这几个人。

- 他常做慈善但又不炒作,私生活没有多少黑料。

● 他走遍了瑞超、荷甲、意甲、西甲、法甲、英超、美职联,即插即用,有强大的适应能力。

● 他爱憎分明,骂瓜迪奥拉是懦夫,说穆里尼奥是值得追随一生的人,虽然他是被梅西挤出了巴萨,但他在任何场合都毫不掩饰自己对梅西的喜欢,并且在担任瑞典国家队队长七年间把金球奖的队长票都投给了梅西。

他从来不忠实于某支球队,他忠于足球。

# 蓝桥空余梨花香,再也回不到阿扎尔的旧时光

● 17 岁,他接到国家队主教练的电话,以为对方是在开玩笑。"我只想一直开心踢球,没想过去当什么明星。"

● 27 岁,他在俄罗斯世界杯面对巴西和法国"秀出天际",舆论都说王冠虚位以待。"我会尽力,但老实说不太可能。"

● 32 岁,我们没有等到杨坤一年这么多场的演唱会,却听到了阿扎尔退役的消息。"你必须倾听自己的心声,在适当的时候喊停。"

从哈扎德到阿扎尔,从扎球王到"汉堡王",从"比利时杨坤"到意外绑定的梨花香,留下了许多有趣的故事和更多统治球场的表演。而当一切结束时,仿佛来得太早,却又拖得太久。也许,这些都是他职业生涯的最好注解。

## 我爸说,想踢球先学会谦虚

1991 年,埃登·阿扎尔诞生在比利时西部、一个距离法国边境不远的小城里。出生于不折不扣的足球世家,父亲是个半职业后腰,生涯基本在踢法乙;母亲在女子比甲当前锋,怀他三个月之后选择了退役;他家"出门"三米不到就是一支当地球队的训练场——其实也就是隔堵墙。所以,包括身为大哥的埃登在内,这家里的兄弟四个后来都成了足球运动员。

他们"青训"的第一条路,都来自父亲"意外"在那堵墙上发现的一个小洞。不过阿扎尔后来回忆说,自己钻洞去踢球的经历只延续到了 4 岁。因为附近的一家老牌

小球队主动找上门，邀请这个还在上幼儿园的孩子去参加他们的早期青训。你没有看错，4岁。

阿扎尔身上渐渐展露出来的天赋，充分证明了什么叫做老天爷把你嘴撬开，然后非要喂这一碗饭。英国记者20年后试图找到他的启蒙教练，去采访一下当年是怎么教出这孩子的时候，对面想了半天憋出一句："9岁后我就什么都教不了了，我会的，他全都会。"

12岁，阿扎尔告别了他的第一家青训俱乐部，被挖去了规模更大的第二家。14岁，他代表第二家参加了一个当地青少年锦标赛，又被邻国的顶级俱乐部盯上了。

那个俱乐部就是里尔。众所周知，最好的比利时青训在法国、在荷兰，也可能在德国，反正肯定不在比利时。当里尔青训学院院长拿着一份合同上门时，阿扎尔的父亲几乎抢过了所有的台词："我知道你们能提供更好的设施、更好的教练，还有更好的职业生涯规划。埃登，过来把名签上。"

不过送走这位院长之后，父亲又把阿扎尔叫到房间进行了一次单独的促膝长谈。其中最重要的话是这一句："相信我，足球是很美好的。但一定要记住，不管你未来会经历什么，如果飘到云端之上，必然会急速下坠。"这句话，后来成为他职业生涯的第一信条。以至于很多队友都说，阿扎尔是我们队里踢得最好的一个，竟然也是最谦逊的那个。

事实上，做到这点并不容易，尤其是那些年少成名的天才小妖。在里尔青训营只待了两年，16岁的阿扎尔就在注册进U18梯队的同时，被选进了预备队去踢法国第四级别联赛，甚至还在一线队国脚们被征召期间上演了法甲和职业生涯的首秀。

2008—2009赛季，主教练鲁迪·加西亚正式把阿扎尔升入了一线队。经过半个多赛季的替补轮换，阿扎尔后期已经变成了主力。其间，还有打破队史最年轻进球纪录、法国杯进球淘汰里昂等各种高光时刻。最终，喜提法甲年度最佳年轻球员，史上第一个外籍获奖者。

可想而知，那一年的夏天会发生些什么。各国报纸上不断传出阿森纳、曼联、国米、巴萨和皇马等豪门看中阿扎尔的消息，特别是刚回到皇马任职的齐达内直接公开表示："阿扎尔是未来巨星，他非常出色而且会变得更加出色。哪怕闭着眼，我也知道肯定要把他带到皇马。"

要知道，齐达内正是阿扎尔和他每一个兄弟儿时的偶像，全家人合影里出现最多的衣服就是法国队和皇马球衣。他自己也说过,小时候每天都要看几个小时齐达内的比赛录像,然后模仿一招一式。然而,让很多人颇感意外的是,阿扎尔没有闹转会也没有要加薪,一边表示对齐达内关注自己简直受宠若惊,一边说:"我觉得还要在里尔至少再待一年,我还不是一个成熟的球员。"

也许正是父亲的教导起到了作用。阿扎尔留在了法甲,而且变得一年比一年成熟。他开始在各项赛事进球上双了,法甲年度最佳年轻球员和MVP全都蝉联。等到2011—2012赛季,主要改行前腰的他出场49次竟然打进22球……好了,这下彻底留不住了。2012年6月4日,切尔西官宣从里尔引进阿扎尔,转会费3 200万英镑。

## 这该死的肥美

来到英超,不仅意味着顶级的水平、对抗、收入,还有无处不在的曝光。随着各种各样的新闻和采访出现,大家发现这个20岁出头的年轻人确实不太一样。他显然和自律两个字完全不沾边,但也不会放浪形骸。这种天赋型选手往往自视甚高,可他谦逊到英国记者套什么话都不咬钩。他踢球,好像真的只是因为这是让他最快乐的事情。

这么说吧,咱们成长过程里一定听到过这样的说法:"学霸都是在你看不见的地方偷偷努力。"而阿扎尔,简直就是偷懒给所有人看。前队友米克尔说:"周一和周二,他会去训练,但就跟没去一样。站着,四处走走,哪怕其他人都在互相铲球和叫喊。然而到了周六,他出现带我们赢球,然后拿走全场最佳球员。有些人就是有这种天赋,太不公平了!"

另一位前队友费利佩·路易斯表示赞同:"他比赛里很少去防守,训练也基本在划水。有一次比赛还有5分钟就开始了,我竟然看到他在玩马里奥赛车。就这么上场,然后还有进球和助攻,行吧。"

青年队的门将布尔卡补充:"我一直能在汉堡店和比萨店看见他,这太奇怪了。因为年轻球员会这样,一线队只有他。我感觉除了足球和享受美好时光,他不关心其他任何事情。"

切尔西七年生涯,你时不时就能看见他某段时间好像膨胀了一圈。神奇的是,好像压根就没有人指责或者怪他,就连上面几位队友发言的主要情绪都是调侃,还有深深的羡慕。

为什么？因为切尔西的阿扎尔太强了！

阿森纳球迷忘不了那场比赛。2016—2017赛季的强强对话，阿扎尔在中圈拿球，假动作变向晃过科斯切尔尼，接着把挂上来的科奎林甩了个旋转跳跃一圈半，然后平推到禁区，面对已经不知所措的科斯切尔尼和滑铲都来不及的穆斯塔菲，轻松攻破切赫的球门。

赛后，他带着在这一过程里被科奎林踢肿的脚踝，一瘸一拐地接受了采访："我想这是我职业生涯最好的进球之一了，我确实需要一些自由。"记者问："打入这样的进球，今晚是不是要去哪里大肆庆祝一下？"阿扎尔笑了笑，没有说话。而这个问题真正的答案是，他直接回家去陪了老婆孩子，哪儿都没去。

阿森纳远不是他攻击的唯一受害者。最经常出现的背景板还是利物浦，以至于KOP（利物浦主场看台）从此看到阿扎尔拿球就心慌。他的绝对速度在英超不算特别快，但启动加速的爆发力非常惊人。他的过人动作不像很多南美球员那么花哨，但高频率的步点和变向极其实用。他还有稳定的低重心和能扛人的强对抗，以及对于空间的敏锐直觉。

夸张点说，巅峰阿扎尔是一个爆点边锋和边前腰的结合体。这要怎么防？

曼联名宿布朗说："弗格森曾经叫我全场盯防梅西，这种特别要求一对一盯防对手球员的布置，对他来说十分罕见。我不会说阿扎尔是梅西，但我非常确定如果弗格森还在执教，也会这么应对阿扎尔。"

曼城名宿亚亚·图雷表示："当阿扎尔感觉防守靠近时，会等到即将接触的最后一刻，用屁股挡住他们，就像出拳一样把对手推开。这种利用屁股拉开空间，然后提速转去任何方向的踢法……没见过，不会防，难以置信。"

于是，面对阿扎尔的防守者往往只有两种选择。一种是被他过掉，另一种是赔上犯规。效力蓝军的那七年，阿扎尔场均可以贡献4.19次成功过人，成功率高达64.2%，四个赛季都是过人王。

2018年世界杯，他更是场均过人达到恐怖的5.86次，成功率为73.3%。八强对巴西，10次过人全部成功，风头完全压过了正面对决的内马尔。四强虽然输给了法国，但阿扎尔继续11次过人，成功了10次，把帕瓦尔过成了凌晨的马路，让坎特、博格巴甚至吉鲁各种回追补防。

也是在同一年，足球天文台（CIES）援引 WhoScored 的数据做了一张过人次数和成功率的象限图。阿扎尔出现在所有球员的最右上角，左边比较靠近的是内马尔和梅西。

还有另外一组数据。征战英超七年间，阿扎尔累计被对手犯规 638 次，平均每 30 分钟或者 26 次触球就有一次。还有很多人说，这些数据并不能体现全部，还有大量针对阿扎尔的犯规被人忽视了。因为他这人太实诚，只要能维持平衡不倒地，就会继续全速带球。

穆里尼奥执教期间曾经对着镜头大发雷霆："一场又一场，他被对手踢倒，却没有受到裁判的保护。一、二、三、四、五、十次犯规，伤害性的犯规。他是一个很棒的孩子，身体也很强壮，比赛方式太过诚实，但这可能成为另一个问题。也许有一天，我们就没有阿扎尔了。"

不知道是不是因为鸟叔这段话的影响，阿扎尔每个赛季仍然会遭受 80～100 次犯规，但对手吃到黄牌的数量从此翻了一倍。但当时的人们都没想到，穆里尼奥的"预言"会应验到皇马身上。

## 伤病还是不自律

无论谁在 2019 年那个时间点上，都会说皇马 1 亿欧元引进阿扎尔是一笔好交易。C 罗已在前一年离开，本泽马和魔笛也到了一定年纪，囤积的小妖还要成长，28 岁的阿扎尔这种顶级即战力过来承上启下，大概是 7 号球衣当时最好的选择。

这笔交易怎么可能失败呢？效力切尔西，七年拿下两座英超和两座欧联。刚过去的欧联决赛也是代表蓝军的最后一场比赛，还送出了 2 球 1 助攻的全能表现。要不是主教练正好是儿时偶像齐达内，说不定人家就终老斯坦福桥，成为唯一的王了。

是的，他的身材管理确实不太自律。但要真那么自律，也不可能踢出他那种独特的风格。所以切尔西和英超球迷都是一边带着笑容吐槽"肥扎"，一边看他表演时惊呼"这该死的肥美"。没错，伤病是永远无法预知的风险。但他过去这些年每场比赛都被踢来踢去，赛季考勤却仍然 40 场刚起步、60 多场才封顶，简直就是铁人，甚至被前里尔队友铲出伤口血痕，他发的文章都是"谢谢家人对我皮肤的贡献，哈哈哈，切朱你真是爱我的男人"。

当然，人类从足球历史里唯一学到的东西，就是永远没办法预测足球世界里的一切东西。当他又一次完成标志性的"我的度假就是度假"，带着超标的体重来到季前训练时，并不习惯的西班牙媒体和球迷开始发难："你就是这么对待'儿皇梦'的？"

当他好不容易减掉一些体重，眼看着有了打出身价的苗头时，国家队队友穆尼耶在欧冠里的一脚铲球让所有希望戛然而止。那不是阿扎尔所遭受过最严重的犯规，却恰好发生在两年前骨折过的右脚踝。然后，维系着阿扎尔职业生涯的那根弦突然就断了。

接下来的事情脱离了所有人的预期，阿扎尔也不再是那个阿扎尔。每一次满怀希望伤愈复出，齐达内想尽一切办法给他找状态，包括把涨球期的维尼修斯放去右路。但他不是融不进战术体系，就是踢不了几场又倒下，然后陷入下一个悲剧循环。

在皇马的四个赛季，阿扎尔累计受伤 18 次，每个赛季的错过场次都比切尔西那七年加一块还多，被穆尼耶铲伤后只有可怜的 1 次打满全场。齐祖离任后，接手的安胖没理由再给什么多余的耐心，阿扎尔却火上浇油般拍了个麦当劳的汉堡广告，还在欧冠被老东家淘汰后和前队友谈笑风生。

那些过去成就他的，以及因为成就被掩盖的，都变成了让人讨厌的理由。

2022 年，他在欧冠夺冠后没有佩戴和自己关系不大的奖牌，在庆典上拿着麦克风告诉皇马球迷："我来到这里三年，受了很多伤也经历了很多事情。但明年，我会为你们付出一切。"

然而没有明年了，也没有一切。2022－2023 赛季，阿扎尔只代表皇马打了 392 分钟的比赛。2023 年夏天，双方提前结束原本还有一年到期的合同。尽管受到了来自美国、沙特和英格兰等地的邀请，阿扎尔还是在 10 月宣布了退役。

7 球 8 冠是嘲讽更是事实，从来到走都没踢过国家德比。他必然是皇马队史上最令人失望的引援，甚至可能在世界足坛也排得上号。但成为这样的反面教材，也是因为他曾经在斯坦福桥做到的那些事情，给过无数球迷梦幻般的震撼，也给了皇马最渴望的期待。

就在阿扎尔宣布退役当天，笔者突然发现交友圈里最铁杆的扎球王粉丝，把游戏里的 ID 改成了"Eden17"。他原本是个英超球迷，这几年已经基本不看什么比赛了。我问他："你是在纪念当年的阿扎尔吗？"他沉默了半天，回了我句："可能也是在纪念当年看他踢球，觉得足球是如此美妙的自己。"

# 最后一天,阿圭罗在谈论所有人,而所有人都在谈论阿圭罗

他不像伊布那么桀骜不驯,也不像罗纳尔多那么过人如麻,他私生活的最大热点无非是有个名叫马拉多纳的老丈人,但他却依然以独特的方式把自己的名字牢牢镌刻在足坛巨星的花名册上。他就是:塞尔希奥·阿圭罗。

如果有人不了解这位神锋,那么你只需要塞给他一盘进球集锦和一部名为《9320》的纪录片就行了。因为,阿圭罗的职业生涯并没有什么花里胡哨的东西,他一直所做的只有一件事:进球,进球,不断进球。

## 神锋的初始化形态,就已经是神锋

1988年6月2日,阿圭罗出生在布宜诺斯艾利斯郊区一处叫比利亚·伊塔蒂的贫民窟。除了官方名称之外,此窟还有个更加著名的名字——"可卡因之都"。

这地方环境恶劣到什么地步呢?在阿圭罗成名之后,有位英国记者想去还原一下阿圭罗的成长之路,于是联系了阿圭罗小时候的教练巴尔布恩纳。当记者提出想实地考察一下阿圭罗老家的想法时,巴尔布恩纳顿生惊恐之情:"非得去那儿?那我们得快去快回!快去快回!"

不过,虽然出生在这么一个充斥着贫穷和烟土的地方,但有两点因素让阿圭罗得以走上了健康成长之路:(1)他的父亲莱昂内尔,是当地一支十八线球队的业余球员。(2)在他家门口,有一片非常简陋的野球场。是的,能让阿圭罗走正道的,都和足球有关。于是,阿圭罗从小就活跃在门前的球场上。看到阿圭罗蹦蹦跳跳的样

子,阿圭罗的爷爷觉得他很像日本动画《大顽皮 KUM KUM》中的主角,所以就把这个动画人物的名字给孙子当了外号。阿圭罗说:"因为我不能发准 KUM KUM 的音,听起来像是 KUN,所以我爷爷就将错就错地叫我 KUN 了。"

不过,让阿圭罗的爷爷没想到的是,KUN 这个诨名很快在野球场上叫响。大家纷纷评价这小孩儿实在太厉害了,只有七八岁却能碾压比他大几岁的对手,还能用踢球帮家里赚零花钱,甚至还经常在他父亲的业余比赛中指点江山:"老爹,往这跑,这个位置有射门机会。"

为了让儿子有更好的发展机会,阿圭罗的父亲利用自己业余球员的野路子结识了当地的电台 DJ 兼阿根廷独立俱乐部记者爱德华多·冈萨雷斯。然后这位记者第一次看阿圭罗踢球,就觉得这孩子身上的冉冉星光想遮都遮不住,认为:"此子必成大器。"

于是,冈萨雷斯决定赞助阿圭罗,并且把他引荐到独立俱乐部的青训梯队。而独立队 U13 梯队的主教练拉姆博特也觉得这孩子天赋异禀,所以很快给了 9 岁的阿圭罗一份入学通知书。

在接下来的三年里,阿圭罗在青训营里率领着独立小分队大杀四方,连续拿下多个国内的青少年杯赛冠军。随着他的名气越来越大,新的问题又出现了。

(1)全阿根廷的球探们都看上了阿圭罗,当时博卡青年队主教练、被特维斯称为第二个父亲的马多尼甚至表示愿意用整支青年队来换阿奎罗。

(2)阿圭罗的父母都是瘾君子,为了拿孩子给自己赚毒资,他们让阿圭罗在独立队的同时还加入当地一支球队,只为了多拿每场 30 英镑的酬劳。

南美大陆上有太多天才断送在家人的贪欲上,所以那几年冈萨雷斯和拉姆博特为了阿圭罗操碎了心——他们为阿圭罗家买了车买了房,只为让他们全家从那个"毒窝子"里搬出来;他们又为阿圭罗的父亲谋了一份球衣管理员的工作,保证阿圭罗不会轻易被别的球队挖走;然后又给了阿奎罗家足够的财政支持,几乎包揽了衣食住行各种费用……可以说,这两位伯乐那几年没干别的,就忙着为少年阿圭罗建筑一道结界,帮助他防火防盗防父亲。

在这种保护下,天才的光芒更加遮不住了。短短几年间,阿圭罗就从独立俱乐部第 8 级梯队打到了一线队。15 岁零 33 天,阿圭罗便代表独立队第一次亮相阿根廷甲级联赛。他的出场,打破了阿甲最小参赛纪录,而在他之前的纪录保持者,正是他未来的老丈人马拉多纳。

● 2004－2005赛季,16岁的阿圭罗开始在一线队站稳脚跟。

● 2005－2006赛季,17岁的阿圭罗为独立队在各项赛事中登场36次,攻入18粒进球。

更难能可贵的是,阿圭罗拥有开朗而和善的性格,勤奋又节俭,他的启蒙教练巴尔布恩纳说:"他是一个谦逊的孩子,经常独自训练到很晚,和所有人都能和睦相处。"

一个低调的射手、一个谦逊的天才,这些词语同时出现在一个南美足球少年身上让人觉得不可思议,所以在大洋彼岸的球探们也开始按捺不住自己的麒麟臂了。

2005年U20世青赛之后,阿圭罗出色的表现引来各大豪门的疯狂争夺。最终,在2006年5月29日这一天,马德里竞技宣布他们以2 300万欧元的天价抢到了这位17岁的天才少年。

## 马德里竞技,神锋训练营

2 300万欧元,放在15年前的世界足坛是个什么概念呢?(1)这个数字打破了当时马竞的历史转会纪录。(2)同一年皇马用2 700万欧元的价格签下拉莫斯,这个数字打破了当时西甲的转会纪录。换句话说,马竞当年用比西甲转会纪录低400万欧元的价格,去南美刮了一张彩票。虽然马竞在世界足坛向来有"一处神锋供全球"的美誉,但很多球迷都怀疑马竞被当时正在筹款盖球场的独立队敲了竹杠。

对于这笔交易,当时马竞主席哈维尔·阿吉雷心里也是直犯嘀咕。而且通过季前赛的合练,他发现:自己买的这块璞玉,真是太淳朴了。

是的,阿圭罗到了马竞完全是一脸不知所措的状态。他不熟悉西甲、不了解顶级联赛、肌肉记忆里没有多少战术配合的成分,完全是靠天赋在踢球。阿吉雷回忆说:"我们不得不从跑位开始教他""当我们拥有球权的时候,他就是最棒的球员,但一旦我们处于防守状态,这个家伙就像个球迷一样围观比赛。"

这种随心所欲的踢球方式在欧洲大陆很难吃得开,在2006－2007赛季的马德里德比中,阿圭罗获得单刀机会之后草率地选择挑射,使球队痛失3分。

不过,南美向来盛产不同于常人的天才。罗马里奥、里克尔梅这些大咖都擅长踱步匀速慢跑,然后根据自身特点和天生的球感调整出来一套只适合自己的跑动算法。相比之下,阿圭罗的勤奋程度都可以颁发劳动奖章了。

所以,年龄小、性格好的阿圭罗很快理解了马竞的战术思路。

● 2006—2007赛季,他和托雷斯找到了轮流输出的节奏,他的球衣销售量占到全队的40%,仅次于首席卖衣大户托雷斯。然后过了一年,托雷斯就转会了。

● 2007—2008赛季,他迎来了新搭档弗兰。两个火枪手开始为马竞批量收割进球。2010年5月12日,他两次助攻弗兰帮助球队2∶1战胜对手,捧起了改制后的首届欧联杯。然后过了一年,他俩也转会了。

没办法,那几年正赶上马竞的一代传奇主席老希尔撒手人寰,新主席塞雷佐继位时的心情和嘉庆登基时差不多——前任活得特别花哨,而留给自己的却是一个连虚假繁荣都算不上的烂摊子和一个空虚的国库。

所以,塞雷佐当时只能过着一边发育一边割肉的苦日子。终于,在和皇马、尤文传了一圈绯闻之后,"新科土豪"曼城宣布:阿圭罗,他来了。

## 无数的纪录踩在脚下,永远的9320

2011年7月28日,阿圭罗来到了曼彻斯特,带着老婆吉安娜·马拉多纳和儿子本哈明·莱昂内尔·阿奎罗·马拉多纳。每次看到小阿圭罗的名字,我都会想起姓名里同样塞满名宿的霍格沃茨星二代阿不思·西弗勒斯·波特。

在加盟曼城时,阿圭罗说自己不喜欢炎热天气,曼市的多雨气候能够帮助他入睡。事实证明他并不是在说漂亮话,因为他接入曼城的方式简直是直联互通,不需要任何缓冲。

2011年8月15日英超首轮,阿圭罗上演曼城首秀。他在第60分钟替补登场,然后用30分钟时间就完成了两射一传,再次证明那一条锋线买卖定律:"马竞出品,童叟无欺。"

对于曼城来说,以阿圭罗处子球作为那个赛季的开头再完美不过了。如果要找一件比开头更完美的事儿,那肯定是那个赛季的结尾:2012年5月13日英超末轮,曼城与曼联积分相同,并列榜首。由于祖上从来没摸过英超奖杯,曼城那场比赛踢得很是紧张,一直以1∶2的比分落后于女王公园巡游者(QPR)。阿圭罗回忆说,

"那场比赛我的状态很不好,所有节奏都不对。"

随着第四官员举起伤停补时牌子,所有人都认为曼城的冠军梦又要延迟了。然而,许多伟大的历史总是在不经意间就能翻开新的一页。第92分钟,哲科扳平比分。第93分20秒,阿圭罗在禁区里接到了巴洛特利的传球,QPR队的后卫向他飞铲过来……

"他铲到我了,我那一瞬间曾想倒地要个点球。""但是,我觉得自己不擅长假摔。""于是,我稳住了步子,完成了一脚很别扭的射门。"球进了。

凭借这一绝杀,曼城以净胜球的优势力压曼联夺冠。那个阿根廷人,脱下上衣,纵情奔跑——是他,给英超带来了一个全新的冠军。

(1)他是一个天生的射手,对于进球的嗅觉和跑位的灵敏不亚于罗马里奥。

(2)他有着全面的射术和一对一能力,拿小角度爆射近角这种高难度射门当常规操作。

(3)他可以回撤出禁区拿球突进,也可以站在禁区当个小型桩,能9号、10号兼修,也是个完美的9号半。

在曼城十年间,英超已经习惯了阿圭罗进球了、又进球了的模式。不知不觉间,他已经在每一张和进攻有关的纪录单上都填上了自己的名字。最终这张单子有多耀眼呢?

● 他为曼城打入184粒英超进球,是英超为单一俱乐部打进最多进球的球员;

● 他上演了12次帽子戏法,是英超的"铁帽子王";

● 他在2015年10月对阵纽卡时单场打入5球,与希勒、贝尔巴托夫一起霸占着英超历史单场最多进球纪录;

● 他曾经7次当选英超月度最佳球员,目前仍然是英超的"洗发水之王"(英超月最佳奖杯由于其形状,被戏称为洗发水)。

然而,每一个英雄都可能面临一朝天子一朝臣的问题。随着年龄的增长,阿圭罗的跑动开始满足不了曼城高位压迫的需求。还记得马竞主席当年形容初始化阿奎罗的话吗?"一旦我们处于防守状态,这个家伙就像个球迷一样围观比赛。"而这一点,在瓜迪奥拉这基本属于犯忌讳的。

2020—2021赛季,阿圭罗的出场机会开始大幅度缩水,再加上伤病的影响,6球1助攻的数据创造了他17岁以来的单赛季最低贡献值。

当买凯恩的风声响起，当曼城开始打起无锋阵，阿圭罗心中便敲响了离别的钟声。

相比其他南美球员，自小离家的阿圭罗没有那么多落叶归潘帕斯之心。

于是，他选择去投奔一个让他最有归属感的人——梅西。

## 巴萨，似是故人来

2014年，阿圭罗的自传《我的故事》正式出版，梅西做了序言。而在那本书里，阿圭罗披露了他和梅西那深厚的情谊："当我们中的某一人不在对方身边，心里就总感觉空落落的。""有一次国家队比赛梅西没来，他给我发短信问：'他们安排谁跟你住一屋？'我给他回道：'别担心，亲爱的，我一个人住！'然后他给我回过来：'千万不要背叛我！'"

局外人很难理解这种亲密关系，他们是共同征战世青赛的室友，他们是共同打拼在西甲的老乡，20年间，两个人从惺惺相惜到成为挚友，用梅西的话来说就是："我和KUN就像一对结婚了80年的老夫妻一般。"所以，当金婚对象发出邀请，阿圭罗立刻开始打包行李。

然而，当阿圭罗降落在加泰罗尼亚，却发现梅西启程前往了大巴黎……这是足球史上最凄凉的双向奔赴，本以为我们都会停驻在巴萨的港湾，结果还是错过了。而且，阿圭罗的身体开始出现了问题。

2021年10月25日，阿圭罗代表巴萨在国家德比中进球，成为首次出战国家德比就破门的最年长球员。6天之后，在对阵阿拉维斯的比赛中，他因为身体不适被换下场。赛后，巴萨宣布阿圭罗被检测出心律失常。

50天后，阿圭罗泪洒新闻发布会，宣布了自己的退役决定。

后来，阿圭罗回忆了自己的重要时刻，回顾了这些年并肩战斗的那些人。他说，"职业生涯最后一个球是对皇马进的，听起来还不赖。"言语中，他透露出几分洒脱，更有英雄迟暮的无奈。

对于阿圭罗来说，这样的告别的确有些不甘。千机锋芒所指，一朝荣耀降临，踏遍山河去追寻，却无奈，大梦一落过千里，饮几盏悲喜，抵不过命运。

也许阿圭罗还没能静下心来捋一捋自己走过的路，但在他宣布退役的那一天，世界足坛的许多大佬却已经在为阿圭罗准备着传记。

弗兰说:"能够和阿圭罗并肩作战是我选择加入马德里竞技的一个原因。我第一次看到他是在电视上,当时只有15岁的阿圭罗代表我的老东家独立队迎来首秀,那一刻,一个男孩和一群男人站在一起。"

亚亚·图雷说:"很庆幸能够成为你的队友。你会成为最伟大的人之一,和你一起踢球是我的荣幸。"

梅西说:"KUN,我们几乎整个职业生涯都在一起。所有的这些都让我们越来越亲密,成为更好的朋友。我们将在足球场外继续一起生活下去。"

职业生涯的最后一天,阿圭罗在谈论所有人,而所有人都在谈论阿圭罗。

对于未来,阿圭罗可能还没有确切的打算。但他说了:"我会像以往一样:永远积极、喜悦、充满热情。"

命运给他了许多,但没给他全部。

好在,他天生就是个乐天派。

# 两点之间,贝尔最短

2023年初,当贝尔退役的消息传来,球迷们觉得突然的同时却也并不太意外。很多人都知道,33岁的贝尔对于足球已经没有太多留恋了。他拥有足够多的冠军和个人荣誉,也留下了足够多的经典瞬间。虽然职业生涯也有着一些遗憾和争议,但皇马球迷仍然感激他关键时刻的贡献,威尔士球迷更是将他视为最伟大的球星。

"两点之间,贝尔最短",注定将刻入我们这一代球迷的集体记忆。

## 内向的天才

出生在威尔士首府卡迪夫的贝尔,打小就展现出了出众的运动才华。9岁,他在六人制足球比赛里被南安普顿看中,加入了这家著名造星工厂;14岁,他在初中同时参加足球、橄榄球、曲棍球和田径校队,百米最好成绩据说跑出了11秒4;16岁,他被高中老师要求在体育课上必须一脚出球,而且只用右脚,避免对同学造成降维打击;外出比赛解除封印之后,他带着一群大两岁的学长拿下了威尔士高中锦标赛的冠军。

按理说,如此爆棚的运动天赋加上青春荷尔蒙,简直就是影视剧里标配的偶像级别。然而当年的贝尔却与这个词完全无缘,因为他的性格在周围人的评价里往往只有一个标签:内向腼腆。

很多亲戚都说,贝尔的母亲就像一个统领大家族的女强人,而他从小就习惯躲在母亲身后默不作声。邻居也曾经在采访里谈起,有一次在自家后院晒太阳时被贝尔踢来的球砸中，原以为这个十来岁的孩子会过来道歉拿球，没想到他转头就"逃"回了家里。这样的性格可能是天生使然，也可能受到了家庭等环境的影响。

比如，他外貌方面最明显的特征就是那一对招风耳，因此被小伙伴起了一个"壶把手"的外号。深受其扰的贝尔在刚踢职业联赛时留过各种奇特发型，目的就是想要尽量遮住耳朵。

又比如他的职业生涯差点还没起步就夭折了。14～16岁的那几年，虽然他在学校里实力超群，却在圣徒（南安普顿）青训营因为身体发育跟不上出现了各种伤病。到了决定是否签约的关键时期，俱乐部原本打算放弃这个年轻的左后卫，还是贝尔的母亲跑去据理力争，才得到了"再看一场"的最后机会。

而在那场与诺维奇U16的比赛里，贝尔大放光彩统治了整条边路还轰进一记重炮远射。裁判刚刚吹响终场哨，青训主管就已经拿着合同等在场边了。

那位主管肯定不会后悔。几个月之后，贝尔就上演了英冠首秀，成为队史第二年轻的出场球员（仅次于沃尔科特）。接下来的2006－2007赛季，他打入了5个进球（其中包括3个任意球），送出11次助攻，被评为"英冠＋英甲＋英乙"的最佳年轻新秀。没等转会窗开启，热刺就把一张1 470万欧元的支票砸到了南安普顿的办公桌上。

初到热刺的那段时间，贝尔在开局四场进三球的高光之后迅速走向沉寂。一方面是2007年底的重伤直接导致赛季报销；另一方面包括他前面进球和后面复出的比赛在内，连续24次为热刺出场无一胜绩，被舆论评价为"贝尔魔咒"。

好在之后迎来了两次转机。第一次发生在2009－2010赛季。首先，高情商的主教练雷德克纳普在热刺5∶0大胜伯恩利比赛的第85分钟把贝尔替换上场，再怎么厉害的魔咒面对这个比分也无能为力。接着，贝尔利用主力左后卫埃克托去打非洲杯的机会成功上位，老雷之后又舍不得把其中任何一位放在替补席，大喊一声"我全都要"，把贝尔推上了进攻线。这一改造堪称神来之笔，既掩盖了"三个贝尔防不住一个贝尔"的缺点，又发挥了"一个贝尔能打爆三个贝尔"的优点。半年后就是欧冠小组赛面对国米，两回合踢出了其他人十年才剪得出的名场面合集。先是单场戴帽，打爆萨内蒂；再是两送助攻，"生吃"了麦孔。

第二次转机则发生在2012年夏天。原本已经被选入那支历史性"英国奥运代表队"的贝尔因伤选择了退出，却借此机会去做了一个微整形手术。新赛季打响，人们发现他耳朵轮廓的角度有了些许调整,不再需要发型来遮挡。而球场上的贝尔,从此变得更加自信。

那个赛季,贝尔在各项赛事打进 26 球送出 14 个助攻,拿下了职业球员协会最佳球员、最佳年轻球员以及英国足球记者协会最佳球员。这是历史上第二次有人能在英超包揽三大个人奖项,上一个做到这件事的人名叫 C 罗。接着就是贝尔以 1 亿欧元身价转会皇家马德里,和 C 罗组成真正意义上的"两亿齐飞"。

## 两点之间,贝尔最短

为皇马效力,对于任何球员包括那些超级巨星来说,都不是一件容易的事情。贝尔也不例外。刚到伯纳乌的处子赛季,他很快就感受到了在这里踢球的压力和其他地方并不是一个等级。由于磨合和伤病原因,出勤率并不稳定,立刻就被名记赛古拉在专栏里怒喷:"这个英国人不知道怎么踢球,他只会往前跑。"很快媒体上又出现真假难辨的爆料,说弗洛伦蒂诺私下不止一次表示最想签的还是内马尔,贝尔只是巴西人来不了的备胎。

但贝尔在赛季后期的关键比赛,尤其是决赛里打碎了所有质疑。国王杯决赛,他面对巴萨上演了一次极限版的外道超车。从此,球迷提到巴尔特拉的名字都会率先想起这个进球里的背景板,而"传给三秒后的自己"和"两点之间,贝尔最短"成为经典流传。欧冠决赛,又是贝尔在加时赛里补射得分,打入了反超马竞的关键进球。床单军团再也无力回天,最终皇马以 4∶1 的比分拿下第十座欧冠。

在贝尔加盟皇马的发布会上,老佛爷多次提到签约就是为了"La Décima"。这个词在西班牙语里的意思是"第十",在皇马这里的意思自然就是和上一座相隔了 12 年的"第十座欧冠"。而签下贝尔的第一个赛季,他们就做到了。BBC 组合带给了皇马球迷一段美好的岁月,贝尔则收获了 3 座西甲冠军、5 座欧冠、4 座世俱杯、3 座欧洲超级杯、2 座西班牙超级杯和 1 座国王杯的大满贯。

在这些荣誉的收割过程里,贝尔可以说是做出了相当重要的贡献。但这些年的白衣生涯,也留下了不少的遗憾。曾经在皇马和热刺担任主教练,也亲自执教过贝尔的胡安德·拉莫斯有过一次非常完整和精准的评价:"皇马就是这样的球队,他身边的莫德里奇、克罗斯、伊斯科和本泽马等人都有着非常出色的技术。贝尔的技术也不差,但最大的优点肯定是力量和爆发力。""为了踢出最好的比赛,他需要大量的传球和开阔的空间。但大部分和皇马交手的球队会踢得很紧凑,不留下什么空间。贝尔无法展现出他最强的力量和速度,也不是前面说的那些技术最精湛的球员,所以比赛类型经常并不适合他。"

除了技术风格之外,另一大问题则是伤病。拥有如此强大力量的球员,这种能量有的时候也会给自己带来伤害。由于他的爆发力,贝尔更容易遭受肌肉方面的伤病,而不是来自球场上意外的伤害。当一名球员拥有贝尔巅峰状态的速度和力量时,任何类型的接触都有可能导致问题。这样的问题,几乎贯穿了他整个职业生涯。在圣徒青训,他就差点因为伤病被放弃。效力热刺的前两个赛季,他也因为受伤丢掉了主力位置。而在皇马的那些年,贝尔经常会在刚刚伤愈的时候再次遇到大腿、小腿或者腹股沟的拉伤,这严重影响了他的出勤率和竞技状态。

在这样的困境里,贝尔的性格并不能起到什么积极的作用,甚至还有些雪上加霜。莫德里奇曾经说过,贝尔的西班牙语其实说得不差,还能在更衣室开玩笑,他只是太过羞涩,不怎么愿意在公开场合去用外语交流。很多媒体也披露过,贝尔在皇马基本没有交心的朋友,私下互动基本也只有热刺老队友莫德里奇。

安切洛蒂也在自传里写过第一次执教皇马时的事情:贝尔想踢中路却没有找他交流,而是通过经纪人去找了弗洛伦蒂诺,再把想法从主席转达给主教练。有人说绕了这么一大圈就是在越级告状,但熟悉贝尔的朋友却做出了这样的解释——这真的太像是自尊心极强却又有些社恐的贝尔会选择的方式。

而谈论贝尔的皇马生涯,更加绕不开的主帅肯定是齐达内。因为频繁受伤的关系,齐达内在首次执教皇马的后期就更喜欢用伊斯科首发去打菱形中场,贝尔更多作为加强冲击的后手武器。这样的选择在战术层面没有任何问题,只是对于贝尔来说很难接受。

等到齐祖回归皇马的第二期,更加不会有身体素质下降的贝尔什么机会。于是有了2019年庆祝威尔士入围欧洲杯时,那条著名且充满争议的标语。

## 威尔士、高尔夫、马德里

贝尔对于威尔士,或者说对于自己的家乡有着深厚的感情,而这份感情应该远远大于效力过的任何一家俱乐部。他从小就在熟人的圈子里生活长大。父母现在还经常住在他出生的老房子里,姐姐嫁人成家之后就搬到了不远处。附近还有青梅竹马妻子的老家,再多走几分钟就能找到贝尔的叔叔家和姨妈家。

效力热刺的时候,他每天要早晚各打一个电话回家。伦敦公寓的洗衣机坏了,他没有去找洗衣店,而是带着一个礼拜的脏衣服开车近300千米,然后全扔给了妈妈。主帅曾经给他放假去找个沙滩养伤,结果贝尔果断打了个出租,又回到了卡迪夫的老家。所以,你可以理解为什么贝尔2013年加盟皇马的发布会上来了一大家子十几口人,就连见多识广的老佛爷也不太习惯这种场面。

与此同时,足球也不是贝尔唯一的兴趣。当然,他对足球肯定有着很深的感情,不然也不会孩童时期练得最多。但前面也说过,他学生时期还加入了橄榄球、曲棍球和田径校队,并没有把足球当成这辈子唯一认定的道路。

而成为职业球员之后,他的另一大兴趣相比每个球迷都不会陌生——高尔夫。当他在皇马的生涯处于困境中时,贝尔开始越来越多地去高尔夫球场寻找快乐与放松,也把为威尔士代表队效力当成自己主要的精神寄托。在威尔士队内,他无疑能找到最让自己舒适的环境,包括更像家庭温暖的更衣室,以及更把他视为绝对核心的队友和球迷。

然后,他带领着这支球队历史性地首次打入欧洲杯正赛,一路杀进了四强。而在2016年的那届欧洲杯比赛期间,队友们不断地向贝尔起哄:"加雷斯,你赚了那么多钱,干脆回威尔士买个球队吧?然后我们全都去那里踢球,一起冲进英超!"贝尔知道他们是在开玩笑,但每次都笑得特别开心。

2022年夏天,贝尔与皇马的合同到期,对于双方来说或许都算是一种解脱。很多人都猜测心思已经不怎么在足球上的贝尔会直接退役,不过威尔士时隔64年第二次打进了世界杯正赛,他选择前往美职联保持状态。

在洛杉矶FC,贝尔半年只打了14场比赛,出场时间累计也只有400分钟。但就在总决赛加时赛的128分钟,替补出场的贝尔头球绝平,把比赛拖入了点球大战。最终洛杉矶FC在点球大战里击败了费城联合,拿下队史首座美职联冠军,也成为贝尔职业生涯的最后一座奖杯。

2022年世界杯,虽然威尔士最终没能小组出线,但对于贝尔来说已经没有遗憾。预选赛里他打进5球还有3次助攻,附加赛制造了关键的乌龙球,然后面对镜头说出了:"这是威尔士足球史上的伟大时刻,也是我自从第一次代表威尔士比赛开始,就决定为之奋斗一生的目标。"

当这样的目标实现之后,无论是美职联还是足球,对于贝尔来说自然不会再有眷恋。2023年的贝尔,开始享受与足球无关的新生活。他早就提前做足了准备,包括在家乡卡迪夫开了连锁酒吧,入股威尔士酿造行业,参与了伍兹的高尔夫企业投资,还打算跨界融合尝试一下高尔夫主题酒吧。

可以预见的是,足球圈应该会越来越少提及贝尔的名字,很多故事也会在球迷的记忆里随着时光慢慢淡忘。但再次听见的时候,我们肯定会想起有过这么一个长相酷似大圣的球星,曾经在绿茵场留下极致的暴力美学。而这段传说的名字叫做:两点之间,贝尔最短。

第三篇

足坛大咖秀

# 瓜迪奥拉：撞南墙 7 年，撞出了康庄大道

在这个一失足就会招来全民嘲讽的足球世界里，过于执着的足球理念只能招致两种结果：要么成为承载球队的前进之水，要么变成娱乐大众的饭后谈资。

瓜迪奥拉便是如此。

他一直想要打造最完美的战术，证明自己的足球模式可以在不同的联赛繁衍复制，于是贡献了多次"试剂瓶爆炸"的瞬间。在被世人拿"整活儿"的名号群嘲了多年之后，2023 年 6 月 10 日，曼城在伊斯坦布尔战胜了国际米兰，捧起了队史第一座大耳朵杯（欧洲冠军奖杯）。

入主曼城七年间，瓜迪奥拉的试验田里究竟结出了什么新品种？

## 蓝月亮 1.0 版本：弃腰战术

自打从巴萨拿起教鞭，瓜迪奥拉这些年一直在追求对比赛的控制力。在他的调教下，无论巴萨、拜仁还是曼城，球队都能用传控和高位逼抢把球权牢牢固定在对方半场，导致大多数球队面对瓜帅的球队就是投降三连招：摆大巴、防不住、输了。

之所以能营造出这种效果，除了球员能力超强之外，瓜帅战术的奥秘就在于他能够在中前场迅速集结人手搞"团建"，并且利用局部的人数优势把对手打爆。所以，瓜帅这些年的试验田主要围绕的主题就是——如何使我家中前场多出一个人。

考虑到球员没有分身术，瓜迪奥拉只能从自己脑袋里往外扒拉人手。入主曼城的前三年，瓜帅的解决方案比较简单粗暴：启用单后腰战术，割了后腰补了前场。

单后腰的打法,让曼城拥有了安装双 CPU 的可能。在那套经典 4－3－3 体系中,萨内和斯特林两翼齐飞,德布劳内和大卫·席尔瓦双核突进,阿奎罗一锤定音。灵动而热闹的中前场,编织了一张无处不在的传球网络,也向英超展示了传控的威力。

当时的曼城,费尔南迪尼奥的战术作用有点儿类似于贝尔萨在利兹联给菲利普斯安排的角色。其实早在 2004 年,想在退役之后当教练的瓜迪奥拉听从了巴蒂斯图塔的建议,专门到阿根廷求教于贝尔萨。虽然贝尔萨和瓜帅的打法经过多年磨砺之后已经有了原生派和改良派的区别,但搁在一起你还是能发现二人出自"同一口官窑"。

然而,贝尔萨的利兹联可以主打"对捅,都不躲",曼城作为争冠球队就没法这么洒脱。1.0 版本的蓝月亮军团经常暴露两个问题:一是"裤腰太高露着腿",后场经常只剩下两个中卫和一个门将。二是后腰位置就剩一块布,防线着火根本补不过来。

有一段时间,瓜迪奥拉经常会让德布劳内回撤当半个后腰用,一边向前组织一边向后支棱。加上那时候的曼城防线并非顶级,导致他们每次对上拥有高效反抢和高效反击的球队,防线就会千疮百孔,一旦对手突破了曼城的高位逼抢,那防守就只能靠——"我赌你的枪里没有子弹"。

● 2016－2017 赛季欧冠 1/8 决赛,首回合亚亚·图雷单后腰,次回合费尔南迪尼奥单后腰,结果两回合被那支拥有姆巴佩、贝尔纳多·席尔瓦的摩纳哥灌了 6 个球。

● 2017－2018 赛季,曼城被利物浦跑碎了肺。首回合半小时就 0∶3 落后,迅速缴枪。

● 2018－2019 赛季,曼城又遇到了热刺,结果被高空轰炸和 VAR 砸死了。

是的,虽然这个时期曼城已经逐渐在联赛具有统治力,但他们和对手玩不了白刃战。每次在欧冠淘汰赛遇到拼刺刀的球队,就很容易因为局部自爆导致满盘皆输。

2019 年 5 月 19 日,孔帕尼宣布离开曼城,结束了自己 11 年的蓝月亮生涯。正是这次转会,逼迫瓜帅开始考虑新的变革。因为他发现——自己的单后腰战术已经玩不下去了。

## 蓝月亮2.0版本：无锋阵 & 边后腰

2019—2020赛季，曼城过得不容易。孔帕尼离开之后瓜帅原本想着用现有的中卫打一年，结果加西亚岁数尚小，斯通斯当不了大哥，拉波尔特受伤之后更是费尔南迪尼奥都被迫拉到了中卫的位置。总之，防线一直哭着喊着说我已经七零八落，谁来救我一下。在这种情况下，再拿后腰填前场已经不现实了。

那么，"如何使我家中前场多出一个人"，这一命题又该如何实现呢？瓜帅表示：没关系，我会变形。

方案1：无锋阵，用锋线球员补充中场。这种方法主打的是边锋的活用，斯特林、马赫雷斯、福登、费兰·托雷斯都被拿来当过单箭头。他们会在中锋和边锋位置游弋，这样一来原本的边锋就可以把自己塞进中场，进可中路参与组织，退可化身后腰或者帮着边后卫协防，贝尔纳多·席尔瓦当时就经常发挥这种"补肾"的功能。

方案2：边后腰，用防线球员补充后腰。其中一个边后卫内收变成中后卫，另一侧边后卫位置前提到中路，形成中路双后腰。津琴科和坎塞洛都充当过这种多面手的边后卫，而早在瓜帅执教拜仁的时候，拉菲尼亚和大卫·阿拉巴也扮演过类似的角色。由于这个边后卫没有套边下底的战术任务，从而缓解了单后腰的防守压力和横向移动距离的短板。

总之，既然后腰抽不出人手，那就在其他位置搞乾坤大挪移。两种方案有时候分别使用，有时候结合使用，都取得过不错的效果。

● 2019—2020赛季，伤病的影响加上战术的变化，阿奎罗的出场次数开始断崖式下跌，但曼城的进球数却比前一个赛季更多。

● 2020—2022两赛季，坎塞洛打出了6球15助攻的超级数据，一举跻身世界级边后卫。

如果说1.0版本采取的是纯数学方案，那么2.0版本主要利用的就是球员角色的变化。然而，这两种打法同样存在明显的问题。

方案1因为缺乏中锋，所以经常是组织进攻美如画，临门一脚烂如渣，最大的贡献就是把斯特林刷成了快乐足球的最高等级代言人，他每场例行搞气氛成为伊蒂哈德的保留节目。而方案2自带被打身后属性，因为从门迪到达尼洛、从津琴科到坎塞洛，都是典型的攻强守弱。他们的确能给球队边翼注入进攻火力，但同时防守水平却不敢恭维。防线本来应该是一套"杀毒软件"，但是他们在安装过程中竟然自带三个木马程序，这搁谁身上也受不了。

这一时期，也成为瓜迪奥拉整活儿的巅峰。其实，瓜迪奥拉并不是一到大赛就爱放飞自我，而是他深知自己球队的弱点，生怕自己的战术被对手看穿，所以脑子里会出现一个"对手如果这样，我该怎么应对"的任务列表，然后越想越不自信，最终决定设计一套出其不意的战术，预先把自己的假想敌各个击破。

2019－2020赛季欧冠1/4决赛（单回合制淘汰赛），瓜帅在对阵里昂的比赛里突然摆出了"五后卫＋双后腰阵型"——派出三中卫对里昂三杀器进行定点打击。边路让边翼卫协同保护，怕被高位逼抢，所以后卫线上得有个费尔南迪尼奥推进，再放上罗德里和京多安增加厚度。锋线人手就不够了，没关系，让热苏斯回撤拿球，德布劳内踢右锋。里昂没想到吧，瓜帅压根没用福登。

曼城vs.里昂整个上半场站位一直在变，曼城的常规站位是3－5－2，但在进攻的时候会让费尔南迪尼奥持球推进变阵2－2－4－2，也会在对方反击的时候让沃克收到右边中卫的位置变阵3－2－3－2，一度还变成过3－3－3－1、3－2－2－3、2－3－2－3、2－3－3－3……

因为战术或者意外而数次无法达到目标之后，你能体会到瓜帅的谨慎。2020－2021赛季，他用"无锋阵＋六中场"撑过整个淘汰赛，又在欧冠决赛的赛场上摆出了一套前无古人，后也难有来者的无腰阵……

押宝出其不意，诠释走火入魔。蓝月亮的2.0版本由于变形的复杂以及对于边后卫过高的单兵防守要求，经常会出现一种生物学里基因突变后得拧巴。

在经历了欧冠决赛变阵失败和被"玄学"皇马逆转淘汰之后，2022－2023赛季，瓜迪奥拉再次拿出了全新的战术：你从未见过的全新版本上线了。

## 蓝月亮3.0版本：魔人布欧 & 四大中卫

关于曼城最新使用的3－2－4－1阵型起源于何处，外界有两种通行说法。

一种说法是它来自查普曼大帝的WM阵型，是3－2－2－3的变形。另一种说法是它来自2004年中国的一部电视剧《巴哥正传》，片中巩汉林提到了3－2－4－1

阵型的设计,台词是:"你看我这个 3—2—4—1,首先说仨后卫,协同保护,是固若金汤;紧接着是两个防守型的后腰,分别断球,左右传接;再接着咱们来四个攻击性的前场,能上能下;最后就是这箭头了,让他前后游弋,伺机破门。"

是的,巩汉林的这套领先 20 年的战术,竟然真的让瓜迪奥拉实现了。2022—2023 赛季,瓜帅开辟了新的试验田:防线上安排四大中卫,然后按照需求去变型。操作方法很简单:

- 进攻中,一名中后卫前提,和罗德里组成双后腰,对中路攻防进行补强。
- 防守中,这名中后卫直接落位中后卫,边中卫直接拉过去当边后卫。

在曼城阵中,阿克和斯通斯都担起过变形金刚的重任,虽然他俩没有边后卫的速度,但好在这个新阵跑动路线短、见效快,不仅解决了单后腰累死罗德里的问题,而且四个中后卫的防线,也弥补了边后卫变后腰或者边中卫之后单兵防守能力上的不足。

你没看错,蓝月亮 3.0 版本,瓜帅的终极研究课题依然是"如何使我家中前场多出一个人"。只要实现了这一点,他就能在打"有锋阵"的前提下,还能安排上四个进攻中场。与 RB 莱比锡的比赛,是这套战术在欧冠上线的起点;与拜仁慕尼黑的较量,这套战术已经演练成熟;到了决战皇马,这套战术已经防不胜防。

于是,大家惊奇地发现,除了哈兰德突前之外,曼城的每个边都有两个人,贝尔纳多·席尔瓦和丁丁在右边,格拉利什和京多安在左边。组内分工明确:一个负责走边路,一个负责钻肋部。

如果对贝尔纳多·席尔瓦或者格拉利什包夹防守,丁丁和京多安就会轮转进禁区,还没人防守。如果对手后腰去补肋部,弧顶的罗德里和斯通斯就会排队打远射。如果对手中卫前顶帮忙,曼城边路"啪"的一脚传中……球在皇马平均只有一米八的防线头顶飞过,剧情直接就变成了哈兰德 vs. 库尔图瓦。

更重要的是,瓜迪奥拉也在改变自己。过去几个赛季,曼城最大的问题就是锋线效率,没有中锋能把球捣鼓进球门,所以伪锋、边锋们就在不断受苛责。这事儿就像是你骑车摔倒了,摸哪哪疼,去医院一检查,才发现其实是手骨折了。所以,瓜帅决定把手接上,他买来了哈兰德。

随着曼城的英超夺冠,哈兰德的蓝月亮处子季也交出了完整的联赛成绩单。单赛季 36 球的数据不仅碾压了凯恩、萨拉赫等金靴钉子户,也让英超 30 年以来的单赛季进球纪录作古。

法国名宿利扎拉祖在接受 Telefoot 采访时说："瓜迪奥拉终于使用中锋了,他不再做那些坑了自己的战术小调整。曼城有了一支标准的球队,一个不需要有太多调整的结构。你有理由相信,这是属于曼城和瓜迪奥拉的时代。"

随着曼城的欧冠夺魁,他们终于补上了队史缺少的大耳朵杯。但是瓜迪奥拉给蓝月亮带来的东西,不只是烧钱换冠军这么简单。

得益于他打造出来的战术体系和稳定战绩,大部分球员只要能够出场就有不错的数据,保持甚至提高自己的身价。2022－2023 赛季曼城看起来在转会市场花掉了 1.2 亿英镑,但从斯特林、热苏斯和津琴科等人身上就收回了绝大部分,最终只有 830 万英镑的净投入。

这个数字别说和 4.8 亿英镑的切尔西、2.03 亿英镑的曼联相比了,放在全英超也排在倒数第四,仅仅高于布莱顿、莱斯特城和埃弗顿。如果把统计区间放到瓜迪奥拉执教曼城以来,那么 10.74 亿英镑的转会支出减去 5.96 亿英镑的收入,净支出为 4.78 亿英镑。与转会支出差不多,但因为教练数次更迭、球员身价下跌的曼联相比,同期反而少花了 3.57 亿英镑。

一个稳定且能带来成绩的主教练,对于俱乐部就是有这么大的价值。虽然 3.0 版本的曼城,在观感上和此前两代大相径庭,但其内核是不变的。无论是哪个版本的曼城,瓜迪奥拉都为他打下了鲜明的瓜式烙印,辨识度极高。

我们赞美理想主义者,是因为他们不断地去转换角度、执着追求,只为了把自己最热爱的道路走通。虽然有一小撮和现实死磕的人最终都被现实磕死了,海子、梵高、茨威格都走上了绝路,但他们的坚持让这个世界多了一种全新的可能性。

一般的教练,整活儿失败之后就在群嘲中选择认命。但瓜迪奥拉没有,他就是要向世界证明:我的路,可以走得通。而这一切,终于在 2023 年 6 月 10 日凌晨开花结果。

瓜帅在曼城的战术变革,不仅让蓝月亮军团有了更多的可能,也给世界足坛带来了全新的玩法,虽然他对完美足球的追求有时候看起来甚至有些偏执,但正像凯鲁亚克在长篇小说《在路上》中写过的一样:"我要和生活再死磕几年。要么我毁灭,要么我铸就辉煌。""如果有一天,你发现我在平庸面前低了头。那么,请向我开炮。"这段话,也许就是对瓜迪奥拉执教理念最好的注解。

# 恩戈洛·坎特：世界足坛最低调的球员

请原谅用此标题给这篇文章命名，因为如果不把调门喊高一点儿，那你在人群中可能根本发现不了他。

当1998年法国队在自家土地上举起大力神杯时，一个不起眼的小黑豆正在巴黎街头的垃圾箱里翻找瓶瓶罐罐。当18岁的梅罗、姆巴佩、哈兰德等已经闪耀世界足坛时，同年龄段的他还在兼职超市收银员。

五年之后，这个小黑豆成了英超冠军；六年之后，他是英超官方最佳球员；七年之后，他是法国足球先生；八年之后，他代表法国队举起了世界杯。

时空交错闪回如历史大戏。"您好，这是找您的零钱。"……"你们把大力神杯给坎特，让他也举一下啊。"——这是恩戈洛·坎特的故事。

## 幸亏有足球

坎特的父亲在1980年从马里移民到法国，像那时候大部分的非洲移民一样，老坎特并没有什么像样的谋生手段。他养活全家的主要方法是捡垃圾，但这并不影响他一口气生了8个孩子。出生于一个多子又贫穷的家庭，小坎特7岁的时候就开始跟着父亲翻找垃圾桶。四年之后，当坎特11岁的时候，他的父亲去世了。

每一个励志故事都会有一个糟糕的开始。而坎特的故事，似乎比其他人更糟糕。如果按照励志故事的展开方式，下面应该是"幸亏有足球"，但坎特的这一部分，依旧是地狱难度。

坎特8岁时加入了法国足球第9级别一家名为JS叙雷讷的业余球队,但是直到他18岁也依然没有一家职业俱乐部肯接收他。于是,他只能在这家俱乐部里青训了十年……

即便是这家俱乐部的老员工,也没人记得小坎特究竟是哪年来到这里的。可能是1999年?或者是2000年?总之,坎特成了球队里一枚小小的活化石,虽然他已经表现得足够出色。

曾经在叙雷讷执教过坎特的教练托马斯说:"坎特16岁时,俱乐部的青训教练让我把他带到一线队,但我们通常只会把18岁以上的球员放到一线队,一开始我担心他在对抗中会吃亏,所以把他放在板凳上,但是几场比赛之后,坎特就成为常规的主力队员。"

叙雷讷俱乐部有这样一张照片。一群举杯欢庆的年轻人在照片中间欢呼雀跃,一个看上去很小的孩子安静地注视着大家。没错,他就是坎特,那座奖杯也是属于他的,那是他当选赛事最佳球员的奖杯,但庆祝的时候,他却表现得像个跟着大哥们蹭热度的万年冷板凳球员。他从小就是这样:安静、温和,能把任何一个队友都衬托为庆祝狂魔。

虽然一直在进步,但职业球员想从小树苗子长成参天大树要具备很多因素。叙雷讷俱乐部的教练回忆说:"在坎特十四五岁的时候,他被考察过很多次,其中就包括洛里昂、雷恩这样的法甲球队。"但这些考察都草草收场,之所以没人选择他,主要是因为两个原因。

(1)由于小时候的经历和父亲的早逝,坎特的性格过于安静,很多球探都不看好他能融入职业球队。

(2)虽然已经18岁了,但他的身材依然还像个小树苗。

2012—2013赛季,当比坎特小两岁的博格巴已经拿到欧洲金童奖时,法乙球队布洛涅俱乐部终于给坎特开出一份合同。然后,仅仅过了一个赛季,布洛涅就降入了法丙。这都是什么人间疾苦……

## 遮不住的光芒

由于担心自己没能力踢职业足球,坎特一直在坚持学业。来到布洛涅的第二年,他拿到了会计师资格证。从叙雷讷的兼职收银员到布洛涅的未来会计师,坎特的人生规划算是前进了一大步。同样进步的,还有他的球技。

坎特当时的教练说:"在训练中,我们经常会进行一些提高足球智商跟比赛阅读能力的训练,坎特在两到三周时间内就能融会贯通,有些球员可能一辈子也理解不了这些东西。"

坎特当时的预备队队友马克西姆·科林说:"有一天,我们安排了一次奔跑测试。每个人都必须达到自己的跑动极限,而坎特一个人就结束了这场测试。当所有人都停下来时,只有他还在绕着田径场一圈圈地奔跑。"

现如今,我们只能从队友的嘴里去勾勒当年坎特的身影,因为他实在是太低调了。在布洛涅效力期间,坎特每天骑着一辆摩托车去训练场,小摩托车一直带着他两年。直到2013年转会到法乙球队卡昂,他才在母亲的催促下买了一辆二手的雷诺梅甘娜。

即便已经在法乙站稳脚跟,但坎特一直不明白职业球员的光环到底是个什么玩意儿。据卡昂的工作人员回忆:"当记者们前往卡昂,第一次准备写一篇关于坎特的文章,以及电视台的工作人员第一次做他的专访的时候,坎特都会问记者:'为什么?为什么要做这些呢?'"

然而,即便如此把自己缩在壳里,坎特的光芒还是有点儿遮不住了。

- 2013—2014赛季,坎特成为卡昂的绝对主力,并且带领球队冲上法甲。
- 2014—2015赛季,坎特成为法甲的抢断王。

然后,中国贴吧的民间球探和莱斯特城的官方球探同时发现了他。

## 坎特对狐狸城有多重要?

就像网民们对民间球探的不屑一样,拉涅利也没对坎特抱啥希望。当时狐狸城的首席球探沃尔什回忆说:"当初为了说服拉涅利能同意签下坎特,我把口水都说干了。"

我们能够理解拉涅利的担心。"啥?1米69?就这小身板?""啥?我们这英超倒数第4的防守,你给我这么个后腰?""好吧好吧,买就买吧,反正也不贵。"

然后,"真香!"

- 2014—2015赛季,莱斯特城防守排在英超第16位。

● 2015—2016赛季,莱斯特城防守排在英超第2位。

如果你看过莱斯特城那个奇迹的赛季,就能感受到坎特的作用。他无处不在,从不黏球,迅速地抢下球,如果身边没人,就往前推进然后传球;如果有人,就很快地把球分出去,果断务实得像个机器。125次抢断和158次拦截让他获得了"新马克莱莱"的称号。2016年莱斯特城夺取联赛冠军后,狐狸城的助理教练开玩笑说:"我们踢3中场,喝水哥在中间,两边是坎特。"

坎特对莱斯特城有多重要?

2016—2017赛季坎特转会切尔西,莱斯特城的防守再次掉到了英超第14位。而莱斯特城给坎特选的继任者门迪,从身高、体重到肤色、国籍、惯用脚,都和坎特如出一辙,典型的"我对你要求不高,你只需要像你的前任就好"。

从帮助莱斯特城夺冠,再到帮助切尔西夺冠,坎特似乎没有什么变化。他还是一袭蓝衣,兢兢业业,开着一辆宝马mini,奔跑在足球场上的每一个角落。但是,世界对他的评价却变成了:"任何球队都想拥有一个坎特。"

## 蓝军生涯,达到高光

切尔西的坎特,我们大概可以这样形容。他有妙到毫巅的位置感,总是本能地感觉到危险的存在;他有用不完的能量,在下半场伤停补阶段依然还能冲刺跑;他有极强的战术理解能力,非常清楚自己每个时刻应该为球队做啥;他有极为精准的下脚时间和抢断技巧,鲜有红黄牌;他有巨大的覆盖面,被阿扎尔形容为"我正跟着一对双胞胎并肩作战"。

沃特福德队长迪尼谈到过在球场上与坎特交锋时的感受:"无论什么时候碰到切尔西,我都担心坎特会跑过来对我实施逼抢。在他跑过来之前,我就知道留给自己的时间已经不多了……事实上,即便有充足的时间来处理皮球,我还是担心他会跑过来,这导致我在场上做出的所有动作都很毛躁。"

当坎特在对阵斯旺西的比赛中用24秒时间完成了4次快速简洁的抢断时,我们已经认定——在防守方面,这伙计是个天才。

更可怕的是,坎特的另一项能力渐渐显露出来。他会学习、进步,会迅速领会教练的战术意图,在各种位置上尝试,开发新技能,永无止境。

在孔蒂手下，坎特开始转变自己纯防守的位置。他试着做个组织型后腰：寻找队友，推快攻节奏，给阿扎尔挡拆，让佩德罗的跑位不至于无功而返。偶尔自己一个变速变向，耐心地计算出队友的跑位，然后送出一脚传球。

在萨里手下，坎特被推到前腰和右边前卫的位置。他不断地去带球推进，边路突破，送出直塞和传中，尝试远射，甚至跑到禁区里争头球。他早已突破了马克莱莱的极限，上演着上一秒梅西、下一秒埃辛的好戏，不断地刷新着大家对"铁树开花"的认知。

在兰帕德手下，我们已经不会因为坎特进球而震惊，也习惯了他出现在任何一个进攻区域。虽然"坎特位置提前是不是浪费""透支坎特会不会造成过多伤病"的讨论从来没有停止过，但坎特自己却一直毫无怨言地听从教练安排，为球队无私地贡献出所有能量。说到底，这就是坎特的为人。

拉涅利曾经这样评价坎特："他永远不知疲惫，在训练场上我经常会提醒他：恩戈洛，你不用每球都冲过去拼命。恩戈洛就答应着，然后下一秒他又冲出去了。"

据《足球解密》报道：坎特拒绝了切尔西"在海外建立一家公司"来避税的建议，宁愿每年多交不菲的税款，也只想领一份正常的工资。

如果非要说坎特到英国之后有什么变化的话，他的座驾做了三次升级。第一次是初到莱斯特城，他把自己二手的雷诺梅甘娜换成了一辆二手宝马 mini；第二次是初到切尔西，他买了辆新的宝马 mini，并且把那辆二手的车运回了法国，用于自己回国后的出行；在切尔西拿到所有冠军之后，他终于把车换成一辆奔驰 SUV，《太阳报》震惊得甚至用小半个版面来报道坎特换车——其他的，坎特没改变过。

14 岁的时候，队友们会拿着他的 MVP 奖杯庆祝，把他晾在一边；27 岁的时候，队友们拖家带口地把大力神杯抱了个遍，恩宗齐才把奖杯抢过来说："你们也让坎特举一下奖杯啊。"

或许，另一件小事更说明问题。2018 年 9 月，切尔西客场对阵卡迪夫城。坎特原本准备比赛结束后直接回法国，但是因为错过了火车，所以他决定去当地的清真寺逛一逛。在那里，坎特遇到了一位他的球迷。这位球迷很热情，邀请坎特去家里做客。然后，坎特竟然答应了。在球迷家里，坎特和这位球迷一起吃饭、观看英超比赛的录像，并且和他的朋友们玩了几局 FIFA 游戏……这就是坎特。一位害羞、谦和，有礼貌，充满能量，没有任何黑点和负面新闻的职业球员。一千个人心中有一千个梅西，但是，人人都爱恩戈洛。

# 34岁的本泽马,终于看清了金球奖的模样

2015年1月16日,在对阵马竞的国王杯比赛之前,伯纳乌球场变成了一个展示荣耀的华丽舞台。舞台的中心属于四名刚刚斩获奖项的皇马球员,J罗获得了普斯卡什奖,克罗斯和拉莫斯入选了FIFA年度最佳阵容,而最为重磅的金球奖被抱在C罗的怀里。

四个人享受着来自整座球场的欢呼,本泽马站在球员们的最角落,也是鼓掌大军之中的一员。两个月后,他在接受拜因体育的采访时说:"金球奖仍然是我奋斗的目标,这事千真万确,我没有骗你。为了赢得这座奖杯,我得拿下更多冠军,或者进它个80球。"

当时的人们还觉得,这听起来几乎是个天方夜谭。然而2022年,34岁的本泽马真的也捧起了金球奖杯。这时距离他首次入选这个奖项的候选名单,已经过去了足足14个年头。有人说他走过了太多的弯路,但通往美好的旅程永远都不算长。

## "像罗纳尔多一样踢球"

本泽马出生在里昂郊外一个叫做布隆的地区,那里主要是阿尔及利亚移民的聚集地。这种地方治安和环境一般都不太好,所以本泽马的母亲本来很恼火足球把家里砸得乱糟糟,但还是同意把这个孩子送去当地街区俱乐部Bron Terraillon的青训营。混球场嘛,总比混街头好得多。

幸亏如此,本泽马的足球天分才没有被浪费。7岁时,他作为一个门将赢下了

队内全部三轮射门游戏,于是开始改打前锋;8岁时,他一个人承包了全队接近六成的进球,成为绝对主力和锋线核心;9岁时,他在一场与里昂U10少年队的比赛里梅开二度,场边的球探赛后直接敲响了俱乐部办公室的大门。

面对带走本泽马的请求,Bron Terraillon老板表示拒绝,因为他希望能得到一些来自大俱乐部的物资资助。不甘心的球探决定绕道而行,直接蹲守在球场外找到了本泽马的父亲,邀请他带孩子去参加里昂几个月后的公开试训。

事实证明,那位球探的眼光和坚持都是正确的。10岁的本泽马顺利通过了里昂的统招考核,走读四年后又搬进了俱乐部的青训宿舍。在集体生活的磨炼里,小本同学尊敬师长、团结队友,按时认真地完成给高级别青年队当球童的任务,是教练的得力助手和孩子们的好榜样,得到了一个"腼腆小胖子"的外号。

好吧,足球青训营里重要的肯定不是能收到多少小红花,而是能提高多少技艺水平。本泽马在这一点上还要更加出色,每往上走一个年龄段,进球率都能持续攀升。

16岁,他在一个赛季里打入38个进球,拿下青年赛事金靴,比银靴的数据多一倍。17岁,他升入里昂B队打法国第四级别联赛,只踢了两个多月就成为那个赛季的队内射手王。而他只踢了两个多月的原因是,很快又被保罗·勒冈破格招进了一线队。

按照里昂的传统,新球员要在全队面前介绍自己。面对着维尔托德、马卢达和阿比达尔等前辈球星,紧张的本泽马因为声音很小引起了一阵笑声。不过,谁也没想到这个看起来谦逊的少年突然涨红了脸,然后大声发出了这样的宣言:"别笑,我是来抢走你们位置的。"

说到做到。2005年1月,本泽马在与梅斯的比赛里替补登场完成职业生涯首秀,送出了1次助攻,而这只是一个开始。经过了两个赛季的蛰伏和循序渐进,他在2007—2008赛季全面爆发。伴随着卡鲁、马卢达和维尔托德的离开,本泽马拿到了10号球衣和主力中锋的地位。而这个20岁的年轻人以各项赛事31个进球回报了球队的信任,把法甲最佳射手和MVP全都抱回了家。

第二个赛季,本泽马的表现仍然惊艳,进球仍然超过20个。大半个欧洲足坛注意到了这个年轻人,有着极其细腻的球感、充满想象力的技术,明明是个中锋却非常喜欢"踩着单车"正面冲击。再加上他自己在采访时表示"偶像是罗纳尔多,从小就学着像他那样踢球",于是"白罗纳尔多"的外号不胫而走。

当然,人们同时也发现本泽马的一招一式虽然和罗纳尔多很像,但与大罗相比还是显得笨重了些。于是,法国媒体根据他擅长在左路突破、喜欢玩各种脚后跟和挑球过人,同时进球率还很高的特点,安排了两个新的评价:一个叫"亨利＋特雷泽盖",另一个叫"锋线上的齐达内",听起来好像更夸张了。

等到2009年,已经有三家豪门为了本泽马先后敲响了里昂的大门,他们分别是巴萨、曼联和皇马。首先接近签约的是巴萨,但当时的总监贝吉里斯坦觉得本泽马的性格有可能让他变成第二个阿内尔卡,最后关头选择了放弃。接着是曼联,但里昂主席奥拉斯对弗格森和曼联球员各种拉拢非常不满,咬定了3 500万英镑不议价。

我们很快就知道了奥拉斯为什么如此坚决,因为弗洛伦蒂诺重新回到了皇马,银河战舰二期的豪购清单里也有法甲头牌的位置。21岁的本泽马,就这样加盟了偶像效力过的皇马。

## "本泽猫"与"背锅侠"

那些从里昂时期就开始喜欢本泽马的法国球迷,对于他的皇马生涯和后续发展始终抱有非常复杂的情绪。一方面肯定他赢得了很多冠军也收获了巨大的成功,另一方面却觉得还是没有达到当初更加辉煌的预期。毕竟,身穿皇马球衣的本泽马很长一段时间并没有拿出里昂时期的统治力,反而变成了段子界的顶流明星。"本泽猫"和"背锅侠"不仅在中文网络长盛不衰,欧洲各国的球迷群体里也都有类似的表达。

而本泽马之所以变成这样,或许和他从小形成的双面性格有着很大的关系。他对于自己的足球技巧拥有着强烈的自信,不然也不敢在里昂对着一群老大哥说"我要来取代你",以及后来把自己与吉鲁比喻成"F1与卡丁车"。同时,他却由于从小胖乎乎被各种嘲讽而变得腼腆内向,失去了锋线巨星身上往往有的那种霸气与争强好胜。

效力皇马的十多年,有太多事情可以体现这些复杂的性格特质。本泽马曾经把来到马德里的第一年称为"人生最艰难"的一年,因为他不懂西班牙语,更不习惯一个庞大的世界绕着豪门转,同时这么大的俱乐部根本就不会绕着他转。"我没有资格在任何一场比赛里表现不好,甚至没资格传丢任何一个球,否则报纸上就到处都是批评。"

从发挥不佳到骂声不断再变得状态更糟,这样的本泽马在佩莱格里尼手下和穆里尼奥初期都竞争不过伊瓜因,直到阿根廷人受伤期间穆帅说出了那段著名的话:"你没有狗去陪着打猎,但是你有一只猫。那么你就只能带着猫一起去,毕竟聊胜于无。"

这里所说的猫,肯定不是在表扬他的灵活和优雅。这样的比喻深深刺痛了本泽马的心,于是他敲开了穆里尼奥办公室的门,激动地与穆帅争论了一个小时。许多年后,本泽马表示:"穆里尼奥那些话让我发生了改变,我知道他对我有多大的期待。"本泽马在训练场和健身房里更加卖力,接着便是2011—2012赛季的大爆发:32个进球+19个助攻。

然而本泽马却没办法通过自我激励,维持住这样的好状态。大爆发之后的第二年,他在2012—2013整个赛季的数据直接减半;2015—2016赛季有过27场西甲进24球的超高效率,接下来两年却逐级递减变成11球和5球。

就像这样,每当他通过一个赛季的进球数证明自己的实力之后,总给人一种心满意足然后看C罗进球的感觉。等到贝尔加盟组成BBC之后,他更是经常回撤中场把球交给威尔士人,然后溜入禁区,把带球冲击的活全都交给对方,哪怕那曾经是自己出道时的撒手锏。

莱因克尔当时是这么评价的:"本泽马被高估了,或者说被C罗的得分能力掩盖了他的不足。作为一名前锋,你必须保证自己的锐度。"像本泽马这样以球感和技术著称的球员,往往需要频繁的触球做动作来维持状态,可是如果你翻翻本泽马几个进球较少赛季的数据,就会发现包括传球、触球、个人控球率和带球推进距离等方方面面都在谷底。如果你再去找一找集锦,则还会发现那些"吐饼"的名场面也都发生在这样的时期。

与此同时,本泽马在比赛之外的事情也充分说明了这种双面性。说他放荡不羁吧,自打穆里尼奥的"本泽猫"理论出来之后,他就是皇马每天训练场最早来和最迟走的两个人之一,另一个叫C罗。C罗的身体状态这么多年都保持得极好,社交媒体上晒得最多的照片不是健身就是拔火罐。说本泽马爱岗敬业吧,音乐时尚名车等花哨爱好一个都不少,玩得还挺开。

场外的故事加上场内的波动,人们在本泽马表现不好时批评他,在全队表现不好时习惯性地继续批评他,从此得名"背锅侠"。

当然,本泽马背上这口锅也有相当一部分原因,是在为战术牺牲。用齐达内反击莱因克尔的话来说:"对我来说,本泽马是所有人里最好的。人们认为皇马9号要打进50~60个球。本泽马不会,但他能带来25个进球和30~40个助攻。"

本泽马自己也说过:"也许9号对于皇马的历史来说是顶级射手,但当我们有人能杀入禁区时,我肯定要离开那个地方,然后让他得分。我认为我是一名拥有10号灵魂的9号。如果我必须背身拿球为球队服务,那我愿意这么做。如果球队需要我抢点进更多的球,那也没问题。"与C罗共同为皇马效力的这些日子,他充分展现了自己的10号灵魂。而C罗离开之后,本泽马终于得到了证明对得起9号球衣的机会。他给出的答案,几乎比所有人预期的还要好。

## 他变得不一样了

之前的职业生涯里,本泽马从来没有连续两年联赛进球超过20个,在皇马的前8年加起来才做到了两次。而从2018—2019赛季开始,他在皇马的联赛进球分别是21、21、23、27和19,只有最后一个赛季没达到20,但那主要受限于只打了24场比赛。

这毫无疑问与C罗的离开有关系。本泽马自己也是这么说的:"我唯一能说的就是C罗的离开让我扮演了不同的角色。他一年能打进50或60个进球,是世界上最好的球员之一,我必须让自己去适应有他的比赛,也很高兴能站在他身边。"

那么,本泽马说的"不同的角色"究竟是什么意思呢?

起初两翼边锋表现不佳,他开始增加自己的跑动,来创造和利用更小的空间,从守转攻就开始不断观察,根据持球队友和防守者的位置进行大量的突然启动、假跑急停和步点调整,由此,带来了更多在接应传中时出现在绝佳位置的机会。

而巴尔韦德崛起之后,本泽马的活动区域从高度集中在左路转为更多去右路接应。他知道巴尔韦德拥有充足的体能和积极性,在无球冲身后方面比大部分边锋做得都更好。他也相信这个聪明的年轻人在空位接球之后能做出合理的处理。等到维尼修斯在左路点燃了自己的引擎，本泽马又增加了反击里和他的配合跑位，再转身前插寻找禁区里的抢点机会。

不仅如此，本泽马甚至连防守里的跑动都变得更加积极。很多人对他在2018年欧冠决赛逼抢卡里乌斯记忆犹新，但其实后来的本泽马，比当时还要增加了更多对门将和中卫出球线路的封锁，真正成为前场逼抢的第一道防线。

如果说本泽马一直都是全能型中锋的话，那么2018年之后他对于比赛的参与更是全方位的。当他不得不更加"勤快"之后，我们终于发现一个保持着细腻球感、充足自信，还能找回锐度的本泽马面对着球门是多么可怕。

2021年欧国联决赛之后，法国队主帅德尚做出了这样的评价："本泽马现在的效率令人惊讶，他不再是2015年时的那个样子了。他变得更加敏锐，也更加成熟。"这些变化源于踢法上的细节调整，更是心理上的巨大转变。他终于习惯扛着球队前进了。无论是豪门，还是世界杯冠军。

直到2021—2022赛季，本泽马收获了欧冠冠军和西甲冠军，拿下了这两项比赛的最佳射手，各项赛事打进了44粒进球，还送出了15次助攻。这些数据，和2015年初抱着金球奖的那个C罗已经相差无几了。

七年时间，足以耗光很多人的耐心，但本泽马为了那座金灿灿的奖杯坚持了下来。他不仅没有迷失于伯纳乌昔日震天的嘘声中，反倒是在曾经的国王离开之后，为皇马球迷挑起了那副沉重的担子，证明了自己也有能力站在足球殿堂的顶峰。

回忆起这些，本泽马说："之前看到C罗在伯纳乌展示金球奖的时候，我真的为他感到高兴。不过与此同时我也会想，总有一天我也要赢得它！"

他天生是个团队型球员，可以为了球队着眼于近处的灯火，但心里也怀揣着遥远的星河。直到34岁，从鼓掌者变成了接受掌声的那一个。内心深处，他仍然是那个只想踢球、不爱说话、略带一点自卑的本泽马。但要说到底哪里变得完全不一样了，他的回答是不会再怀疑自己。"这种情况越来越少了。每当我摇摆不定，我就会去回想起我的起步阶段。十三岁到十五岁时，我在里昂并不比现在过得更容易。但是，经历过的这些困难让我变得更强大，能让我很快坚定自己，迅速投入战斗。"

"我很高兴，让你们看见这样的本泽马。"

# 萨拉赫：法老的《出埃及记》

他是世界足坛的"当红炸子鸡"，也是埃及的全民偶像。他在英格兰和意大利的绿茵场上进进出出，然后在昙花一现的质疑声中修炼成了一朵老昙花。如今，他的足球生涯已经编入了埃及的教科书中。

穆罕默德·萨拉赫，一个从CCTV5走进CCTV1，又从CCTV1走进CCTV少儿频道的男人，下面是他的故事。

## 通勤9小时，充电240分钟

1992年6月15日，萨拉赫出生于埃及一个名为巴斯永的小镇。在"法老"还是个普通的小学生时，他便爱上了足球。儿时的萨拉赫，有着前锋的速度和技术，最喜欢的球星是司职中场的齐达内和托蒂，然后他沿着梦想和偶像的道路走向了球场，成为一名左边后卫。

是的，萨拉赫的母校至今还保留着他在少儿阶段踢左边后卫的珍贵视频。多年之后，萨拉赫在对阵波尔图时送出了教科书般的边后卫防守——大家都以为这是神来之笔，其实这是人家的初始化配置。

不过，任何一个利物浦传奇都不会埋没在边后卫的位置上。在一届由百事可乐组织的业余比赛中，萨拉赫的表现吸引了阿拉伯建筑队的球探，这家位于开罗的俱乐部很快向萨拉赫发出试训邀请。

得知这个消息，萨拉赫的家人很纠结，因为巴斯永是典型的城乡结合部，距离开罗有100多千米——就如同家住廊坊,每天往返北京上学,还没有高铁和地铁,只能挤公交。

然而,对足球的巨大热情让14岁的萨拉赫毫不犹豫地接受了这种生活。他每天早上7点到校上两节课,然后9点离校向首都奔赴。经过4个多小时车程、倒5趟公交车之后,萨拉赫可以勉强赶上阿拉伯建筑队下午两点的训练课,然后在6点训练结束后再花4个多小时回家……每天近9小时的通勤,承载着梦想的距离。这种日子萨拉赫坚持了3年,而且职业道路的发展也并不算顺利。

16岁那年,萨拉赫在一场比赛中作为左边后卫获得五次单挑对手的机会,但均告失败。赛后,觉得自己搞砸了比赛的萨拉赫痛哭流涕,而当时球队的主教练希什尼却从中发现了新的机会。他给萨拉赫提了个建议:"你这么爱突破,要不然直接改打前锋?"

一个爱暴走的边后卫身上总有无限的可能性,如果不试试,那么你永远都不知道他体内藏的是内科·威廉姆斯还是加雷斯·贝尔。在随后的赛季中,换了位置的萨拉赫开始大杀四方,一个赛季攻入37球,成为青年联赛的射手王。出色的表现让球队决定正式把他提拔上一线队,他也终于结束了自己每天的城乡一日游。

2010-2011赛季,萨拉赫开始在球队打上主力;2011-2012赛季,埃及足球超级联赛宣布暂停……因为埃及足坛爆发了有史以来最严重的球场伤亡事故——塞得港惨案,近20年国际足坛最血腥的一幕。

## 塞得港,许多人的命运在此转折

2012年2月1日,埃及人队坐镇主场塞得港体育场迎战埃超豪门阿赫利队。赛前,阿赫利球迷在对手主场打出了"塞得港没有男人"的侮辱性标语,埋下了火药的引线。

终场哨响,埃及人以3∶1战赢得了比赛,疯狂庆祝的主队球迷把整场的憋屈都发泄出来,开始和阿赫利球迷对殴。从小范围冲突到冲进球场,从赤膊上阵到抄起刀子,球场迅速陷入了失控状态……最终,大约1.3万名主队球迷冲入场内,袭击了阿赫利队球员和约1 200名客队球迷,导致至少77人死亡。

骚乱爆发的第二天,埃及总理卡迈勒·詹祖里要求埃及足协领导层引咎辞职,并且宣布2011—2012赛季的国内联赛就此暂停。事后,21名肇事球迷被判处死刑,塞得港球场的安保部主管萨马克和萨德被判处15年监禁。

一旦裹入了复杂的事件,足球就会显得渺小又无助。失去了联赛的球员们陷入了无球可踢的境地,临时拼凑的埃及足协只能想了个折中的办法:他们以国家队的名义征召球员,带着各年龄层的国家队到处踢友谊赛,帮助球员保持状态。

2012年3月,萨拉赫作为U23的一员到瑞士和巴塞尔踢了一场友谊赛。虽然他只踢了下半场,但却风驰电掣地攻入两球,帮助球队以4:3取得了胜利。

当时的巴塞尔刚刚以队史最高转会费卖了"球队大腿"沙奇里,正处于拿着钞票重金寻腿的当口上,萨拉赫的表现让巴塞尔主教练眼前一亮——"既然我们踢不过你,那我们就买下你。"

就这样,萨拉赫以一种意外的方式登陆欧洲。两年间,他共代表巴塞尔出场79次,打入20粒进球。从数学角度看,萨拉赫在巴塞尔也就是平均每4场进一球的效率,然而他偏偏具有在关键比赛突然封神的能力——2013—2014赛季的欧冠小组赛,巴塞尔双杀切尔西,萨拉赫两回合各打入一粒进球。其中,接队友法比安·舍尔长传之后狂奔40米所打进的那粒进球震惊了世界足坛。

与两年前的巴塞尔一样,当时切尔西刚刚在马塔头上插上草标,欧冠的比赛让他们紧急决定把马塔的转会拖延到冬窗最后一刻,只为完成萨拉赫的转会,让新老核心无缝衔接。至于签下萨拉赫的理由,当然也是——"既然我们踢不过你,那我们就买下你。"

## 英吉利到亚平宁的往返机票

在切尔西的一个赛季,萨拉赫并没有发挥出他的价值,原因主要有三点:

(1)他是作为马塔的替身买入的,自身技术属性和球队定位严重不符。

(2)切尔西前场并不缺锋线球员,边路有阿扎尔、威廉、许尔勒,中路有托雷斯、埃托奥、登巴巴,不是即插即用的就是功成名就的,谁都比萨拉赫大牌。

(3)萨拉赫还处于初级阶段,射门都是直接轰向角旗杆的。

总之,当时的切尔西实在没有给萨拉赫试错的空间,球迷们甚至还不知道他有多差,他就已然变成饮水机伴侣了。

加盟切尔西一年后,萨拉赫的英超数据上只挂着孤零零的一个进球。2015年2月3日,"不知道为啥水了"的他给"确定已经水了"的夸德拉多当添头,被切尔西租借到佛罗伦萨。我们都知道,蓝军在租赁行里属于业界良心那一批的,然后佛罗伦萨很快就惊异地发现,这次的赠品竟然比正品还好用。

在效力佛罗伦萨的半年时间里,萨拉赫在各项赛事出场26次,打进9球,送出4次助攻。其中,欧联赛16强次回合,罗马主场0:3被佛罗伦萨横扫,在那场比赛中萨拉赫送出一次助攻并且两次击中横梁,每一脚射门都敲在红狼的心上。

于是,本着"既然我们踢不过你,那我们就买下你"的萨拉赫专属交易法则,罗马在赛季结束后迅速与切尔西达成协议,500万欧元租借费+1 500万欧元买断费,把进阶的萨拉赫带到了罗马城。

在罗马的两个赛季中,萨拉赫送出了34球18助攻的惊艳表现,被哲科形容为"谦逊的好搭档Mo-Mo"。

如果你回看罗马时期萨拉赫的集锦,你总会觉得他的所有进球都是捡钱包——他所有的助攻都是因为前锋射术太好,他的高光多半源于警觉的跑位,他只是在神不知鬼不觉之间斜插反跑入禁区,再用速度吃掉最后一个后卫,然后当对手发现他时,他的面前就已经只剩下钱包了……所以,当时的萨拉赫可以这么形容:他顺足是梅西,逆足是梅东;跑位是梅西,射门是梅东;受伤前是梅西,受伤后是梅东;无对抗是梅西,有对抗是梅东……总之,他是个地处梅东梅西结合部的球员,我们可以称其为法老的中级阶段。

2017年夏窗,当这样的萨拉赫与利物浦产生绯闻时,红军球迷内心是拒绝的。一是因为此人是转会委员会看上的人,渣叔(主教练克洛普)心目中的"A计划"是布兰特;二是因为此人是贴着"水货"标签走的,重回英超也未必能适应对抗,而且只要和罗马谈生意,红军球迷脑子里就会浮现出一幅阿奎拉尼的巨幅画像……

即便转会委员会无视球迷的意见,想要说服克洛普也是不容易的,于是,转会委员决定放个大招。

## 红军和法老的天作之合

敲定萨拉赫之前,利物浦那很牛的数据分析团队对他进行了一次多角度的评测,然后转会委员会把分析结论有理有据地摆在克洛普面前。

(1)根据数据分析,萨拉赫对比赛的决定性被严重低估了。哪怕是在不尽如人意的切尔西时期,萨拉赫对胜负的影响均值也没有低于他在巴塞尔和罗马。他并不是"不适合英超",只是和当时的切尔西"八字不合"。

(2)根据模型比对,萨拉赫能和菲尔米诺组合出爆炸般的效果。因为菲尔米诺在中锋位置上能给边锋带来五大联赛最高的期望进球,而萨拉赫的对抗和射门数据能最大化地利用这点。

(3)罗马为了财政公平正在急着卖人平账,6月30日之前购买性价比极高。

(4)你要的布兰特,我们买不起。

听闻此言,克洛普还能说什么? 郎有情,妾有意,岳父家里正缺米,既然贫穷让我们相遇,那就赶紧送出4 200万欧元的嫁妆,尽快喜结连理。

2017年6月23日,经过极为短暂的谈判期,利物浦就官方宣布了萨拉赫加盟的消息。那时候红军球迷还不知道,球队刚刚以打破俱乐部转会纪录的价格签下的,是一台彻头彻尾的纪录粉碎机。

推开安菲尔德的大门,萨拉赫开始一步一步迈向法老的高级阶段。

2017—2018赛季,萨拉赫过得最是舒心。有库蒂尼奥顶着背伤奋力喂饼,有马内为了他放弃了右边路改打左边,再加上菲尔米诺的无私,萨拉赫只需要把他在罗马的原装技能拿出来用就能收获得盆满钵满。那个赛季,萨拉赫在各项赛事打进45球,送出14次助攻,以边锋之身打破了英超单赛季的进球纪录,除了被拉莫斯过肩摔这档子事儿之外,一切堪称完美。

2018—2019赛季,萨拉赫有了点儿小烦恼。对手开始给他梅罗级别的特殊照顾,这让他在完成转身、过人、射门动作的时候总是负重作业。马内保持的每个纪录前面都逐渐糊上了萨拉赫的名字,这让队友开始和他有了竞争意识,多次出现该传不传、不该射偏射的场景。虽然那个赛季萨拉赫努力地开发自己的背身能力,但他基本还是无球的大师、冲刺的领袖。数据下降之后,他以蝉联金靴之身背负起了昙花一现之名。

2019—2020赛季,萨拉赫开始开发新技能。他的速度在下降、跑位在提升,明明只有175cm的身高却在足球场上越来越像个支点,但也留下了和卢克·肖、洛迪对抗惨案。然而,他越是全面,球迷就越想把他推向传停带射十项全能和个人英雄主义的神坛，于是那个赛季他经常是一个人顶着自己和马内两个人的对抗压力，用梅西的身高干着吉鲁的活，身上背着本泽马的锅，球迷还质疑他为什么踢得不像罗本。

2020—2021赛季，有了欧冠和英超冠军之后，菲尔米诺开始变得"佛系"；下半赛季一场新冠之后，马内开始"裸泳"。三叉戟变成了红缨枪，再加上后场大面积的伤病，红军失去了范戴克连线萨拉赫这种简单模式，所以萨拉赫只能重新拾起当年的盘带功夫，并且在自己的武器库里增加了一只曾经天残的右脚。

于是，当2021—2022赛季法比尼奥斜传、范戴克长传、凯塔直传、亨德森横传又能连线到他时，我们才发现，萨拉赫已经在苦难的岁月里把自己鼓捣成了一名站桩型边锋、冲刺型中锋、左右脚精度平衡者、禁区边缘兜射靠谱型选手、给阿诺德干脏活委员会副委员长、德布劳内式大弧线直塞传人、脱衣秀腱子肉专家、小范围内随时能闪转腾挪过三五个人的巷战之王……一个前无古人、后也难有来者的克洛普专属混合型前锋，就此诞生。

2022—2023赛季，利物浦经历了换血的阵痛，马内在赛季之初转会拜仁慕尼黑，菲尔米诺在赛季末远赴沙特阿拉伯，红军的初代三叉戟正式解体，但萨拉赫依然在那个青黄不接的赛季送出了30个进球和16次助攻，独自扛着锋线的大旗。

2023—2024赛季，利物浦终于完成了2.0版的进化，索博斯洛伊、麦卡利斯特、格拉芬贝赫等青年才俊进驻中场，努涅斯、加克波、若塔、迪亚斯在三叉戟的两叉上竞争上岗……而萨拉赫，依然是那个纹丝不动的老昙花。

所以，利物浦这些年一直在忙着寻求在不打破工资结构的基础上和他续约的方式——比如，工资尽量再压低点儿，提高进球奖和助攻奖；比如，悄悄用签字费忠诚奖金之类的补回去，以及别告诉马内他们。

对于红军的这种抠抠索索，埃及国内有许多球迷都建议萨拉赫赶紧另攀高枝。这一点可以理解，因为对于埃及球迷来说，萨拉赫早已超越了一名普通球员的意义。

## 对于埃及来说，萨拉赫意味着很多

前文提到的塞得港惨案，正是当时埃及社会混乱的缩影。萨拉赫崛起的十年，是埃及人民经历绝望和挫败的十年，他在这个国家需要英雄的时候恰好出现，并且一直不断地用自己的品格和成就满足着人们对美好生活的向往。

他以一己之力,把埃及国家队带进了阔别 28 年的世界杯;他拒绝了埃及富豪送的别墅,把钱捐给了家乡的医院和水厂;每逢利物浦的比赛,连开罗的堵车概率都会大大下降;等等。

一个埃及球迷在接受采访时说:"作为一个埃及人,我无法向你们解释萨拉赫带给我们的感受。当整个国家分崩离析、面临无助时,是萨拉赫给长久苦难中的埃及人民带来了光明。"

2018 年 4 月,埃及的总统大选中,有 100 多万埃及选民把票投给了并没有参选的萨拉赫,这显然是给法老一个警告——如果你不好好踢球的话,就只能回埃及做总统了。所以,萨拉赫入选教科书并不是什么稀罕事儿,也许过不了几年,埃及老师就得跟学生们说:"写作文别用萨拉赫这种用烂了的事例。"

当然,埃及以外的球迷会给萨拉赫一个更客观的评价。回顾萨拉赫的红军岁月,有人说是利物浦的体系成全了他,有人说法老的进化和教练把他推到这个位置有关,也有人说萨拉赫的加盟在一定程度上牺牲了马内和菲尔米诺的部分攻击属性和开火权,但时至今日已经没有人再质疑他的能力。

因为对于利物浦球迷来说,萨拉赫就是法老一世、安菲尔德守护者、金靴收藏家……

过去十年,萨拉赫不断走入人群,从亚平宁到英吉利,即便脚下的纪录已经高耸得像座金字塔,他却仍然保持着十年前的那份谦逊。

不过,全世界的球迷都知道他已经变得和曾经大不一样。曾经的昙花,一年只有一现;现在的昙花,一现就是一年。

这出萨拉赫出演的《出埃及记》,仍在继续……

# 马内的进化史,从光着脚踢柚子开始

2020年1月8日,2019年度非洲足球先生正式揭晓。

在加冕仪式之后的例行采访中,主持人对新科足球先生说:"你马上就要夺得英超冠军了……"听到这话,新科足球先生马上暗搓搓地敲了两下座位把手。按照英国人的风俗,敲木头可以避免坏运气。

马内,果然名不虚传。

## 从家乡到达喀尔,是一场拉力赛

1992年4月10日,马内出生于塞内加尔南部一个叫巴姆巴里的小村庄。像许多非洲的小村庄一样,这里的孩子从小就与落后、贫穷、疾病相伴而生。

显然,马内就是这样的孩子。他家庭贫苦,7岁丧父,叔叔抚养他长大,家里还有7个兄弟姐妹,全家以务农为生。在这种情况下家人当然希望他能有个稳定的工作尽快贴补家用,而不是做什么不切实际的足球梦。

如果按照母亲的规划,马内的最高理想应该是成为一名乡村教师。然而,马内后来说:"在我看来,足球是我唯一能做得很出色的工作。"于是,穷小子马内开始自力更生。

他没钱买足球——"我和我的朋友们试着用葡萄柚练球。当葡萄柚还是不成熟的青色时,踢它是不会踢爆的。"

他也没钱买装备——"我们村里没人买得起一双球鞋,即使有买得起球鞋的小伙伴，他通常踢球时也不会穿，因为穿球鞋会伤害到其他光脚的小伙伴。"

但凭借着梦想激发出的无师自通能力，马内还是在要啥啥没有的情况下成长为巴姆巴里球王。后来，他选择了离家出走……

是的，由于家人一直反对他踢球，所以他在15岁那年打着赤脚、借了乘大巴车的钱、背着一个小包裹，瞒着家里一个人跑去首都达喀尔试训。要知道，马内他们村儿在塞内加尔属于偏远山区，想从这里到达首都达喀尔甚至需要穿越另一个国家冈比亚。可惜，这段历尽艰难的逃亡生涯也只维持了两星期，由于好友的"告密"，马内很快被家人从达喀尔抓了回来。

马内说，回到村里的那天是他人生中最糟糕的一天，那时的他甚至对自己的家庭充满了怨恨，并且扬言"你们如果不让我继续踢球，我就会继续跑出去"。为了安抚住这个爱踢球的熊孩子，家人和马内达成协议："一年之后，送你去踢球。"

一年后，叔叔帮马内凑出了学费，送他去了达喀尔的 AS Generation Foot 青训营——一座曾经培养出过帕皮斯·西塞和迪亚法·萨科的足球学校。在进入学校的第一次试训中，马内穿着一袭破衣服和一双用铁丝勉强补好的鞋，用这副行头上演了大四喜。就这样，马内成了学校里的重点培养对象。

两年后，AS Generation Foot 青训营的联谊学校梅斯青训营发现了马内。2011年1月，一名叫佩林的球探向马内发出邀请，给了他一张前往法国的机票。从塞内加尔到法国，马内用五年时间完成了一次反方向的达喀尔拉力赛。

## 法国的一小步，马内的一大步

我们看惯了"三月可出栏，三年过百万"的致富故事，总觉得一切是水到渠成的。但事实上，每段成功经历背后都会有无数的大挫折和小跟头。比如，马内到达法国之后的第一感受不是繁华和富庶，而是太冷了。

塞内加尔一月的平均气温是23摄氏度，而法国一月的平均气温是8摄氏度。很快，梅斯青训营中流传出这样一个故事：一个黑人小伙儿在自己的首次试训中，搓着手、跺着脚、吸溜着鼻涕，只在场上坚持了五分钟就被冻回了更衣室。更糟糕的是，在随后的首次青年队比赛中，马内并没有展现出球探报告上的任何优点——他失去了速度，爆发力一般，突破也不犀利，发掘他的佩林甚至怀疑自己带到法国的马内是个赝品。被早早换下场的马内在更衣室痛哭流涕,后来佩林询问才得知马内隐瞒了自己左侧内收肌的伤病。

"有伤你为什么不说?""我怕我说了就会被送回非洲。"的确,作为一个19岁才第一次到欧洲试训的"大龄青年",马内已经不年轻了。在接下来的半年里,马内唯一的工作就是养伤,每天从宿舍到理疗室,再到食堂的三点一线,没有家人,没有朋友,一个人面对前途叵测的未来。好在,当他摆脱伤病之后,球探报告上的一切都回来了。

2011年7月,梅斯俱乐部与马内签下了第一份职业合同。四个月后,《体坛周报》驻欧洲记者姜斯瀚去梅斯采访王楚的时候拍下了在中国流传甚广的照片:"鞠躬""拍照""寄给妈妈免费吗?"相信我,如果在足球界举办个《图说励志》栏目,这张照片一定榜上有名。

## 与奥超联赛和北京国安的千里姻缘

当然,励志故事总不会一帆风顺。事实上,马内在梅斯的第一个赛季(2011—2012赛季)并不算出色,他代表梅斯踢了19场法乙联赛,只打入1球,而且球队在赛季末还倒霉地降了级。好在,法国各级别联赛的看台上每天都活跃着无数球探,这些"足坛红娘"手中有无数资源,一有心仪的球员就马上动手保媒拉纤。于是,能吃能干的马内很快被红娘盯上了。

2012—2013赛季法国国家级比赛(第三级别联赛)开始三场后,财大气粗的奥地利劲旅萨尔茨堡红牛为马内开出了400万英镑的转会费。面对俱乐部历史第三高的转会身价,经济并不宽裕的梅斯毫不犹豫地决定把马内换成钱。

江湖传言,当时的萨尔茨堡红牛主帅早就看上马内了,只是为了等梅斯降级之后压价才拖了半年,没想到压价之后梅斯竟然还是卖得欢天喜地。而当时的萨尔茨堡红牛主帅,正是北京国安的前任主帅罗格·施密特。

就这样,施密特买到了心仪已久的马内,马内也不负众望地在加盟萨尔茨堡红牛的首个赛季就刷出了19个进球10助攻的惊人数据。2012—2013赛季结束后,马内因为自己的出色表现喜提托特纳姆热刺的邀请函,但在施密特的劝说下,马内决定再帮红牛刷一个赛季的成就。

于是，2013—2014赛季的萨尔茨堡红牛彻底爆发了。在北京国安前主帅罗格·施密特的带领下，马内与北京国安前外援索里亚诺和阿兰组成了恐怖的三叉戟，不仅提前五轮就夺得联赛冠军，而且球队凭借着33轮进105球的数据超过了维也纳快速，成为奥地利超级联赛历史上单赛季进球最多的俱乐部。红牛知道，50场比赛奉献23球18次助攻的马内，再也留不住了。这次，向马内抛出橄榄枝的是南安普顿（圣徒）。

## 从圣徒到利物浦，一条笔直的参军路

2014—2015赛季的夏窗，南安普顿3 750万欧元把卢克·肖卖给了曼联，2 023万欧元把钱伯斯卖给了阿森纳，6 180万欧元把拉拉纳、洛夫伦、兰伯特打包给了利物浦，再加上卖边缘球员的散碎银子，收入超过了1.2亿欧元。

大失血之后他们也拿出了些小钱去补充新鲜血液，花3 800万欧元买来了塔迪奇、佩莱和肖恩·朗，租来了阿尔德韦雷尔德和伯特兰，然后在转会截止的最后两小时用1 500万欧元压哨签下了马内。

那个赛季，南安普顿在夏窗净收入5 000万欧元，赛季末排名英超第七。对于这样的转会操作，就一个字：牛！

在加盟南安普顿的首个赛季中，马内打进了10个进球。这10个球中包括一个2分56秒的帽子戏法，对阵切尔西和阿森纳的破门得分，以及对阵水晶宫和QPR的终场绝杀，堪称含金量之王。

2015—2016赛季的马内的一些踢球套路被其他球队摸透，之前赛季的两张红牌也让他有些畏首畏尾。直到10月马内才迎来了第一次高光时刻——联赛杯1/4决赛，马内仅用39秒就敲开了利物浦的球门。然而在这次闪电射门之后，马内又蔫了。他陷入了长达五个月的进球荒，各种离奇的失误让他渐渐失去信心，"管饮水机"的时间越来越多。这时候，又是利物浦，带着满满的温暖而来。

2016年3月21日，南安普顿主场迎战利物浦。在上半场利物浦取得两球领先的情况下，下半时替补出场的马内独中两元，帮助球队完成了惊天逆转。

场边，刚刚接任利物浦主帅半年的克洛普陷入了沉思……

2013年，球探曾经向当时多特蒙德的主帅克洛普引荐马内，并且促成了二人的初次会面。克洛普回忆:"马内坐在那里,歪戴着棒球帽,头上那道金色条纹至今还在,就像个刚出道的说唱歌手。我当时想,这真是浪费我的时间。"

三年未见,沧海桑田。剥除那些最初的偏见,清冷的三月天,马内怀揣着利物浦防线赠送的温暖,听克洛普唱一曲"我这张旧船票还能否登上你的客船……"

2016 年 6 月初,已经和曼联非常接近的马内接到了克洛普的电话。6 月 28 日,利物浦送出了 3 400 万英镑的聘礼。马内说:"Yes,I do."成交!

### 好好的小伙子,咋就变得古怪了

曼联之所以在马内的争夺战中输给了利物浦,一是因为范加尔的忽悠能力不及克洛普,二是因为在当时看来 3 400 万英镑买马内是笔溢价的交易。

然而,马内很快就带来了让红军球迷永世难忘的处子秀:2016－2017 赛季利物浦首轮 4∶3 战胜阿森纳比赛中,一袭黑衣,一个黑将军,在枪手的地盘上,千里走单骑。

至今,知乎上"如何评价利物浦签下马内"这个问题下面仍然挂着许多当年嘲讽者留下的答案,但后来利物浦球迷自喜的答案更多,恨不能把这个问题和"刮到彩票是一种什么样的体验"直接相关。是的,利物浦赚到了。

加盟利物浦之初,我们觉得马内是这样的。他有弹簧般的爆发力和二次启动速度,开个电动车都能玩漂移;他在身体失去重心时的射门效率最高,进球率远远高于老老实实推单刀;他加入了菲尔米诺领衔的广场舞大军,虽然他刚开始总是最害羞的那个;他是克洛普手下的初代大腿,但还到不了能让其他球队惦记的高度。

2016－2017 赛季,马内的位置非常舒适。身边是擅长传球的库蒂尼奥和菲尔米诺,身后是擅长防守的克莱因,前面有人喂饼,后面有人专职干脏活,这几位还都非常无私,所以马内的全部才华都释放在了进攻端。

然而世界并不是一锤子买卖的静态世界,而是动态平衡风云更替的。库蒂尼奥因为背伤转会之后,马内觉得他作为宫里的老人儿应该承担更多的责任。所以 2017－2018 赛季他作为全班第一名,努力地帮助一个名叫萨拉赫的埃及转校生,不仅让出了自己的座位,还经常帮转校生辅导功课,然后一不小心把人家帮成了全年级第一。

2018—2019赛季,他开始和萨拉赫有了竞争意识,有时候萨拉赫问他题他说不会,然后经常悄咪咪地自己答题。期末考试,他和萨拉赫并列全年级第一。

2019—2020赛季,班内竞争更加明显,他甚至因为萨拉赫拒绝给他讲一道很简单的题而大发雷霆。直到班主任克洛普找他俩谈话:你们都已经保送清华、北大,现在重要的是全班的整体成绩。于是,他俩有一段时间互相辅导一些看上去很容易的功课……

毫无疑问,马内是个很讲兄弟义气的人。"到了我地头上我就罩着你",这一点从他后来帮助凯塔、投喂南野拓实、提携塞内加尔小老弟萨里中都能看出来。但一山不容二虎是竞技者的本能,所以当他和萨拉赫都开始向往金字塔尖时,竞争之心就在所难免了。

但是,你竞争对手的高度决定了你的高度。相比刚加盟利物浦,后来的马内打着边锋的位置,背着组织者的号码,干着补防的活儿,能送出大弧度的直塞球,偶尔耍点儿小性子:这球是传是射?哎呀,我看见萨拉赫了,但是我也好想进球,算了,他上次也没传给我……但是一旦利物浦陷入对手大巴、萨拉赫被困、菲尔米诺隐身、阿诺德开始瞎传的时候,利物浦就得指望马内——因为只有他,才能搞出些不知道怎么就钻过去了、传过去了、射出去了,这姿势竟然还进了的神奇操作。

具体点儿就是:他接过了利物浦的10号球衣;他开始尝试很多脑力劳动者才干的事儿,经常溜达到中路做个传球中转站;他停球失误之后处理球的那一下,堪称足球史上最牛的欲扬先抑;庆祝动作的查重率高达90%以上;全世界的豪门都想买他。

## 赤子之心

虽然后来马内在转会拜仁之后过得并不算顺利,但这并不影响他在足坛的影响力和赤子之心。

马内曾经说过:"我不需要10辆法拉利、20块钻石手表或者2架飞机,这些物品会对我和这个世界没太大用处。"于是,他给这个世界做了很多有用的事。

比如,他为塞内加尔的一座村庄建造了一所小学,并且是以匿名的方式进行。他的善举在此后一年才被媒体曝光,当被问及为何不将这样正面的事情公之于众时,他表示自己这么做并非为了出名。

比如，他给自己的家乡捐献了医院和体育场，为极度贫困的人们提供衣服、鞋子和食物。而他的碎屏手机用了很久，而且那手机还是维纳尔杜姆送的。

"虽然我可能是塞内加尔足球史上最受批评的球员。在我错失非洲杯上的点球后，疯狂的球迷袭击了我家的房子，毁坏了我叔叔的车。但我试着去理解他们，我从不怀疑自己所做的一切。"

"我从达喀尔的街头走来，这一路很艰辛，要知道并非所有的非洲孩子都有机会成为欧洲职业联赛的球员，这些记忆帮助我学会了永不放弃，走下去。你想要摆脱贫困和饥饿，就需要付出艰苦的努力，当机会出现时，你才能顺利把握住。"

听到这段采访时，我脑中出现的是马内 15 岁时的身影：瘦小、腼腆、孤单，在黑暗之极仰望光明，只等朝雾散尽，才敢一个人背离家乡前行……看了马内的故事，你相信梦想的力量吗？

我信了。

# "另类"前锋菲尔米诺

当提到罗伯托·菲尔米诺的时候,你眼前出现的也许是这番形象——乐呵呵,行走的喜剧人,防守型前锋,庆祝动作之集大成者。

如果你认可这种人物形象的话,那么把十几年前的菲尔米诺丢给你,你一定认不出他,因为那时候他还是个极度拘谨,不知道如何跟教练说话而被戏称为哑巴的男孩。

## 从腼腆到极致的足球少年

1991年10月2日,菲尔米诺出生在巴西的马塞约市。马塞约拥有迷人的海滩,星级酒店,但菲尔米诺却不幸投胎在这座城市的另一边——与贫民窟交界,与黑帮为伍,枪声和火并组成了这里绝大多数孩子的教育背景。

在这种窘迫的环境中,老菲尔米诺当然希望儿子能好好学习,走出贫民区,而不是子承父业,继续食不果腹。然而老菲尔米诺很快发现:比起读书,罗伯托这熊孩子更喜欢踢足球。

在巴西,街头足球意味着更多地和黑帮接触以及更多的危险。于是菲尔米诺的父母极力想让他待在家里,但这熊孩子还是靠着爬树、翻墙等技能一次又一次跑到街上,和那些比他大五六岁的孩子踢球。

凭借着比同龄孩子高一大截的足球技巧,菲尔米诺吸引到当地球队 CR 巴西俱乐部的注意。他13岁加入了该队的青训营,主要司职右后卫、中后卫和后腰。虽然这孩子腼腆又胆小，但他却展现出了一项和其他巴西球员完全不同的特质。

CR 巴西俱乐部的青训教练说："我训练过很多有天赋的孩子，但没有一个人像菲尔米诺这样具有奉献精神。"

可惜，这一点特质并不足以让俱乐部把他当成"金蛋"来培养，球队里认为菲尔米诺将来必成大器的只有球队的牙医马塞勒斯·波尔特拉。他对菲尔米诺说："听着，孩子，你将来会进巴西国家队的。""别怕，我来帮你。"

然而，在足球天才比椰子树还多的巴西，加盟一家优秀足球俱乐部的难度很大。是的，波尔特拉碰壁了。他自掏腰包，带着菲尔米诺，辗转了大半个巴西，到处试训，但却没有一家巴甲俱乐部肯给菲尔米诺一份合同。最终师徒二人只能选择离家3 000多千米远的弗洛利亚诺伯斯里城。在这里，菲尔米诺在试训中完成了两记倒挂金钩，看完之后，巴乙球队费古埃伦斯决定和他签约。

在这家俱乐部，菲尔米诺向前迈出了第一步：他从一个防守球员被改造为前腰。训练了一年之后，菲尔米诺又向前迈出了第二步：前往欧洲试训。

2009年，菲尔米诺接到了法国马赛队的试训邀请。但因为预先准备手续和文件不足，菲尔米诺在西班牙转机时被扣留。几个小时后，17岁的菲尔米诺被从西班牙遣返回国，他的首次欧洲试训就此画上句号。整个旅程非常简单，就是从巴西到马德里巴拉哈斯机场，然后又回到了巴西。

没法子，菲尔米诺年少时的胆怯一直是阻碍他进步的一大问题。费古埃伦斯的球探卢西亚诺·卢佩斯回忆说："俱乐部有人给我打电话，询问菲尔米诺是不是哑巴。我对菲尔米诺说：'你要开口说话，说自己要球。'他什么也没有说，就是对我笑了一下。"

好吧，直到这时菲尔米诺依然是个害羞到极点的少年。不过，这并不妨碍他在球场上的表现。在度过18岁生日不久之后，他进入了费古埃伦斯的一线队。2010—2011赛季，菲尔米诺出场38次，攻进8球，当选了那个赛季的巴乙最佳球员。

时至今日，菲尔米诺依然把牙医波尔特拉视为自己的第一个经纪人。只可惜，波尔特拉在口腔修复学方面的知识并不足以引领一个足球运动员走向更大的舞台。这时候，一个具有传奇色彩的德国男人出现了，他的名字叫普范内斯蒂尔。

## 从足球游戏中发掘的球星

如果你打开搜索引擎去查询普范内斯蒂尔的名字,那么你一定会惊讶于这个男人的传奇人生。他在新加坡坐过牢、在英国裸奔过、在新西兰偷过企鹅,职业生涯曾效力过 13 个国家的 25 支球队、在赛场上被医护人员宣布死亡三次而最终康复,是世界上第一个在国际足联六大赛区都踢过球的职业球员……

在浪遍全世界之后,普范内斯蒂尔成为霍芬海姆俱乐部的一名球探,然后在《足球经理》游戏中发现了菲尔米诺。

对于菲尔米诺的发掘过程,普范内斯蒂尔在接受采访时说:"我们当时用了很多分析工具,去获取球员数据。而我发现菲尔米诺是通过《足球经理》游戏,嘿,我不是第一个通过这款游戏寻找球员的球探。"

"为了得到罗伯托,我们花了差不多 350 万英镑。用这笔钱仅仅买了一个来自巴西第二级别联赛的孩子,需要评估他的心理承受力,观察他的性格,物色到最后都是要依靠球探的双眼。事实上,我是挖掘了五六名球员之后,才挑选了罗伯托。"好了,剩下的采访内容我们就不翻译了,核心要义就是"我真的很牛"。

不管怎么说,这位传奇球探总算帮助菲尔米诺实现了他的欧洲踢球梦。在霍芬海姆的日子里,德国足球的严谨氛围和科学训练让菲尔米诺获得全面的成长,从球技到能力,再到性格。他开始尝试中锋的位置,并且在前腰位置上送出了更多的助攻;他适应了德国寒冷的冬天,这为他后来适应更冷的英超打下了基础;他开始强化自己的身体机能,增加了更大范围的无球跑动,不再畏惧身体对抗。在因为几次训练迟到被赶出一线队之后,他收敛了身上的最后一丝不自律,表现得越来越像个德国人。

然后,他遇到了巴西模特拉里萨·佩雷拉,并且很快与她情定终身。

当一个乡下来的孩子适应了几万人的欢呼,当一个踢球技巧独树一帜的球员遇到了欣赏他的教练,当一个腼腆的小伙儿遇到了心爱的女孩,当这一切元素在德国的土地上集结完毕时,霍芬海姆(戏称为"霍村")球迷惊异地发现:菲尔米诺体内深藏的那个喜剧人,爆炸了。在霍芬海姆的 4 个半赛季里,菲尔米诺一共出场 151 次,打入 47 球,送出 31 次助攻。同时,还因为脱衣庆祝吃到 6 张黄牌,在五大联赛脱衣榜上高居榜首。

这种高光表现，实在让菲尔米诺很难继续隐藏在霍村了。于是，他进入了利物浦的视野。

## 从霍村到利村

其实，在菲尔米诺 17 岁的时候，利物浦就开始观察他的成长。当时担任利物浦首席南美球探的费尔南多·特罗亚尼对他的评语是"瘦削和有技术，但在踢球上仍需要指导。"看了这评语，利物浦在钱袋子上做了个小标记。

随着菲尔米诺加盟霍芬海姆，特罗亚尼的笔记被转交到利物浦在德国的球探安迪·萨尔手上，他负责监察南美球员在欧洲球队踢球的适应情况。新的球探笔记表明"他既能声东击西，也能逼抢偷球，还能后撤协防。"看了这评语，利物浦决定把菲尔米诺扔进购物车。

由于当时罗杰斯正忙着满世界找苏亚雷斯的替补，再加上 2015 年 5 月英国放宽了申请工作证的条件，菲尔米诺的转会很快完成。

2015 年 6 月 24 日，利物浦官方宣布：菲尔米诺正式"参军"。

在经历了罗杰斯时代的迷茫之后，他等来克洛普——一个将他彻底定位于盾锋，从不考虑他的进球效率的伯乐。

2016－2017 赛季，他场均 1.74 次抢断，一点儿也没辜负儿时的后卫功夫；2017－2018 赛季，他顶着中锋的帽子送出了全队最多的威胁球；2018－2019 赛季，他已经彻底放飞自我，演绎各种庆祝动作，成了"辣眼"系列集大成者，哪怕没人和他一起，他的进球庆祝也能演一集。后来，马内的模仿秀成为那段时间安菲尔德的保留节目。

显然，克洛普口中的这位"重要的前场连接人、门前终结者、斗士和第一守卫"，在利物浦开创了一种属于他自己的中锋踢法。大概描述下来就是，中锋不以进球为己任，反以防守为光荣，觉得能给队友送助攻比自己进球还牛，人生最大的乐子是射门之前不看球门。描述完之后，你觉得这个前锋还有救？是的，这就是利物浦的菲尔米诺，人见人爱。看到萨拉赫和马内闹别扭，他一定是调和矛盾的那一个。来，给你助攻一个，来，再给他助攻一个，你俩都别生气了。而他自己从不争功，只是在庆祝领域自顾自嗨着。即便最后两个赛季战术地位下降，他也毫无怨言，从板凳席站起来，送出了 22 球 10 助攻的数据。

他在为周围的人带来快乐的同时，也对自己走过的每一步都抱着感恩之情。他多次回到家乡马塞约，为自己的母校带去了玩具，为当地的贫困家庭捐赠食物，每个月都在为圣卡塔琳娜州的医院捐款，这是他的母队费古埃伦斯俱乐部所在地。

在菲尔米诺的故乡，几乎每个认识他的人都能讲述一段关于他的慷慨故事。回忆自己被马德里机场遣返的往事，菲尔米诺说："你需要看到事情积极的一面，只有这样才能不断成长。"

至今，他依然记得自己读小学时的校训："从必要的事情做起，然后做些力所能及的事情，突然间，你就在做不可能的事情了。"

这就是菲尔米诺的故事。他从贫民区走来，经历了腼腆的少年时代，在霍村和利村放飞自我，虽然靠着后天努力不断"喜剧人"化，却依然保持着谦逊和无私的品质。他知道安菲尔德的舞台总共就那么大，不可能让每个人都挤上去翩翩起舞。所以他回撤防守，甘当盾锋，让出 C 位，投喂队友，成为三叉戟中最重要的黏合剂，只在球队走投无路时才挺身而出，于是便有了"顺境萨拉赫，逆境马内，绝境菲尔米诺"的说法。

八年时间，他跟着红军一路崛起，攀上顶峰，经历换代，落入新老交替的阵痛，给努涅斯让位，给加克波让位，看着时代洪流滚滚而逝，他依然微笑，依然快乐，每一次出场都让他心怀感念、余味无穷。然后，在 2023 年"520"这天，他为安菲尔德献上自己的最后一份爱意。听到全场的菲尔米诺之歌，他终于收起笑意，泪流满面。

虽然人聚人散在所难免，但对于菲尔米诺，利物浦实在说不出再见。因为他开创了前无古人，后也难有来者的中锋踢法，拥有安菲尔德最好听的个人单曲，是最能体现红军团结、纪律、无私、不屈、快乐精神的球员。

八年时间一闪而过，回首一望安菲尔德，里面有无数的是非成败和时代巨变，但他，从没改变过——永远逍遥自在，乐乐呵呵。

# 乔丹·亨德森:"最差队长"的英雄之路

在乔丹·亨德森效力利物浦的12年里,我们一直无法为他唱出一首准确的赞歌。他不是最好的长传手,防守位置感一般,热爱横传回传,场均跑动距离远低于刚出道那几年。

然而,这位曾被称为红军史上最差队长的家伙,却最终以自己铁血和努力撑起了球队的脊梁,成长为利物浦一个辉煌时代的奠基者和见证人。

### 从黑猫到利物浦,优秀的成才路

亨德森也曾是个"当红炸子鸡"。他7岁加入桑德兰青训,经历过黑猫的各级别青年队,18岁就第一次代表桑德兰一线队出战,然后就连续拿了两个赛季的队内最佳球员。2010—2011赛季,亨德森接过了黑猫的10号球衣,并且在20岁4个月零27天的时候首次入选英格兰国家队。

说到这里,你可能已经能够体会到亨德森的优秀。因为英格兰其他大咖首次达成国家队成就时:贝克汉姆21岁,凯恩22岁,麦迪逊23岁。即便是年少成名的杰拉德,首次身披三狮战袍也仅比亨德森小7个月。

有了国脚光环之后,各路豪门纷纷向亨德森投来了目光和钞票。然后,"作为一个曼联球迷的亨德森,选择加盟利物浦"等,这句话的信息量有点儿大啊。

是的,亨德森小时候一直是个忠实的曼联球迷,他三岁时和吉格斯的合影至今还摆在他父母家,据他自己回忆说:"当我第一次跟吉格斯交锋的时候,我甚至没有勇气跟他说话。"事实上，当时曼联也看中了亨德森。之所以最终没去梦剧场，一是因为爵爷觉得亨德森的跑步姿势会带来伤病的隐患，二是因为利物浦出价比曼联高700万英镑。

就这样，金钱把他带到了安菲尔德。然后，国王达格利什又扭曲了他的位置，习惯了前腰的他被摆在右前卫上虚度时光。要知道，在2011—2012赛季的夏窗，亨德森的转会费和当时连续4个赛季拿下"10助攻+10进球"的阿什利·杨差不多，而亨德森的表现……反正，球队总经理科莫利在完成这笔交易十个月后就丢掉了饭碗。

后来，科莫利在采访时说："亨德森是我被炒鱿鱼的一个主要原因。我被解雇的那天，俱乐部告诉我在亨德森身上犯了错，买他完全是浪费钱。"

更糟糕的是，罗杰斯很快代替了达格利什的位置。2011—2012赛季，罗杰斯带领的斯旺西控球率为58%，列英超第三，传球成功率为83.5%，英超第一。所以，罗杰斯想要打造一支控球率、传球成功率、反击速度超高的球队，而亨德森的特点是无脚法、无灵性、无速度……

"那么，你想成为代金券吗？"2012年8月，罗杰斯正式执教利物浦刚满三个月，他把亨德森叫到办公室对他说："听着，有人报价买你，你考虑一下离队。"当时给亨德森报价的是富勒姆，而罗杰斯恰好看上了富勒姆家的邓普西，想拿亨德森去换。

亨德森后来回忆说，"我回到自己的房间，流下了眼泪，非常伤心。那晚我把这件事告诉了我的经纪人，我说我不想走，我想要留下为自己的未来努力，并且证明教练是错的。"

## 军中才俊到最弱队长

所谓"有志者事竟成"，两年之后的9月17日，罗杰斯宣布亨德森接替已经离队的丹尼尔·阿格，成为利物浦球队新一任的副队长。这两年间，发生了什么？

按照亨德森自己的描述："我低下头苦干，我知道我不会得到太多的出场时间，但我仍旧充满信念，一直努力训练，积累我的经验，不断加练。"

按照球迷们的描述：他不是发牌器，不是推进器，不是纯防守后腰，不是六边形战士，但他是个现象级的铁肺。

2012—2013赛季后半段,亨德森开始大量获得机会,并且在2013—2014赛季坐稳了主力位置。那个赛季的利物浦,苏亚雷斯、斯特林、斯图里奇组成的"3S"组合突前,库蒂尼奥身后喂饼,杰拉德在后腰"转移球+远程发炮",四个不会防守的和一个兼职防守的球员让整个中前场充满了空间,所以球队需要亨德森去覆盖剩下的空间。

虽然这是亨德森跑得最累的一个赛季,但也是亨德森吃团队红利最多的赛季。因为利物浦的前场进攻压根不用他操心,长传调度有杰拉德,直塞有库蒂尼奥,极限冲刺有斯特林,进球有苏亚雷斯和斯图里奇。在这种情况下,他只负责安全地把球交给队友就行了,最后赛季总结,亨德森的账本上竟然写着5球6助攻的数据。利物浦球迷觉得,这简直就是买房子送家具了。

时至今日,在利物浦球迷心里仍然对2013—2014赛季的亚军存有两个心结:一个是杰拉德的滑倒,另一个是亨德森的红牌。当年亨德森在球迷心中的位置,可见一斑。

但是,这位置的代价是:(1)在两年的时间里,他长高了4厘米,吃胖了5千克,以此来增加身体对抗。(2)他身体柔韧性急剧下滑,触球的感觉变得僵硬,带球能力也随着位置的后撤有所弱化。(3)他开始习惯于传安全球,毕竟老队长的回传已经够糟的了。

于是,他变成了一个完全的体系型球员。那么问题来了,当一个体系型球员失去他所赖以生存的体系时,该怎么办?

2014年苏亚雷斯走了,2015年杰拉德和斯特林也走了……的确,亨德森是个合格的小弟,当队长的袖标落在了他的手臂上,球迷们才发现,他似乎承担不了这么多。

2014—2015赛季的7球14助攻的数据,为亨德森赢得了一份五年的续约合同,也成为他吃的最后一口团队红利。

然后,罗杰斯最高光的体系崩塌,仿佛在一瞬间,亨德森就成为前朝遗老、高价低能的代名词。在他身上,只留下了一个"利物浦10轮积11分、排12名、进13球、丢15球,'14'隐身了"的段子。

在这里,我们必须重新回顾一下亨德森这个曼联球迷没能加盟曼联的原因。

弗格森在自传中提到:"亨德森的跑步姿势是我见过最怪异的,我们观察了他很长一段时间,这个小伙子跑步时总是背部十分笔直,然后用膝盖强行带动自己的脚步,你知道。现代球员都是通过臀部带动向前奔跑的,这是一种本能特点,所以我们认为这可能会给他以后的职业生涯带来一些问题。就这样,他去了利物浦,而没有来到曼联。"

事实证明,爵爷真的很有远见。超负荷压力的长期作用;过度训练对跟骨的损伤;足底筋膜的不正常拉力;行走时姿势的着力不当……亨德森基本占全了。

如果非说有第五个原因的话,大概是利物浦的队长袖标太沉重了。亨德森在他接任红军队长的第二场联赛就受伤下场,而且一歇就歇了四个月。他的确向罗杰斯证明了自己,但等他伤愈归队时,教练的位置上已经换成了克洛普。

## 武器库,唤醒中

亨德森在克洛普到来的初期踢得有多挣扎?和埃姆雷·詹相比,他的推进和硬度都不够;和米尔纳相比,他们俩的位置和特点有些重合;和维纳尔杜姆相比,他的小技术不够出色;他和拉拉纳同时首发会有一些效果加成,但他队友的续航能力有时候还不如斯图里奇……更可怕的是,伤病频繁使他已经无法像当年那样一个人覆盖大半个中场了——好吧,失去了这个,他还剩什么?

这一次,没有什么团队红利了。相反,随着球队的慢慢成熟,随着身边的人一个个成长为巨星,这位红军队长被队友们衬托得越发寒碜。连红军球迷自己都觉得:"他大概是这支利物浦最弱的一环吧。""要不,趁着还能值几个钱,插上草标?"但克洛普说:"我不卖。"

在克洛普手下,亨德森的位置开始发生了一些微妙的变化:(1)2016-2017赛季,克洛普开始让亨德森站在两个中卫之间出球。一是让他去弥补中卫线的传球技术,二是尽可能地让他在无压迫的状态下出球。(2)2017-2018赛季,维纳尔杜姆的润滑和菲尔米诺的回撤让亨德森安心呆在了6号位上,并且开始更多地负责长传分边,因为边路重器阿诺德和罗伯逊已经进入调试阶段。(3)2018-2019赛季,当他身后有了范戴克、身边有了法比尼奥的时候,他找到克洛普说:"我想往前跑跑了。"

"中场中路"的位置历来是利物浦的香饽饽,当年米尔纳和张伯伦都是被这张空头支票忽悠来的。你一个"三无中场"能干啥？听了这话之后，克洛普皱着眉头把他放在更靠前的位置上。几场比赛之后，克洛普表示："一直让亨德森打后腰，是我的错。"

是的，亨德森终于再一次站到了一个合适他的体系中。他的身边有法比尼奥蹲坑，后面有范戴克坐镇，再后面有阿里森守门，身前有马内和萨拉赫撒丫子奔跑，两翼有阿诺德和罗伯逊等待他的长传，他成为进攻线上最不被对手关注的X因素，在防守上甚至只需要帮阿诺德收拾好残局就是大功一件。于是，他儿时修炼的那些直塞、后插上、传中的前腰功夫，又都醒过来了。

莱因克尔说，亨德森可能是英超历史上最被低估的球员。克洛普说，如果有人还看不到亨德森的能力，那我实在无话可说。后来，他迎来了人生中最难忘的一场比赛——利物浦欧冠主场面对巴萨。首回合挂着0:3惨败的大比分，次回合面临多个队友的缺阵，这种情况下，亨德森拖着伤腿，打了止疼针和封闭，终于站在了山呼海啸的球场上……

90分钟后，安菲尔德奇迹诞生。亨德森射门、奥里吉捡到钱包，维纳尔杜姆梅开二度，然后角球怪才阿诺德一席长缨缚住苍龙，最终利物浦以4:0的比分实现了神奇的逆转。终场哨声响起后，亨德森瘫软在边线外，这个曾经瞪退迭戈·科斯塔的血性汉子，哭得一塌糊涂。

三周之后，他带队赢下了欧冠决赛。他登上领奖台，接过大耳朵杯，小碎步旋转，双手高举，以独特的姿势，顶天立地。

著名的坏小子乔伊·巴顿说："在做自己的时候，亨德森表现很好，要比他努力成为杰拉德克隆体的时候好得多。"

是的，在足球世界，接班杰拉德可能是最难的工作之一，但当亨德森认识到自己永远也成为不了杰拉德的时候，世界看到了真正的亨德森。

直到现在，你仍然可以说亨德森只是吃到了大盘飘红的福利，虽然他已经拿下了英格兰年度最佳男足球员、英格兰足球记者协会赛季最佳球员等多个奖项，还获得了大英帝国员佐勋章。

492场比赛、33个进球、61次助攻，赢下包括欧冠和英超在内的8个冠军奖杯。从军十二年，亨德森从来就不是一个超级英雄。然而，这也是一个世界足坛顶级绿叶的故事，更是一个无愧于红军队长之名的故事。

# 乔·哈特：有这么多踢球的机会，我已经很幸运了

他是蓝月亮荣耀的代名词之一，是见证曼城崛起的"活历史"。在 12 年的时间里，他跟随球队经历了从保级到雄霸英超的完整历程，即便因为战术变更而离开球队，曼城依然将他的画像放置在足球学院入口，那是一片专门为守门员预留的特定区域。

他就是乔·哈特。

有人说他有"世界波属性"，有人说他本应有更加伟大的生涯，但哈特却说："我的人生拥有很多踢球的机会，这已经非常幸运了。"

## 当运动天赋遇到足球

1987 年 4 月，乔·哈特出生在英格兰小镇什鲁斯伯里。从小，哈特就在运动方面表现出各种天赋异禀，足球、网球、板球、曲棍球棒样样精通，技能点还分配得特别均匀。

少年时代，他随什鲁斯伯里板球队拿到了 U13 和 U15 级别的全国冠军，同时还在为校队、社区队、业余足球队踢球，有时候踢前锋，有时候踢中场，有时候守门，堪称全面发展。后来哈特的一个小伙伴说："乔，既然你喜欢把自己身上弄得脏兮兮的，喜欢在泥地里滚来滚去，你应该当门将。"

这位预言家名叫罗伯特·福斯特，至今仍然是哈特最好的朋友。是他，无意中为哈特找到了汇聚运动才能的最佳位置——门将，一个能用手、能用脚、能传球、能飞扑的角色，完美地平衡了一个运动天才的各项技能。

15岁时,有两份职业邀请函摆在哈特面前——一份来自伍斯特板球俱乐部,另一份来自什鲁斯伯里足球俱乐部。对哈特来说,板球还是足球,这不是个问题。因为在他眼里:足球才是唯一真正的体育运动。

于是,什鲁斯伯里,英乙联赛,便成了哈特的起点。年少与热爱,是人生最好的催化剂,在故乡的绿茵场上,哈特快乐地生长发育。2004年4月19日那天是哈特17岁的生日,时任什鲁斯伯里主帅加里·彼得斯送给哈特一份大礼:"嘿,孩子,你今天将为球队首发。"哈特回忆说:"能在17岁就代表自己家乡的俱乐部首次登场,那种感觉真的无与伦比,那对我意味着一切,也是我一直在追求、一直在盼望的。"

只要获得机会,金子就能发光。很快,英格兰第四级别联赛就藏不住这个天才了。2005－2006赛季,19岁的哈特入选英乙PFA年度最佳阵容。时任曼城守门员教练的蒂姆·弗劳尔斯闻风而来,他在什鲁斯伯里训练场上观察了一堂课,然后对哈特说:"你以后可以在国家队进百场俱乐部。"

未来是星辰大海,蓝月亮是理想的港湾。2006年5月23日,哈特以60万英镑的身价转会曼城。

## 板凳到主力,乔·哈特升职记

说起来,当门将挺苦的。别的位置3射中1就是成功,但门将1次失误就是失败。也许,比门将更苦的只有替补门将——只要主力门将没有大伤病、大失误,替补门将多半就只能当个饮水机伴侣。

哈特在曼城的开局,就是这样的难度。初来乍到,排在他前面的有一号门将伊萨克森、二号门将尼奇·韦弗,他甚至不是当然的三号门将,因为和他竞争的还有红魔名将之后、蓝月亮根正苗红的小舒梅切尔。

于是,2007年1月,哈特被外租去了英甲球队特兰米尔;三个月后,英甲的布莱克浦三个门将齐刷刷受伤,曼城又把哈特派去救火。正是在那里的出色表现,才让哈特得以在新赛季留在了曼城。

2007－2008赛季,瑞典人埃里克森接手曼城帅位。原本他的首选门将是伊萨克森,但是他的瑞典老乡伤势未愈;然后他又把主力手套交给了小舒梅切尔,结果在对阵富勒姆的比赛里,小舒连丢两个高球失去了信任。

在主力门将大伤病、大失误之后，三门哈特成功上位。在联赛第 12 轮对阵桑德兰的比赛中，入场式里留下了这样一段经典画面：前面向我们走来的是 20 岁的乔·哈特，后面向我们走来的是 30 岁的"中国太阳"孙继海，中间夹着个 7 岁的小球童，他的名字叫菲尔·福登……曼城跨越三个时代的三名球员，就这样出现在同一个镜头之中。

经典总是在不经意间被创造，而身处其中的人们，却并不知道岁月将在什么时间点转折，2008—2009 赛季的哈特也一样。2008 年 8 月，哈特在曼城与中日德兰的欧联附加赛中连扑两粒点球，保送曼城进入小组赛，又在小组赛中零封了大巴黎与沙尔克 04；2008 年 11 月的曼彻斯特德比，哈特在伤停补时阶段参与进攻，留下了博尔特附体、8 秒钟极限回追的名场面；2009 年 1 月 10 日，曼城对阵朴次茅斯，小雷德纳普在现场评述时提到哈特说："这个年轻的英格兰人，足够让我们看到美好的未来。"然而，小雷这话刚说完 20 天，曼城就在冬窗签下了纽卡斯尔门将吉文，把哈特挤上了替补席。

没办法，2008—2009 赛季正是曼城傍上石油大佬的处子赛季，每个位置都想升级。2009 年夏天，想要证明自己的哈特主动选择出租。这次，目的地是伯明翰，一个环境良好的租户。在那里，哈特彻底扑嗨了。

2009—2010 赛季，哈特高接低挡，帮助伯明翰获得联赛第 9 的成绩，自己也入选了 PFA 年度最佳阵容。而在另一边，曼城主教练马克·休斯中途被炒，最终排名第 5 的曼城也没能拿到欧冠资格。

蓝月军团寻来寻去，发现最强之人已在阵中。于是 2010—2011 赛季哈特回归，再次成为曼城主力门将。联赛首轮对热刺，成为哈特的个人表演，克劳奇的头球、迪福小禁区内的扫射、赫德尔斯通的凌空抽射甚至门将最害怕的折射球都被哈特一一化解，连替补席上的吉文都在为哈特超凡的表演拍手鼓掌。

那个赛季哈特在联赛中 18 次零封，提前三轮就戴上金手套，成为首位获此奖项的英格兰本土门将。从此，哈特彻底坐稳了曼城门前的铁王座。

2011—2012 赛季，哈特金手套梅开二度，护佑着球队一直到最后，终于等到了"9320 奇迹"（93 分 20 秒绝杀夺冠）和他的第一个英超冠军。

2013—2014 赛季，哈特金手套帽子戏法，追平了雷纳的获奖纪录，也帮助曼城拿下英超和联赛杯双冠王。

随着阿布扎比财团为曼城投入大把钞票，蓝月亮宫里的老人儿已经所剩无几，哈特就是其中之一。事实证明，他是凭本事留下来的。

## 他的扑救，让梅西怀疑人生

2014年12月20日，曼城官方宣布与哈特续约至2019年。合同期满时，哈特32岁，基本可以说是一纸定终身。

哈特也没有辜负这份新合同，2015年初的欧冠1/8决赛，他就上演了真实版的超级英雄大片。首回合他扑出了梅西的点球，次回合直接把挂开到了顶级。在那场比赛中，面对MSN这种超级攻击线，哈特做出了多达10次扑救，不仅逐个击溃了内马尔、梅西和苏亚雷斯的单刀，还将巴萨多个必进球拒之门外。

就这样，占绝对优势的巴萨，愣是让哈特扑成了弱势群体，球一到曼城门前，下一个镜头就是普通人打超人、麻瓜斗巫师，踢到最后，连梅西都无奈了，在禁区里前滚翻之后仰天长叹。

那场比赛之后，当时主流媒体都认为未来十年会是诺伊尔和哈特的十年，因为无论年龄、经历、反应、预判、下地速度、高空球处理和指挥防线的能力，哈特都和诺伊尔不相上下。

当然，作为蒂姆·弗劳尔斯的高徒，他和小舒梅切尔都不会扑左下角。而且，从人无完人的角度来说，哈特还有两个明显的缺点：

(1)他的脚下出球，继承了大英糙汉子的传统。

(2)英国著名魔幻小说——《乔·哈特与世界波》。

其实这两点放在一般球队都不算致命弱点，除非你的主教练是瓜迪奥拉。

在瓜迪奥拉的体系中，要求门将是进攻的第一发起点，开大脚是违法的，球队控球动辄就超过70%，自家门将要习惯长时间处于挨冻的状态，但又不能被对手的蒙一脚打败。

2016年夏天，瓜迪奥拉正式在曼城走马上任。哈特在欧洲杯结束后第一时间就前往了中国向瓜帅报道（球队正在亚洲踢商业赛），但两个小时的谈话过后，瓜帅对哈特的结论是："你不是我想要的那种门将。"

其实，无论在巴萨、拜仁还是曼城，瓜迪奥拉对于不合用的球员几乎没有正面否定过，只是默默地把这些球员收藏、冷冻、卖掉。所以，他对哈特的态度，就是完全拒之门外的意思了。

这对于前一个赛季刚刚为球队踢了47场比赛的哈特来说,实在太难接受。他本想在瓜帅的体系中再努力适应一下,但新赛季伊始却发现自己被安排在了替补席,取代他的是两年只为曼城踢了6场联赛的卡巴列罗。

2016年8月24日,曼城与布加勒斯特星的欧冠资格赛第二回合。由于首回合曼城已经5∶0大胜,这场比赛就是混时间的90分钟。于是瓜迪奥拉找到哈特,问他:"你想不想上场?"哈特:"这取决于你,教练。"于是,那场比赛哈特获得了2016—2017赛季的第一次出场机会,并且以队长的身份首发。

比赛第66分钟,全场球迷为哈特起立鼓掌,高唱着"Stand up if you love Joe Hart(如果你爱乔·哈特,那就站起来)"。在球场中看到这一幕的哈特,吐了一下舌头,极力控制着眼泪不掉下来。

比赛结束后,他留在场中,拍了拍胸前的队徽,然后和球迷挥手告别……一天后,曼城官宣布拉沃加盟。六天后,哈特租借去了都灵。

在前往意大利之前,哈特共为曼城出战348场比赛,完成了137场零封,拿到2座英超、2座联赛杯、1座足总杯,2次入选PFA年度最佳阵容,获得4次英超金手套奖。在这累累硕果中,他贡献了无数次精彩扑救,但问及他曼城生涯的最佳扑救时,他的回答有些出人意料:"那是2011年足总杯决赛,我们对阵斯托克城。比赛过程非常胶着,当时我们1∶0领先,比赛临近结束,我封堵住了肯韦恩·琼斯一次射门,那次封堵非常重要,最终我们也以1∶0的比分获得了比赛的胜利。"

在那场足总杯决赛之前,曼城已经35年没有赢得过任何奖杯了。正是这个冠军,为曼城开启了各种奖杯的收割之路。哈特说:"我很幸运,成为帮助俱乐部迈过门槛的成员之一。""我为此感到非常骄傲。"

## 漂泊之后,听到了苏格兰的风笛

其实,贸然离开英格兰去往一个不熟悉的联赛,对于哈特来说并不是个理想的选择。他完全可以坐在替补席上等半年,到了冬窗再找下家。但是没办法,他实在太喜欢踢球了,并不想枯坐板凳。

不过,要找一支合适自己的球队并不容易。租借都灵,他送出了63.6%的扑救成功率,比当赛季的布拉沃高出近10个百分点;租借到西汉姆联,他19场联赛送出53次扑救,排在他身前一位的,正是36场联赛送出58次扑救的埃德森。

2018年的夏天,哈特彻底结束了自己的曼城生涯,转会加盟伯恩利。10月伯恩利做客曼彻斯特,哈特被邀请回曼城训练营,俱乐部告诉他:"我们以你的名字,命名了一座训练场。"不仅仅是训练场,还有一幅哈特的马赛克作品。这幅作品如今放置在曼城足球学院专门为守门员预留的特定区域入口处。

在与曼城的比赛之前,哈特在球员通道与老队友逐一拥抱,迎接他的是伊蒂哈德球场的掌声,球迷们在看台上打出标语:"谢谢你,乔·哈特——曼城的传奇。"

也正是和曼城的这段深厚感情,让哈特一直想找一支能给他提供稳定出场和归属感的球队。在经历了伯恩利和热刺的短暂漂泊之后,哈特终于找到了一个新家——凯尔特人。

2021-2022赛季,哈特代表凯尔特人踢了50场比赛,全部首发;2022-2023赛季,哈特代表凯尔特人又踢了50场比赛,依然全部首发。在这里,哈特不仅找回了状态,也找到了足球的快乐。要知道,他原本就是个享受足球的人。他会在克里希头球失误送给对手一粒角球机会后,给队友一个善意的嘲笑脸;也会在扑出坎比亚索的一记强力任意球之后,和对手互竖大拇指。

2022-2023赛季,哈特帮助凯尔特人实现了苏格兰三冠王伟业。达成目标之后,他成为第三位在苏格兰和英格兰同时举起三座奖杯的人。在他之前,获得这一成就的只有达格利什和坎切尔斯基。

其实,这些荣耀对如今的哈特可能并不那么重要。因为当被问及"你想对年轻时候的自己说些什么"时,哈特回答说:"如果是5年前问我这个问题,我会说别做这个,别做那个,要小心这个。而现在,我不会对年轻的自己说任何东西。因为我意识到,犯错和磨难是成长的一部分,只有经历这些,才能到达你想要的高度。""活在当下很重要。无论何时,要对自己正在做的事情充满激情。"

每个人心中都有一团火,路过的人只看到了烟。哈特也一样,他经历了年少成名的时代,见证了一个豪门的兴起,在一次次漂泊中证明自己,只为让儿时的足球热情继续延续。

在经历了起起伏伏之后,哈特又一次和一群值得信赖的队友站在了荣耀之巅。在苏格兰高地,风笛悠扬之处,他享受着阳光万里。

# 十年卧薪尝胆之后,他成了阿根廷的救世主

在足球的世界里,我们听过许多有天赋的少年一飞冲天的故事,但并不是每个故事都能一帆风顺。

在阿根廷的土地上,有一个清秀的少年,他17岁被英超豪门看中,28岁依然在板凳上蹉跎,眼看着身边的队友都逐渐成名,而他的简历上却逐渐写下牛津联、谢周三、罗瑟汉姆、狼队、赫塔菲、雷丁等名字。这随手一行字,就是他的十年。

历经漂泊和等待之后,2022年世界杯,他用自己的扑救拯救了阿根廷。他就是达米安·马丁内斯。

## 被贫寒不断苦其心志的少年

1992年9月2日,马丁内斯出生于阿根廷港口城市马德普拉塔一个贫困的家庭中,童年记忆里充满了"百事哀"。在门缝里,他看到了父亲因为付不起账单而偷偷抹眼泪;在餐桌上,他看见母亲把仅有的食物给了他和哥哥。

然而,就是这么饥一顿饱一顿的日子,却没能阻挡马丁内斯对足球的热爱。16岁那年,他被阿根廷的独立竞技队签下来,并且以出色的表现入选了U20国青队。不过,他只能用这份学徒工资养活自己,还是救不了这个贫寒的家庭。

转机出现在2010年。有一天,阿森纳(绰号:枪手)俱乐部那遍布全球的"差签('差一点就签下'的戏称)球探网"发现了马丁内斯,他们很快给这位17岁的门将发出试训邀请。在接到信函的那一刻,马丁内斯一脸疑惑:"他们跟我说枪手邀请我,

我以为指的是阿根廷的萨兰迪兵工厂队,根本没往阿森纳想。"

确定了邀请他的是枪手之后,马丁内斯犹豫了。毕竟,未及成年便远赴英伦,对于每个人都是个很难做出的选择,而且他的家人也不赞成他小小年纪便背井离乡。然而,马丁内斯还是很快做出决定,他对家人说:"是的,我想去阿森纳。"

后来马丁内斯回忆说,"做决定的那段时间,我经常想起爸爸因为没钱一个人在夜里哭泣的样子……我知道,自己别无选择。"

马丁内斯在试训中的表现打动了温格,阿森纳为他掏了110万英镑转会费。他们一家终于解决了温饱问题,但马丁内斯也开始了一段漫长而孤独的异国之旅。

初到阿森纳,他没有家人朋友,对英语一窍不通,还因为年龄太小没法办欧盟护照,连青年联赛都参加不了。在申请到欧盟护照之前,他必须每隔3个月往返英国和阿根廷一次。就这么挨到了18岁,有一次回国时妈妈问他是否考虑回家,马丁内斯拒绝了。他说:"我绝不能一事无成就回到阿根廷。"

## 少年志,一梦十年

在实现之前,少年的豪言壮语总是听起来像白日做梦。

在马丁内斯身上也一样。2012年5月4日,马丁内斯被阿森纳租借到英冠球队牛津联,但他在三天后回到了阿森纳,结束租借。同年,他在联赛杯为阿森纳首次出战,丢3球;八分之一决赛,丢5球。虽然那场和雷丁的7∶5大逆转堪称史诗,但球门5次被洞穿的他,更像是这场比赛的背景板。

从此,马丁内斯就被焊死在第三门将的位置上,一方面因为他在有限的出场机会里并没有表现出过人的天赋,另一方面是因为这些年阿森纳的门将风水有点儿奇怪——他们偶尔会一号门将不靠谱,但永远不缺二号门将。

于是,马丁内斯相继经历了"什琴斯尼、法比安斯基时代""什琴斯尼、奥斯皮纳时代""切赫、奥斯皮纳时代"和"莱诺、切赫时代"……无论风水怎么转,他的顺位都不可能排在这些人之前。

为了不让这孩子蹉跎青春,阿森纳只能把他反复租借出去。从2012年5月4日租借牛津联到2019年5月31日从雷丁租借回归,马丁内斯去过英冠的谢周三、罗瑟汉姆、狼队,也去过西甲的赫塔菲。加盟9年,6次外租,一个17岁的少年已经成为26岁的男人,而身着阿森纳队服踢球的比赛总共只有14场。

2019—2020赛季,拉姆塞转会去了亚平宁半岛,马丁内斯成为队内唯一的"十年元老"。然而,在球队的一次活动中,他和队友一起走入阿森纳的官方商店,却发现了一个尴尬的问题。他微笑着问:"为什么这里没有我的26号球衣?"虽然后来证明这只是球队跟他开的一个玩笑,但当"边缘人"的现实以这么具象化的形式摆在他面前时,他还是觉得心惊和难过。

也许,这些年马丁内斯收获的唯一美好回忆就是2014年的欧冠。那一年的10月,阿森纳在欧冠迎战安德莱赫特,什琴斯尼轮休、奥斯皮纳受伤,马丁内斯罕见地得到了首发出场的机会。

为了看儿子的欧冠首秀,马丁内斯的爸爸乘坐6个小时公交车赶到机场,坐了13个小时飞机抵达伦敦,然后又换乘另一航班来到比利时,经过21小时舟车劳顿,终于赶在开球前几分钟抵达了球场。老父亲在慌忙之中找到了自己的位置坐下,然后在之后90分钟里,从头哭到尾……

## 终于,他等到了属于自己的时刻

在那些困难的日子里,马丁内斯总会在自家后院放一个全尺寸球门和一台可以"发射足球"的机器。休息的时候,他总是在妻子的协助下默默加练。

每次看他大汗淋漓,妻子都会不解地问:"你又上不了场,干吗这么拼命训练?"马丁内斯总是回答:"我相信我总会等到机会的,我能做到。"

怀揣着这份梦想,机会终于来临。2019年1月15日,切赫宣布在2018—2019赛季结束后正式退役。但切赫退役后,阿森纳没有签下新门将,马丁内斯终于靠着"论资排辈"升上了第二门将。

2020年6月20日,阿森纳1:2惨遭布莱顿绝杀,莱诺与对方前锋莫派相撞重伤离场。很多时候,某一时刻的某件事就足以改变人的一生。谁也没想到,正是莫派的那一撞,为阿根廷撞出了一个主力门将。

在那之后,马丁内斯9场比赛6次零封,扑救成功率一度高达82%。然后阿森纳球迷惊喜地发现,自家板凳上竟然藏了这么个大宝贝:他有1.95米的大个子,有出色的制空和出击能力;他左右脚都能完成控球、出球,面对队友的甩锅回传总能不慌不忙;他的手型极其稳定,很少出现脱手失误;他还有不错的选位和二次反应,扑疯了也是个"八爪鱼";而且除了门线技术,他还拥有心理学技能,在搞崩对手心态方面也是一绝……

那个赛季,阿森纳在足总杯以2∶1逆转战胜切尔西。终场哨响,作为首发门将出场的马丁内斯没有与队友一起庆祝,而是一个人倚靠着广告牌,给家人拨通了视频电话。然后,眼泪满面。是的,为了这一刻,马丁内斯积蓄了十年力量。

2020年9月,马丁内斯正式转会阿斯顿维拉。他在告别视频中说:"感谢阿森纳大家庭对我的照顾。""十年间,我一直深爱着阿森纳。"

事实证明,马丁内斯这次的选择是对的。在阿斯顿维拉,他的高光表现最终吸引了斯卡洛尼的注意——2021年6月,马丁内斯首次代表阿根廷国家队登场亮相。那一年,他已经29岁。甚至在2021年美洲杯上,马丁内斯都不是斯卡洛尼的首选,只是因为阿尔马尼感染新冠,他才以首发门将的身份为阿根廷守门。但又是这意外砸下的主力位置,成就了神奇的戏码。

在半决赛对阵哥伦比亚的比赛中,双方以1∶1的比分进入点球大战。当时全世界都为阿根廷捏了一把汗,毕竟他们在2015年、2016年两次在美洲杯决赛中点球输给了智利,痛失冠军。而这一次,马丁内斯如巨人般站了出来。

在哥伦比亚主罚的5个点球中,马丁内斯判断对了其中4个的方向,扑出了3个。也正是那场比赛,他展现了除扑救之外的"嘴遁"功力——面对达文西·桑切斯,他说:"对不起,老朋友,我将会阻止你进球!"面对耶里·米纳时,他直接嘲讽:"我看透你了,你笑是因为你紧张!"后来裁判无法忍受,直接叫停了这位话痨。于是在第5轮,马丁内斯啥也没跟卡多纳说,就默默地扑出了他的射门。

最终,阿根廷赢得了点球大战,并且在几天后举起了冠军奖杯。对此,梅西的评价是:"他的表现是现象级的,我们的门前站着的是一头野兽。"

一年之后,这头野兽又出现在世界杯的赛场上。1/4决赛阿根廷对阵荷兰,在球队两球领先又被扳平的低落时刻,两次扑点。决赛中,他再次扑点,成为阿根廷当之无愧的救世主。这时,已经没有球迷把这些归于运气,随着"大马丁""圣马丁"的称谓更迭,所有人都相信:此人就是宙斯盾牌转世,潘帕斯草原的守护之神。

## 结　语

他 17 岁背井离乡，在最高的起点上踢着低级别的联赛；28 岁，终于有连续在英超出场的机会；29 岁才第一次入选国家队，然后单肩将偶像梅西扛进了决赛；30 岁，在世界杯中连续扑点，帮助阿根廷勇夺大力神杯。

如果有人在马丁内斯 28 岁那年说出上面这段话，一定会被大家视为笑谈。然而，马丁内斯的故事告诉我们：很多事情，必须首先出现在我们的头脑中，才可能真的出现在现实世界中。

正是那个叫做梦想的玩意儿，把人变成了奇迹的创造者。

# 为梅西写诗的少年,和偶像一起拯救了阿根廷

2016年,梅西曾经在失望中宣布退出阿根廷国家队。一名15岁的足球少年在社交媒体写出一篇长诗,内容节选是这样的:"如果你的离开,对我们是灾难性的。我们要怎么说服你呢?我们从来没有你1%的压力,但有4 000万人希望你做完美的事情;我们要怎么说服你呢?我们不理解,哪怕你是地球上最好的球员,但毕竟你只是一个人;我们要怎么说服你呢?你本可以在假期躺在沙滩上,却继续努力奔跑,代表我们的国家。做你想做的事情吧,莱奥。但请你考虑一下留下来,留下是为了获得踢球的乐趣,这正是那些人从你身上夺走的东西。看到你穿着蓝白球衣是世界上最大的骄傲。你要踢得开心,因为当你踢得开心时,你不知道让我们多开心。谢谢你,原谅我们。"

六年之后的卡塔尔世界杯上,当阿根廷与墨西哥的比赛无比胶着的时候,两名球员各自打入一粒进球,为潘帕斯雄鹰保住了留在卡塔尔世界杯的希望。

一位是梅西,另一位就是当年给他写诗的恩佐·费尔南德斯。而且恩佐的进球,正是来自偶像梅西的助攻。

## 刚打三个赛季,引发欧洲争抢

恩佐·费尔南德斯出生于2001年,6岁就加入了阿根廷国内豪门河床的青训营,经历了13年的培养,19岁升入一线队。不过年轻的恩佐一开始并没能站稳脚跟,很快就被租借出去了。而在租借期间,他迅速争得了一个主力位置,还帮助球队

拿到了那个赛季的南美杯冠军（相当于南美的欧联杯）。

老东家河床看到如此表现，立刻中断了原来两年的租期把他召了回去。刚一归队，就在南美超级杯里首发出场，凭借全能表现力助球队夺冠。接下来的联赛开局，作为后腰的他在 19 场比赛里居然拿到了 8 个进球和 6 个助攻，一举吸引了来自众多欧洲俱乐部的注意。

2022 年夏天，刚打了三年职业比赛的恩佐已经和曼城、曼联、米兰、尤文和狼队等俱乐部联系在一起。起初最接近的是 AC 米兰，但由于更换老板和马尔蒂尼续约未定的关系，这笔交易迟迟未能敲定。本菲卡趁机杀入战局，他们向河床提交了 1 000 万欧元转会费加 800 万欧元浮动条款的报价，还用一定会全力培养的条件说服了恩佐不要直接跳入豪门。

等到转会官宣之后，人们很快发现本菲卡究竟对恩佐有着多大的期望。其一，合同是五年长约，违约金定在 1.2 亿欧元。其二，俱乐部毫不犹豫给了他喜欢穿的 13 号球衣，而这个号码对于本菲卡有着重要的意义，因为它曾经属于尤西比奥。

恩佐也很快回报了俱乐部的信任。他和弗洛伦蒂诺·路易斯组成了互补搭档，在组织后腰这个角色上拥有不错的防守覆盖能力，更有一脚兼具视野和准度的长传。虽然被人吐槽 178 厘米的高度打单后腰有点吃亏、回追速度也不够快，但面对尤文和巴黎的欧冠比赛都有上佳表现，已经足够证明自己。尤其是本菲卡客场 2∶1 击败尤文的那场比赛里，他交出了一份这样的数据：传球成功率 96%、17 次对抗赢下 12 次、7 次抢断以及 3 次过人全部成功。

于是，来到葡超还不到半年，绯闻对象就又增加了皇马、巴萨、利物浦、切尔西等。《利物浦回声报》对他的评价是：能胜任中场各种不同角色，可以像蒂亚戈一样踢球。

不过冬季窗口还没打开，世界杯已经在卡塔尔开幕。后来带走恩佐的切尔西，也不得不接受付出更大的代价。因为，他身上最大的标签已经从一个"年轻新秀"变成了"世界杯冠军"。

## 世界杯上，来自偶像的助攻

2021 年还在阿根廷国内踢球的时候，恩佐就已经入选过国家队的大名单。次年9月与洪都拉斯的友谊赛,他在下半场替补亮相上演首秀。虽然表现时间不多,但他与梅西之间的联系很有默契。不止是利用一次上抢把球捅给了梅西,后者精彩的挑射把这次断球直接变成了助攻。还有多次在中后场一脚斜长传直接找到梅西的表现,转换进攻一下子提速。所以,当恩佐的名字出现在斯卡洛尼的26人世界杯大名单里,阿根廷球迷并不感到意外。

小组赛首轮面对沙特,他在1∶2被逆转之后才得到机会,却没能做到什么。第二轮面对墨西哥同样是替补登场,但这一次他做到了更多。

与墨西哥的那场比赛,阿根廷在上半场遭遇了很大的困难。对手完全放弃了以往的技术流打法,用近乎"疯狗流"的对抗强度展开了全场高压。以德保罗为首的右路推进完全堵塞,备受厚望的麦卡利斯特也得不到多少球权。在这样一个半场,双方加起来只有4次射门,阿根廷1、墨西哥3。最有威胁的一次来自墨西哥的任意球攻门,幸好大马丁还是让人放心。

下半场,墨西哥因为体能"瓶颈"没有继续全场疯抢,但还是在后场展开了两层防线的多人包夹。直到迪马利亚利用围抢到来前的一点点时机横传到弧顶,又是梅西利用补防到位前的一点点时机打出了决定性地贴地斩。在马拉多纳忌日的第二天,梅西凭借这个来之不易又无比宝贵的进球,追平了他的世界杯进球数。你很难不去联想,这个进球的背后有着多少让阿根廷人动容的意义。

但故事还没有结束。斯卡洛尼在领先之后一次性换下了迪马利亚和麦卡利斯特,如果最终没能赢球,这肯定会被无数人怒喷太过保守。但幸运的是,他在之前已经换上了恩佐·费尔南德斯。

当墨西哥人倾巢而出搏命追分的时候,梅西接到角球传给了恩佐。我们都以为恩佐会护球摆脱再回传,或者再交给梅西,谁能想到他踩完单车兜射出了一脚彩虹弧线,奥乔亚再舒展身体也鞭长莫及。进球之后,恩佐立刻转身与梅西抱在了一起。等到全队赶过来集体庆祝完,他俩再次紧紧相拥。这是梦想传递的力量,也是足球带来的希望之光。

在那一天,这道光芒让阿根廷可以继续留在世界杯的舞台,才有了后面的冠军故事。而从一位写诗挽留偶像的青葱少年,到接到偶像助攻同场进球的梦幻旅程,再到半年后以1.21亿欧元身价转会英超豪门切尔西……这段关于传承与引领的故事正在开启下一个循环。

# 赢不了心底阴影的伊瓜因，
# 绝不仅仅是一个失败者

2011年，担任皇马主帅的穆里尼奥说出了那段著名的话："去打猎最好能带一只猎犬，没有猎犬那就只能带一只猫。没办法，但总比没有强。"猎犬说的是伊瓜因，当时是穆帅心里的主力中锋。猫指的就是本泽马，因为伊瓜因受伤得到了首发机会。两个人都出生在1987年，甚至生日只差了9天。这段话在他俩的职业生涯里不断被人提及，尤其是在那一天。

2022年10月18日，本泽马在法国捧起了梦寐已久的个人最高荣誉——金球奖。同一天，伊瓜因在美国踢完职业生涯的最后一场比赛，含泪告别了球场。人们翻出那段猫狗论，称赞本泽马的蛰伏与爆发，感慨伊瓜因的遗憾和落寞。不过他俩的故事并不仅仅是命运短暂相交后各走一边，一条路通往成功，另一条朝向失败。

他绝不是一个失败者，只是命运在他心里投下了一道阴影。虽然没能战胜这样的阴影，但并不意味着他就是一个脆弱的人。发生在伊瓜因身上的故事，可能要比你以为的复杂许多。

### 光芒四射的"小烟枪"

和本泽马一样，伊瓜因也出生在法国。因为他那个曾经效力于博卡青年的父亲，当时正在为布雷斯特踢球。然而小伊瓜因刚满10个月的时候，患上了比较严重的脑膜炎，全家为了给他治病搬回了阿根廷，父亲也转会去了河床。

幸运的是，得到家人更多悉心照料的伊瓜因很快恢复了健康，还和兄弟们一起开始接受父亲的足球熏陶。用他自己的话来说,起步阶段比其他同龄孩子拥有一个巨大的优势:"我爸踢后卫,所以他能告诉我所有后卫不喜欢的事情。"不过,父亲无论是作为一个职业球员还是退役后换个身份继续参与,都要到处飞来飞去。所以从小陪伴在他身边的都是母亲,一个原本是艺术家,后来把重心全放在四个儿子身上的伟大女性。

在父亲的指导和母亲的照顾下,伊瓜因10岁加入了河床青训营,17岁上演了成年队首秀,18岁打入了职业生涯首个进球。当年父亲因为大鼻子得到了外号"烟枪",同时继承了外貌特征和足球天赋的儿子从此被叫做"小烟枪"。

作为儿子开启职业生涯的奖励,也是为了补偿多年前答应妻子的承诺,老伊瓜因在那一年带着全家去西班牙旅游。飞到马德里的第二天,伊瓜因的母亲兴高采烈地冲向美术馆,而父亲的目标则是伯纳乌。在伯纳乌的参观路线里,伊瓜因拿着一台小卡片机到处合影,一路拍到更衣室。拍完贝克汉姆挂着自己大海报的储物柜之后,母亲听到他对着相机喃喃自语:"冈萨洛,你应该来这里踢球,这么伟大的俱乐部就是为你准备的。贝克汉姆在这里,你也能来到这里。"

五个月之后,伊瓜因在河床与博卡的"超级德比"里梅开二度,吸引到了欧洲球探们的注意。又过了两个月,他的赛季进球成功上双,家里接到了来自西班牙的电话。对面的声音非常冷静:"你好,我是皇马总经理米贾托维奇,我们已经和河床谈得差不多了。请问你的儿子愿意来这里踢球吗?"伊瓜因的母亲几乎哭了出来:"来!"

刚刚过完19岁生日的伊瓜因,以1 200万欧元身价成为银河战舰的一员。开头两个赛季的表现并不稳定,让他遭受了不少批评。不过在国家德比和马德里德比都有进球入账,还有最后一分钟绝杀帮助球队逆转的表现,加上射术在劳尔等大佬身边快速提升,很多人说这个年轻人拥有"大心脏",前途可期。到了2008-2009赛季,范尼遭受重伤,伊瓜因抓住机会,利用不断的进球坐稳皇马主力。最终他在那个赛季打入了22个联赛进球,是皇马队内头号射手,在西甲射手榜排到了第5位。排第4的比他多一个进球,同龄而且也来自阿根廷的球员,名字叫梅西。

不过那一年对于皇马真正重要的事情是弗洛伦蒂诺回来了。老佛爷的回归立刻带来大手笔,C罗、卡卡和本泽马分别以英超、意甲和法甲头牌身份加盟,许多卡尔德隆时代的球员作为"前朝遗老"被清洗。伊瓜因虽然留了下来,但不得不接受再次从轮换球员打起。他的表现也确实很争气，2009－2010赛季仍然是队内联赛射手王，各项赛事总进球也就比C罗少了4个。后面三年虽然受到了一些伤病影响，但进球率仍然相当可观。

2012年，皇马拿回了阔别已久的西甲冠军，伯纳乌庆典上全队围着伊瓜因叫他别走，球迷也山呼海啸般喊着他的名字。然而一年之后，伊瓜因还是离开了。

现在的人们往回看，很容易得出"本泽马耐得住寂寞，伊瓜因做错了选择"这样的结论。但你把自己放在当时的情境下，会明白本泽马无论从战术上还是地位上都更代表着皇马的未来，无论多努力都要重新证明自己其实很难熬。"在皇马效力的那些日子，我有很多快乐也有很多不开心。每当我无法出场，或者一次又一次与本泽马轮流出场的时候，我的心里总是非常难受。"

为了更多的出场时间和更明确的地位，伊瓜因告别了心爱的伯纳乌。下家不乏豪门可选，甚至阿森纳体检室变成了一个名梗，但他出人意料地去了那不勒斯。理由是：这里最像阿根廷。

风土人情、生活方式，再加上马拉多纳留下的因缘，伊瓜因在那不勒斯开启了一段合拍的岁月。前两个赛季都保持着不错的进球率，联赛打进17和18个，各项赛事加一起达到24和29个。第三年，伊瓜因遇见了萨里，萨里激活了火力最猛的伊瓜因。2015－2016赛季，他在联赛出场了35次，打进了疯狂的36个进球，打破了意甲尘封66年的单赛季进球纪录。然而风光无限之后，伊瓜因又一次选择了离开。

加盟那不勒斯之初，伊瓜因曾经在采访里说出了两个接下来的目标，一个是为那不勒斯赢得意甲冠军，另一个是为阿根廷赢得世界杯。尽管自己火力全开，球队也拿到了联赛第二，但那些年的尤文在意甲仍然是无法撼动的霸主。伊瓜因实现不了第一个目标，最终选择了"打不过就加入他们"。离别时都没有给队友打告别电话，从此被那不勒斯球迷视为叛徒。

但这一选择的背后，与第二个目标的失败或许有着更深的联系。

## 每个人都有脆弱的地方

2014年世界杯决赛，第21分钟，由于克罗斯解围失误，本来从越位位置往回走的伊瓜因突然获得了单刀，面前只有诺伊尔。他回头观察之后没有选择继续带球，而是在球弹到禁区线后直接打门,皮球滑门而过。多年后,伊瓜因仍然无法忘记当时的遗憾。"那是一个意外的机会,这球并没有看起来那么容易。我按照第一反应去做了,但如果重来一次,我也不知道还会不会这么选。"但他也说更大的问题来自场外,"错过机会并不能让我痛苦或者不开心,我只会想做到更好。真正影响更大的,是随后那些铺天盖地的强烈批评,甚至是辱骂和欺凌"。

回应批评最好的方式永远是用行动回应,可惜伊瓜因没能做到。2015年美洲杯决赛,他在常规时间的最后一次机会里抢点把球打在边网上,点球大战一炮冲天。2016年美洲杯决赛,他又踢丢了一个自己抢断得来的单刀。

对于等待冠军许多年的阿根廷球迷来说,这三次决赛里的表现注定无法被原谅。哪怕之前的淘汰赛里他都有精彩表现,本身就是能进决赛的最大功臣之一。

更大的痛苦还在后面。百年美洲杯决赛之后,伊瓜因从家人那里得知了一个已经迟到好几个月的消息:母亲身患癌症,而且已经来到晚期。也是母亲本人强烈要求不要影响伊瓜因参加美洲杯的心情,全家人才瞒了他这么长一段时间。

这对于伊瓜因来说简直就是晴天霹雳。自从他19岁来到欧洲加盟皇马,父母就一直陪伴在他身边。有过球员经历的父亲成为他的经纪人,更像是一个良师益友的角色。而母亲带来的家庭温暖,是他在训练和比赛里全力以赴的力量之源。在皇马打轮换的那段时间,有记者问过伊瓜因怎么调整心态,他的回答是:"家庭一直陪在我身边,尤其是我的母亲。这对我的心理很重要,年轻球员不能一个人在异国他乡。幸运的是,我从未孤身一人。"家庭是他的盔甲,也是他的"软肋"。

28岁的伊瓜因萌生了退役的念头,一方面是想去照顾患病的母亲;另一方面阿根廷球迷无止尽地批评让他难以接受,尤其是牵连到他的家人。他曾经在散步时被一个球迷认出来并且想要签名,心情很糟的伊瓜因拒绝了这个要求,没想到对方拿出手机一边拍摄一边叫喊:"我妈妈都能罚进点球,但是你妈肯定不行,因为她生出了你这个决赛不会进球的家伙。"伊瓜因第一次在公众面前出离愤怒,他走向那个球迷想把手机抢走,怒吼着:"把那该死的视频删掉,否则我要把你的头给拧下来!"回到家,伊瓜因泣不成声:"妈妈,我真的坚持不下去,也不想让你继续受苦了。"这位坚强的母亲回应道:"世界上每件事情都有他的道理,发生在你和我身上的都是。你还年轻,我相信你还能证明自己,做到更多了不起的事情。"

想要再度证明自己,他需要一个更大的平台、一个能冲击顶峰的豪门俱乐部。

所以他转会加盟了尤文图斯,哪怕必须背负叛徒的骂名。来到都灵的伊瓜因并不是孤身一人,他交往一年的女友也从那不勒斯搬了过来。但之前一直陪在身边的母亲要回阿根廷养病,父亲为了陪伴只能把经纪人的责任交给了伊瓜因的大哥,这些家庭变故也让他的心态开始产生细微但深刻的变化。为尤文效力的第一年,伊瓜因原本就在膨胀的身材仿佛按下了快进键。但尤文图斯一向是家纪律严明的俱乐部,对于体重的要求相当严格,伊瓜因没少被点名批评,照片还被挂到健身房当做警示。

当时的伊瓜因笑着说:"我根本就不在乎,因为我还是能打进30个进球。"多年之后他才承认,这些事情让他的压力不断累积,特别是在表现不好的时候。

2017年欧冠决赛的失利,让他又一次错过了证明自己的良机。接下来一个赛季的战术变革,顶在前面当肉盾的伊瓜因激活了最好的迪巴拉,但他的个人数据却不可避免地开始下滑。接着是C罗的到来,他被迫离开。租借去米兰的半个赛季,人们只记得面对旧主尤文那张情绪激动的红牌。前往切尔西投奔萨里,又成为蓝军9号魔咒的一员。

回到尤文与萨里再相聚,但那时的伊瓜因已经再也不是曾经的意甲射手王了。国家队前辈克雷斯波接受采访是这么评价的:"伊瓜因的问题从来都不是技术,而是心理。决赛里发生失误非常正常,重要的是有接受错误的心理能力,并且在下一场比赛里彻底忘记它。但这些错误全都被刻在了伊瓜因的记忆里,事情不顺利就会再次冒出来,一次又一次,一年又一年。"

2020年,32岁的伊瓜因与尤文图斯解约,加盟了美职联球队迈阿密国际。

## "我终于离开足球了"

很多人以为,伊瓜因是去美职联养老顺便技术扶贫的。但情况并非如此。在因为疫情缩水的2020年赛季,伊瓜因出场9次只有1球2助攻。2021年,他28场首发也"只有"12球和9助攻。很多球迷只能在零星的新闻里看到,曾经清秀的小烟枪已经变成了"鲁智深"。

但球迷无法了解,那段时间的伊瓜因有多么痛苦。2021年4月,他和二哥费德里科·伊瓜因各进一球,帮助迈阿密国际2∶1击败费城,创造了美职联第一个兄弟同场进球的新纪录。就在两天之后,阿根廷传来消息,他们的母亲去世了。与癌症抗争了6年时间，过去那个笑容满面的艺术家早已在连续的化疗里变成了另一个样子。但只要身体允许，她仍然不会错过儿子们每一场比赛的电视直播。离开这个世界之前，她给每个孩子分别准备了一封长信。内容没有公开，但据说伊瓜因看完之后，一个人在房间哭了很久。

  2022年，伊瓜因的身心状态都还没调到最好。赛季之初，主教练菲尔·内维尔更加信任从狼队租借来的厄瓜多尔国脚坎帕纳，伊瓜因大部分时间只能在场边看球。"我在替补席待了两个多月，这在职业生涯里从未发生过。但我慢慢学会了接受，我尊重这样的事实，努力去找出究竟是为什么。我必须训练得更好，也思考得更好，为再次被需要做好一切准备。我相信自己，也相信一定会有回报。"

  就像初到皇马的经历一样，伊瓜因再次抓住了主力受伤的机会成功上位。虽然当年是年长一轮的老前辈范尼，如今是比他小了一轮的坎帕纳。7月，他在迈阿密国际与辛辛那提的一场荡气回肠的4∶4里上演了帽子戏法。9月，他在面对华盛顿联赛时第94分钟上演绝杀，保住了参加季后赛的希望。10月，他对多伦多打入全场唯一进球、对奥兰多城梅开二度，帮助球队最终杀入了季后赛。

  不过在季后赛首轮，迈阿密国际0∶3输给了纽约城。提前宣布赛季后退役的伊瓜因打满全场，没有收获进球，然后就有了猫狗论的又一次沸腾。人们说，你看伊瓜因最后一场比赛又输了，他蹲在地上掩面流泪的样子，和本泽马相比就是个失败者。

  但对于伊瓜因来说，比起状态下滑更加踢不上球，能以主力的身份为球队做出贡献、在职业生涯最后9场比赛里打进5个进球，反而是一个幸福得多的结局。他的眼泪，不是留给这样的结局，而是留给经历过的种种过往。

  梅西说："我觉得伊瓜因经历的事情很糟糕，因为他（在世界杯决赛）踢了一场精彩的比赛。进球，成为冠军，这是他和我们的目标。进入世界杯决赛和两次美洲杯决赛，并不是一件轻松的事情，这非常困难。但当时的人们非常严厉、非常挑剔，让他受到了舆论的虐待，我不明白为什么这么多人追着他批评。"

  伊瓜因一度清空了自己所有的社交媒体账号，并且在采访里说道："我亲身经历了一切，我也觉得（社交媒体的谩骂）永远不会改变。评论和发布某些内容之前应该更加清醒，因为我们并不知道可能对其他人造成多么无法弥补的伤害。敲击键盘的五秒钟就能毁掉别人，但那些藏在ID背后的人将永远存在。"

这些事情严重影响了他的人生。由于出生在布雷斯特，伊瓜因自动享有了法国国籍，也很早就接到了法国队的橄榄枝。但他明确表示不会说法语，对法国也没有任何感情，只想等待阿根廷队的征召，哪怕又再多等了两年。前面也说过，他会在2013年加盟那不勒斯，同样因为那里最像阿根廷。

　　然而退役之后，他却不愿再回到阿根廷，打算留在迈阿密生活。他也不想继续参与足球，无论是教练或者别的身份。"我想看看如果没有之前一生追求的东西，也就是踢足球，那么我的生活会是什么样子。我想看看我能成为什么样的人。远离足球到底会是什么样的反应，我又会找到什么让我重新充满激情。"

　　世界上从来都没有完美的球员，没有谁在每一场比赛里的每一个动作都不会出错。世界上也没有完美无缺的人，我们当然会赞美逆境中百折不挠的勇士，但也应该清楚大多数人很难对抗命运在心底投下的阴影。无论他在某一个领域有多优秀、达到过什么样的高度，又是在哪一次困局里耗尽了所有的心力。当初提出猫狗论的穆里尼奥，为伊瓜因送上了这样一句最后的祝福：

　　"你厌倦了进球是吗？没关系，尽情享受接下来的人生吧！"

# 目标是世界杯的日本足球众将

2022年世界杯里,日本队在死亡之组先后以两个2∶1击败了德国和西班牙。虽然中间输给了哥斯达黎加,但他们那套上半场挨打、下半场爆发的战术还是给全世界留下了极其深刻的印象。而在挨完打准备反击的时候,森保一厚积薄发打出的后手牌往往是这三个人:堂安律、三笘薫和浅野拓磨。

很多之前对日本球员并不了解的人,看完那一年的世界杯小组赛也记住了这些名字。如果再去搜一搜他们的新闻,会发现堂安律还在入选世界杯大名单之后喊出了这样的口号:"我的目标是世界杯夺冠。"

当时的舆论都在笑,说这是谁给你的勇气,梁静茹吗?但后来的故事告诉我们,日本足球背后确实有着一些东西,承载起了豪言壮语背后的勇气。

## 豪言壮语的堂安律

堂安律在1998年出生于日本兵库县,几乎从小就是周围人眼里的足球天才。上小学的时候,他就已经加入了职业俱乐部的少年队。小升初时,他接到了来自大阪樱花、神户胜利船、名古屋鲸八等一堆青训营的橄榄枝,最终选择了离家最近的大阪钢巴。初中时,他和队友们一起实现了日本足球史上第一个全国U15三冠王,因为能左能右的进攻能力被报纸杂志称作"下一个家长昭博"。

17岁,堂安律跳级升入大阪钢巴一线队,还在与FC首尔的比赛里成为亚冠史上最年轻的出场球员;一周之后,再次领取了J联赛的同款纪录;第二年,大阪钢巴设立 U23 开始征战日丙联赛,堂安律顺利成为主力核心;代表日本 U19 拿到亚青赛冠军,自己喜提赛事 MVP 和 2016 年度亚足联最佳年轻球员。

这样傲人的成绩单,在日本足坛基本上是留不住的。2017 年 5 月,堂安律刚在世青赛里 4 场打入 3 球,下个月就被荷甲格罗宁根直接签走。发布会上,他说出了这样的话:"我早就想去欧洲踢球了,这种想法越来越强烈。在欧洲,我保证自己会像疯了一样去踢球。"

他也做到了。故事的开端就和很多旅欧的亚洲球员一样,比赛里还不怎么适应、难以进球,训练里队友们也不怎么喜欢给他传球。在他当时的租借合同里,还有"一年达不到固定上场次数就中断"的条款。心急的堂安律找到教练,直接开门见山:"为什么不给我机会?"对方也直接回答:"一个不进球的前锋想要什么机会。"

不甘心的他为了证明自己开始主动加练,每天至少一个小时练体能练对抗,一个个询问愿意帮忙的队友再练传球配合和射门。两个月之后,他打进了在荷兰杯和荷甲的首球,开始坐稳主力。赛季打完一年到期,格罗宁根不仅毫不犹豫立刻买断,还送上了象征核心的 7 号球衣。

接下来的几年,堂安律从格罗宁根转会埃因霍温,又前往德甲,先后加盟了比勒菲尔德和弗赖堡。其间他还出于出场时间和职业规划的考虑,拒绝了来自曼城和莫斯科中央陆军的报价,虽然那是他收到的薪水最高的两份合同。

2018 年世界杯之前,有记者曾经采访过堂安律,问他谁是同龄人里的目标。堂安律是这么回答的:"姆巴佩,因为他是我们这个年纪里的最强者。我每天都在努力训练,就是为了有一天能超越他。"

虽然那届世界杯上日本主教练西野朗还是更加喜欢用老将,没有选择他。但堂安律还是在年底的科帕奖评选里,和姆巴佩、阿诺德、罗德里戈一起入围了 10 人候选名单。到了 2022 年世界杯,森保一肯定不会再放弃这样的球员。堂安律也在入选后说了开头提到的那段话:"我的目标是夺冠,对,世界杯夺冠。我当然知道这不太现实,但在这个舞台就是要敢于做梦。小时候我们说要参加世界杯,都会被周围人当成傻瓜嘲笑。但就是这么一群傻瓜怀揣着梦想,我们才走到这个舞台。都已经来到世界杯了,不做梦怎么行?"

一路被称作天才走来的堂安律,就是这么年轻气盛。首战德国,他替补出场打入扳平进球。对阵西班牙,又是他替补出场扳平了比分,还策划了第二个进球。

堂安律的豪言壮语，从来不只是说说而已。

## 文武双修的"三球王"

与西班牙的比赛里接到堂安律横传，直到最后一秒都不愿意放弃，赌上 VAR 那一丝可能性把球勾回来的，是被球迷称为"三球王"的三笘薰。另一个被日本足坛称为天才的球员，但与堂安律走过了完全不同的道路。

三笘薰从幼儿园就开始踢球，小学三年级开始加入川崎前锋青训营，五年级和六年级连续两年打进小学生全国大赛决赛圈。但他在高中毕业后没有选择直接走入职业，而是考进了名校筑波大学的体育学专业，一边以特别指定球员的身份继续为川崎前锋踢球，一边学习运动营养学等专业课，从那时就开始规划自己的饮食，来增加原本很差的对抗能力。

大学期间，他两次入选日本代表队，连续在世界大学生运动会足球比赛里拿下金牌。毕业前，有日本媒体报道他头戴 GoPro 运动相机在训练场不断收集带球突破数据，并且和协助者比较，写了篇标题为《1 对 1 进攻侧情报处理相关研究》的毕业论文，自我研究了球场上的过人，得出的结论包括："我不是单纯靠速度，而是有意识带动对手重心变化""接球前就时刻观察对手站位空档，接球后也不能只知道低头盘带"等。

大学毕业后，三笘薰成为川崎前锋核心球员，第一个职业赛季就在 J 联赛打出了超级球星级表现。第二年 300 万欧元被英超布莱顿买下，然后租借到比利时，很快在比甲上演帽子戏法。

日本国内称呼他"三笘无双"，早就有了把他选进国家队的呼声。等到 2021 年的十二强赛刚刚入选，就替补出场送出了助攻，帮助伊东纯也打进对阿曼全场唯一进球。赛后他说："无论什么时候，无论什么情况，我都在思考比赛。上半场比赛时，我就为出场做了很多准备，脑海中总是设想出场后应该怎么踢。"打澳大利亚还是替补出场，这次更是连进两球，充分展现了自己靠技术和节奏变化过人的特点。

2022 年，三笘薰租借到期回到了布莱顿。适应期还是从替补打起，不过到了 11 月已经开始渐入佳境。4∶1 击败切尔西的比赛，他第一次在英超首发，开场 5 分钟就送出助攻。下一轮面对狼队继续首发，打入英超处子球并且以 85% 的得票率当选本场最佳。四天之后的联赛杯,又在阿森纳身上收获了英格兰杯赛的处子球。

到了世界杯,三笘薰在森保一的战术里承担着替补出场、改变比赛节奏的作用,打的还是边翼卫。面对德国,他出场之后策动了左路攻势,帮助堂安律打进了扳平一球。赛后他效力的布莱顿发来贺电配上三笘薰的照片:"这是国王昨天的自拍。"

打西班牙是熟悉的剧情和不同的路线,这次他把堂安律的横传勾到了中路,助攻田中碧空门得手。这些表现不禁让人想起开赛之前,一位儿时邻居发来的祝福视频:"三笘薰选手,祝贺你参加世界杯,我是以前住在你家隔壁的大叔。想不到小时候等妈妈回家时,在我家客厅沙发玩游戏的那个少年,会成为日本国家队的球员,踏上了卡塔尔的赛场。叔叔真的非常高兴,全家都会为你加油。希望你能从左边路带球突破,一定要争取从德国、哥斯达黎加和西班牙身上取得进球。总之,希望你们在世界杯上不要留下遗憾。"那个大叔,是《孤独的美食家》主演松重丰。三笘薰虽然没能在小组赛取得进球,但这一路肯定没有留下遗憾。

## 绝地反击的浅野拓磨

和堂安律、三笘薰相比,浅野拓磨的成长经历要坎坷许多。他的父亲是一名卡车司机,母亲是全职主妇,家里有7个孩子。从小学到中学,他都在校园足球的环境里成长,升入高中的时候,还曾经因为家庭经济条件限制打算放弃足球之路。是当时一家足球名校的顾问来到家里劝说,才让浅野拓磨下定决心继续踢球。

高中时期,他带队连续三年打进全国选手权大赛,一次6场进7球杀入决赛,虽然屈居亚军但带走了金靴,还有一次成功入选了赛事的最佳阵容。凭借这样的表现,浅野拓磨高三那年得到了多家J联赛俱乐部的邀请,最终选择了刚刚夺冠的广岛三箭。

经过了一段时间的蛰伏和替补,21岁的他拿到了J联赛年度最佳新秀,还在亚青赛和奥运会充分展现了速度与对抗的优点。2016年7月,浅野拓磨以400万欧元身价加盟阿森纳,然后为了申请劳工证租借去了德乙球队斯图加特。

这是他与阿森纳故事的开始,但也是结束。无论是踢德乙还是德甲,或者换地方去了汉诺威,他的进球效率都不高。外租三年之后,他以100万欧元转会贝尔格莱德游击,身价缩水了75%。

当时，很多媒体都用了这样的标题：《21 岁加盟阿森纳，三年后告别主流联赛》。2021 年因为球队欠薪，他解约去了德甲波鸿，但人们还是觉得浅野拓磨已经踢不出什么大名堂。

包括入选国家队参加卡塔尔世界杯，日本国内也都认为这和当年在广岛时主教练正是森保一有着很大的关系。巴西裔日本国脚田中斗莉王就在直播里说过："日本队这三名前锋一个都不行，浅野就只会闭着眼向前冲。"

与德国的那场比赛，浅野拓磨替补出场果然一直在向前冲，尽管在高抬腿的吕迪格面前显得是那么无能为力，但他冲完一次又一次，最后真的冲出机会打进了逆转的进球。之后面对西班牙，同样替补出场的他没能进球，但几次冲进禁区的抢点还是让对方吓得够呛。

四年前，他打过世预赛却被西野朗放弃，很多人以为他会从此错过世界杯。四年后，他在开赛的两个月之前韧带断裂，选择保守治疗才被森保一带到了卡塔尔。

田中斗莉王已经在直播里发表了"全面谢罪"，向浅野拓磨道歉。有人说这换到咱们国内，近似于赵鹏打服了范志毅。

## 从悲到喜的森保一

1993 年，美国世界杯亚洲区预选赛最后一轮，日本队对阵伊拉克。根据赛前的形势，日本队只要在卡塔尔多哈的中立球场拿下胜利，就可以获得在第二年参加世界杯的资格。若成功，则将是日本队历史上第一次进军世界杯。

然而，包括森保一在内的日本队球员奋战 90 分钟，最终只收获了一场 2∶2 的平局。多年之后回忆起那场比赛，森保一已经记不得比赛内容，只记得回酒店的路上一直在哭："心碎了，绝望了。无论发生了什么，都没有比那更糟糕的了。"后来的日本足球界，将这场失败统一称为"多哈悲剧"。

在那场悲剧之后，足协主席川渊三郎推出《日本足球百年计划》，在职业联赛、青训、国家队等方面进行改革和长远布局。作为核心的青训改革大致可以分为四个方面：培养联赛文化、培训中心体系、培养大量教练、以儿童为核心普及足球运动。

培养联赛文化，是让不同出路的小球员都能踢上高质量比赛，比如面向职业俱乐部青训的高元宫杯，以及面向中小学生的选手权大会，还有大学生联赛等。培训中心体系,是让中小学老师、社区业余球队教练、国家级教练培养中心、J联赛和国家队都能参与共建,分享球员、战术和经营信息。培养大量教练,不只是追求更多的注册数量,拿到证的也需要定期参加继续学习培训班,攒够学分才能更新。以儿童为核心普及足球运动,是通过各种节日庆典、老师培训和职业俱乐部开放日等活动,让孩子们产生自发性的兴趣。

以上种种,你可以从2022年的日本球员身上看见真实的效果。

堂安律来自职业青训、三笘薰一边读大学一边踢比赛、浅野拓磨则是校园足球培养出来的……他们的人生轨迹各不相同,但日本的青训培养彼此交叉甚至与整个社会形成网络,最终在顶端汇集成一支旅欧大军。

三十年前,身穿17号球衣的森保一在多哈只能哭泣。三十年后,他带着这支比当年的自己和队友强得多的球队,在世界杯上击败德国和西班牙拿到小组第一。虽然在之后的淘汰赛里,日本队在1/8决赛点球不敌克罗地亚,仍然没能迈过八强门槛。距离堂安律"想要世界杯夺冠"的梦想,仍然有着一段不短的距离。但能走到那个地方,拥有做梦的权利,本身就已经是一件幸福的事情。

# 第四篇

## "小人物"的大故事

# 曾是看台唯一的球迷，变成
# 带队夺冠的主席

2012年的2月，巴西豪门格雷米奥在南大河州联赛里主场4∶1击败了小球队FC圣克鲁斯。这本是一场没什么人关注的小众比赛，却由于一名球迷意外走红。空荡荡的客队看台上，只有他和身边的半杯可乐，组成了"孤独的远征军"。

八年之后，这段故事再度点燃，并且从巴西国内火到了世界各地。因为这位球迷后来成为圣克鲁斯的主席，熬过俱乐部和个人的破产危机，带领球队在2020年南大河州杯赛成功夺冠，拿下队史107年来的首个冠军。

骄傲的他坐上看台，照着当年的动作又拍了一张照片。这次身边不再是半杯可乐，而是一座代表着荣誉的冠军奖杯。让我们走进蒂亚戈·雷希的故事，一个关于社区足球、儿时梦想、坚持与放弃，以及绝望中重生的故事。

## 一个人的看台

南圣克鲁斯市是一座南大河州中部没啥名气的小城，最早由德国移民聚集而来，人口数也就10万出头。这里相对能拿得出手的，可能只有巴西最宏伟的大教堂之一，以及一年一度的啤酒节。而且身在著名的足球王国，这里的球队水平更是完全拿不出手。圣克鲁斯俱乐部虽然早在1913年就成立了，但长期以来都是一支混日子的半职业球队，只参加每年1—4月间的洲际比赛。至于5—12月嘛，球员们各有各的本职工作，种田的去种田，开大巴的继续开大巴。这样的环境，可想而知当地喜欢足球的孩子们会支持哪些俱乐部：州内的格雷米奥和巴西国际、国内的圣保罗和桑托斯,还有大洋彼岸的皇马、巴萨和曼联等。

蒂亚戈·雷希却是其中的"异类"。12岁时,他被父亲带去看了一次圣克鲁斯的现场比赛,从此爱上了足球。和周围的孩子不同,雷希始终觉得电视上看到的球星和球队太过遥远,还是家乡球队最有情感共鸣。于是,他成为一名圣克鲁斯"死忠粉",并且想为俱乐部做点什么。

一开始,雷希也梦想过参加青训成为球星,但很快发现自己不是这块料。接着希望长大能成为一名教练,带队逆袭,但又觉得战术什么的都搞不利索。最终在15岁那年,他找到了一条看似最合理的出路,一本正经地告诉父亲:"我要成为圣克鲁斯的董事会成员,甚至是主席。"父亲笑着对他说:"好啊,到时候我替你出钱!"

大部分人不会对年少的豪言壮语当真,也包括少年自己。雷希虽然每年都会去看圣克鲁斯的比赛,但平时还是普普通通的学生,然后考上大学去读了个新闻学专业。毕业后,他在州内首府阿雷格里港找到了一份相当不错的工作,在一家著名的大报社做记者,收入稳定,前途光明。

接着,就到了咱们开头说的那一天,拨动他人生齿轮的那场比赛。当时,圣克鲁斯在州联赛里客场挑战格雷米奥,没有任何球迷愿意为这么一支小球队跑一趟150千米的"远征"。不过,格雷米奥所在地正是雷希工作的阿雷格里港,球场距离报社也只有几分钟路程。

于是,他提前从衣柜翻出一直带在身边的圣克鲁斯球衣,下班后直接套上奔向球场,为家乡球队,也是自己的主队加油助威。而当雷希买票入场,坐到客队看台的时候,现场广播播报:"今天格雷米奥竞技场一共入场5 387名观众。"如果再细分一下的话,那应该就是5 386名格雷米奥球迷,再加1名圣克鲁斯球迷。

雷希本人并不感到意外。圣克鲁斯这么个小破队本来就没啥球迷,原本可能有些球员的亲戚朋友会来,但当时是周六晚上,大家不是在海滩嗨着就是在酒吧嗨着。像他这种加完班还跑来看球的,想想也没别人了。可是,故事开始往意想不到的地方发展了。

比赛的第17分钟,圣克鲁斯居然面对强大的格雷米奥打入了一粒进球。现场导播拍完球员庆祝之后,把镜头转向了客队看台,意外发现只有雷希一个人。他握了握拳,鼓了鼓掌,并没有显得太过疯狂。但是,这种孤勇球迷的形象肯定太适合传播了。中场休息时,摄像师跑来问了这位球迷的名字,借由解说员把他叫"雷希"告诉了电视观众，再通过切片和配图迅速在社交网络走红。

当天还在球场，他的电话就已经响个不停。爸爸、妈妈、朋友、同事……"我们在电视上看到你了！"第二天，他接受了巴西电视台的采访，登上南圣克鲁斯市报的头版头条，还收到来自9个不同国家的媒体联系。第三天，他发现"油管"上关于自己的那段视频，播放量超过了50万。

接下来的半年多，雷希成为家乡的网红名人，也是巴西社区足球精神的象征。他很享受这种独特的身份，而让他更惊喜的是2013年接到了圣克鲁斯董事会打来的电话。"有没有兴趣来当我们的新闻官？"雷希一秒都没犹豫，直接说了Yes。

## 人生不是励志电影

26岁的雷希，就这么拥有了双重身份。平时，在州内首府有着一份体面的记者工作。周末，变身主队的新闻发言人，随队参加每一场比赛。只不过，这段充实的人生渐渐变得过于充实。雷希在俱乐部干的杂事越来越多，自己也经常对管理层提出许多经营方面的建议。正值球队成绩稀烂，在南大河州联赛降入了第二级别，董事会萌生了一个引进新鲜血液的疯狂想法。"嘿，雷希，既然你这么热心又这么热爱球队，来当主席吧！"

2014年，雷希走到了人生的十字路口。这是儿时半真半假说出的梦想，如今近在眼前。但接受它，也就意味着要放弃稳定的工作和前途。这种半职业球队的主席压根没有一毛钱薪水，说白了就是当义工。身边所有的亲朋好友都表达了反对，毕竟雷希半点经营管理的经验都没有，对足球纯粹是个外行，父亲的态度最为强烈："我看你简直就是疯了！"

然而经过了一次交心长谈，父亲想起了曾经的那些玩笑话，决定给儿子一次大胆冒险的机会。他帮忙说服了其他人，雷希也辞掉了记者工作，搬回老家开始担任圣克鲁斯的主席。

新官上任，雷希的计划是这样的。第一，把圣克鲁斯从一支只打三个多月比赛的临时球队，改组成全年都参加日常训练、各种地区比赛和跨州友谊赛的常驻球队。第二，找当地的企业和政府拉赞助，结合多方力量打造成这座城市的一张新名片，从而长久持续发展壮大。

放在励志电影里,接下来肯定是一路逆袭的经典剧情。但理想很丰满,现实很凄惨。巴西这地方可能什么都缺,但最不缺踢球的人,以及大大小小的足球队。圣克鲁斯拿不出什么竞争优势,还没来得及谈妥什么像样的赞助,输球就一场接一场到来。

三个月的州联赛还没打完,俱乐部的账户就见了底。为了维持球队运营,雷希用自己的信用卡去支付了交通费用和酒店账单,然后跟父亲借钱去给球员们发工资。等到赛季打完,他在接下来的半年多也始终找不到什么拯救财政的办法,自掏腰包的债务继续滚着雪球。

雷希的家庭在巴西并不贫穷,但也算不上多么富裕。这么住在父母家里坐吃山空肯定不是什么办法,也带来了巨大的精神压力。他开始出现呕吐和晕倒等症状,被医院诊断为中度抑郁。

"我陷入了极端的消极,因为所有事情都没有按照计划发展。到最后,我再也不想当什么足球队的管理层了。我只想重新成为一名球迷,那个看台上的蒂亚戈。"

2015年,雷希从圣克鲁斯辞职,距离他"当选"主席才过了短短的一年。

## 永远都有第二次机会

接下来的三年,大概是雷希从十几岁开始的人生历程里,距离圣克鲁斯和足球最遥远的一段时间。经过了接近一年的休整和心理辅导,他重新振作起来,离开父母家再次前往首府阿雷格里港求职。起初,在一家杂志社做电子版的编辑;几个月之后,跳槽到一家广告公司去做客户经理。

能得到这些工作机会,一部分要感谢他的大学专业,另一部分也有担任圣克鲁斯发言人和主席那段时间积累的经验,无论好还是坏。而在回归普通工作的两年之后,他还清了自己身上所有的债务,尽管大部分是父亲垫付的。

不过,就在雷希的生活渐渐走上正轨的同时,他那支不争气的主队却陷入了更深的泥潭。圣克鲁斯从南大河州第二级别联赛再掉一级,已经来到了整个州赛系统的底层。2018年,这支球队战无不负,包括每一场友谊赛。甚至有次训练中对决路边临时拼凑的野球队,他们还是输了。俱乐部的董事会开始认真考虑,这么支破队要不干脆原地解散吧。而一些过去的球迷朋友又想起了雷希:"当初我们都太过冲动,现在你成熟了,有能力了,能不能救一下球队呢?"

收到这样的联系,雷希的内心很是纠结。这一次,他决定耐心听取身边人的意见。坐在父亲的车上,他小心翼翼提出了再度接手球队的设想。"我本以为我爸会直接开车撞树,来让我放弃这个糟糕的主意。但没想到的是,他沉默了半天,跟我说这次应该可以,唯一的前提是别再耽误自己的生活。"

2018年5月,雷希再度当选为FC圣克鲁斯俱乐部主席。如果说上次叫一意孤行的话,那么这次就是众望所归。而雷希这一次的管理风格,和三年前完全不同。

一方面,他并没有搬回南圣克鲁斯老家,把球队大小事务一起包办,而是留在阿雷格里港继续正常工作,远程重整了俱乐部结构,把不同的工作分配给不同的人,自己只出席比赛日和重要场合。另一方面,他放弃了把球队尽快做大做强的想法,改为重点加强与当地社区的联系。训练课邀请球迷观看,也欢迎孩子们的加入。比赛日和周边的小商小铺多搞联动,胜负可以缓一缓,让烟火气先回到那片荒凉的球场。一年之后,虽然成绩没啥起色,但主场观众从不到200人增长到超过1 000人。而且俱乐部账本上没有了负债,活下去不再是一个问题。又过了一年,这个故事终于走向了美好的地方。

雷希本人凭借俱乐部的管理经验再次成功跳槽,新单位是南大河州立法议会,工作内容是社交网络的创建和管理,怎么说这都是个公务员。而他的球队参加了2020年的南大河州杯赛,最终神奇夺冠。这项杯赛由州联赛的三个级别球队共同参与,尽管格雷米奥这样的豪门一般只会派出青年队,但圣克鲁斯以最低级别身份参赛,一路逆袭,不仅是队史首冠,在整个赛事里也极为罕见。

于是,就有了开头说的对比照片。曾是看台唯一的球迷,如今带队夺冠的主席,从互相拖累,到相互成就。

这还没完。2021年,雷希终于再次回到了家乡,开始担任南圣克鲁斯市政厅的机构关系总监,某种程度上来说算是进入了政坛。同年,圣克鲁斯俱乐部在南大河州第三级别联赛问鼎冠军,重新杀回了第二级别。当然,雷希的看台奖杯照肯定不会缺席。

仍然没完。2023年,圣克鲁斯在第二级别争冠赛的点球大战里5∶4惊险获胜,拿下冠军的同时,回到了阔别十年的南大河州顶级联赛。十年前,正是因为球队降级,雷希有了第一次成为主席的机会。十年后,球队终于回到了他计划中的地方,但主席位置已经转交他人。

2022年初，雷希宣布辞职，专注于市政厅的本职工作。但每一个圣克鲁斯球迷都明白这三座奖杯的背后有他多少功劳，而且雷希虽然不当主席了，但还是这家俱乐部的董事会成员、营销副总监和社交媒体负责人。"我会回来的。虽然不是现在，但我永远对过去的一切心怀感激。哪个球迷没有梦想过带领主队前进呢？所以，我还会回来的。"

这就是雷希的故事。不是逆袭的爽文剧情，也不是狂热信仰的奋不顾身。这个故事只关于平凡的地方小球队和一个会成功也会失败的普通人。足球并不是其中的全部，更不是人生的全部。但它是一座灯塔，会在某些时候成为你所需要的光。而无论是蒂亚戈·雷希、FC圣克鲁斯，还是每一个看似普通的平凡人生，永远都会有着第二次第三次机会和无限种可能。

# 单腿飞翔的他，打入了年度最佳进球

2023年的国际足联年度盛典上，36岁的波兰人奥莱克西听到颁奖嘉宾德尔·皮耶罗念出了自己的名字。起身走向舞台，这段路并不算长。但身边围绕着一众球星名宿、无数的闪光灯和电视转播镜头，戴着假肢的他显得十分紧张。周围的人开始面带笑容送出掌声，其中也包括之前最想见到的梅西和姆巴佩。

他渐渐调整好情绪，接过奖杯，朝向话筒："我做梦也想不到能得到这样的奖项。感谢我的家人，多亏了他们我才能从事故发生后振作起来。我还要感谢整个足球界，因为我们创造了这项美丽的运动，让所有人包括我们这些截肢者能够展现自己。"

奥莱克西获得的这个奖项，叫做"普斯卡什奖"。这个奖以匈牙利传奇球星普斯卡什命名，是国际足联面对全世界足球运动评选的年度奖项之一。无论男足女足、职业业余，又或者是特殊足球项目，都有平等的机会参与其中。

评选的标准只有一项：这个进球够不够精彩。而奥莱克西最终被评为年度最佳的这个进球，发生在波兰截肢者足球联赛中。队友送出传中，他撑着左手拐杖腾空而起，以一记侧钩将球送入球门。哪怕是健全的足球运动员，这样的进球都足够舒展和精彩。更何况，他还是一个13年前在交通事故里失去左腿的截肢者。

## "我不能死，但不知道怎么活下去"

奥莱克西出生于波兰的一个小镇诺巴索尔，成年后在不远处的另一个小镇卢基生活。就像许许多多的普通人一样，他的成长经历并没有多少特别的故事。

既不是逆天改命的贫苦少年，也不是养尊处优的富家子弟。平凡地长大，平凡地成为一名建筑工人。唯一稍有不同的地方，大概就是周末有时会代表当地球队去踢一场波兰第四级别的业余联赛。位置是守门员，偶像是卡西利亚斯。打了大概20多场比赛，还拿过几次全场最佳。奥莱克西说："那时我觉得自己还不错，但也仅仅是不错。"

但这种平静的日常在2010年11月20日被彻底打破了。原本也只是一个普普通通的周六，23岁的奥莱克西和同事一起负责填补道路上的一处塌陷破洞。在等待机器把水泥填充进去的过程里，他没有也不可能注意到身后正有危险降临。一位身体突发不适的卡车司机失去了对方向盘的控制，直接把奥莱克西等人撞了出去。受到巨大冲击的他并不清楚到底发生了什么，只记得听到了一声巨响就倒在了地上，看见叔叔哭喊着跑来跑去，然后在救护车上失去了意识。

"我脑子里唯一想的事情就是：我不能死。"奥莱克西下一次醒来，发现自己躺在手术台上，很快又因为麻醉的关系睡了过去。再次恢复意识，已经是在那场长达三个多小时的手术之后。幸运的是，奥莱克西保住了自己的生命。代价则是，永远失去了自己的左腿。而当他发现这一事实的第一反应，是向周围伤心的家人们开了一个关于独腿的玩笑。"我不能让爱我的人更加难过了，我要试着用积极的态度去面对他们。"

但这谈何容易呢？截肢后的前两年里，奥莱克西数次想要振作都被现实打倒。"我要怎么像过去一样生活，这个家光靠补助金又怎么够。未来呢？老了之后呢？我那时真的不知道要怎么活下去。"

而让他振作起来的转机，是一个新生命来到了这个家里。儿子的出生激发了奥莱克西无穷的潜力。他再也不会独自闷在房间里，开始一个人坐着轮椅出去散步和购物，还学会拄着拐杖、带着假肢恢复全部的生活自理。

几个月之后，他变回了那个开朗的自己。一年之后，他已经可以帮着妻子共同照顾孩子。又过了几年，他学习和考过了挖掘机证书，找到工作，重新拥有了收入。随着生活步入正轨和孩子慢慢长大，奥莱克西再次想起了那个遗忘很久的梦想。"在我还是一个孩子的时候，就一直有一个梦想，那就是未来和儿子一起踢球。"

## 拄着拐杖，继续飞翔

用自己开挖掘机的收入，奥莱克西买了一个运动型的专业假肢，带着自己的儿子再次踏上了曾经不得不放弃的足球场。而在这里，他找回了全部的自己。除了陪儿子踢球，奥莱克西还开始教周围的孩子如何当好一个门将。经过另一位截肢朋友的介绍，他听说附近城市的波兹南瓦塔不仅是家波甲俱乐部，还会组队参加截肢者联赛，甚至还有国际比赛。足球、联赛、国际比赛……心底的火花重新燃烧了起来。

奥莱克西找到瓦塔俱乐部，再次开始了漫长而艰苦的训练。截肢者足球并不像人们以为的那么简单和其乐融融，虽然没有铲球，但因为拐杖的关系有着大量的碰撞和摔倒。经历无数次艰难爬起、无数个身上的淤青，奥莱克西才在2019年代表波兹南瓦塔踢上了比赛。这一次，他变成了一名进球不断的前锋。从波兹南瓦塔到波兰国家队，再到2022年的截肢者世界杯。

是的，世界杯。虽然截肢者足球并不为大众所熟知，但这项运动已经开展了三十多年。在国际足联和欧足联等官方机构的带领下，截肢者足球形成了一套全球通用的规则：七人制，场地是普通足球场的2/3，上下半场各25分钟，没有越位，可以无限换人，门将是上肢残疾并且非完整手臂要绑在身前，其他球员是下肢残疾要拄拐参赛。这也是奥莱克西从门将"转行"前锋的原因。

最近这些年，截肢者足球受到的关注开始提高。许多国家都组建了正规的联赛，并且有赞助商和各界捐款。2022年，美国截肢足球协会筹得的资金就超过了20万美元。而像欧洲杯和世界杯这样的大赛，平均在线观众人数已经超过了1万人，决赛甚至能有接近4万人看直播。2022年的截肢者世界杯，已经是这项赛事的第十七届了。共有48支国家队报名，24支球队通过预选赛来到了土耳其。

最终的参赛选手里，有在刚果误把手榴弹当球踢的18岁孩子，有出生就少了一只手臂曾经多年抑郁的大学生，还有两次在阿富汗战场执行任务、后来把枪塞进自己嘴里被服务犬救下来的退伍士兵。他们都像奥莱克西一样失去过人生的希望，也都是足球帮助他们找回了曙光。

那届世界杯上，东道主土耳其最终夺冠。奥莱克西并没能帮波兰打入进球，他们也在16强被巴西淘汰。但不久之后，那个神奇的进球诞生了。

## 还会有更好的进球

谈到在波兰联赛打入的那个进球，奥莱克西仍然十分兴奋。"我看到队友传球过来，我觉得那个高度或许能做一些很美妙的事情。我用眼睛一直盯着球，身体连接的动作非常流畅，所以成功踢到了。你可以看见我进球后多么自豪，我站直身子挺起胸膛，一切就像变魔术一样。"

第二天，奥莱克西很快发现兴奋的人远不止他一个。那场比赛的裁判把进球视频发到了互联网上，播放量和互动数据疯狂增长，各国媒体都在不断转发。两个月之后，入选国际足联普斯卡什奖的11人候选名单。

奥莱克西欣喜若狂，但并没有对获奖有什么太多期待。因为这一年的候选名单里，简直就是神仙打架。有巴洛特利踩完单车的插花脚，还有特奥的一条龙；有理查利森拿到世界杯最佳进球的倒钩，还有姆巴佩在决赛的凌空；有女足球员两脚爆发力十足的超级远射，还有帕耶和冈萨雷斯的凌空远射二合一。"我最喜欢的进球是帕耶那个，其次是姆巴佩，然后是冈萨雷斯。至于我，能和他们排在一起就足够满足了。"

但进入候选仅仅是一个开始。莱万等球星都在社交媒体上转发了进球视频，呼吁球迷为奥莱克西投票，更加关注截肢者足球等残疾人运动。奥莱克西随后接到国际足联的通知，他的进球在传奇评委和球迷投票的总得分里排进了前三位，被邀请前往颁奖典礼现场。

临行前，奥莱克西面对记者的采访仍然觉得仿佛活在梦里。"我真的不指望得奖，就想看看有没有机会和梅西、姆巴佩说上话！"最终却有了这样的一个瞬间：奥莱克西起身领奖，所有球星传奇笑着为他鼓掌。

奥莱克西说："我不可能感谢那场意外，但我现在找到了新的生活方式。我想过一定要活下去，也想过不如去死，但我现在真的很高兴自己还活着。因为我能继续为家人努力，也能继续踢球。普斯卡什奖的荣誉，属于截肢者足球的所有人。"

有记者问这是不是他最好的进球，刚和竞争者帕耶、理查利森合过影的奥莱克西给出了这样的答案："这肯定是我从过去到现在最好的进球，但不一定是从过去到未来最好的那个。会有一个更好的进球，更漂亮的。它在路上了。"

化残躯为翅膀，以拐杖为能量，奥莱克西和许许多多的截肢者足球运动员，还会继续在球场上飞翔。而他们和那些永不放弃的球星一样，都在传达着足球与体育的真正意义。

世间本就不公，人生或多苦难。平凡的总是大多数，努力过未必一马平川。但你磕磕绊绊往前走，总会有一些力量和情感汇聚在身上，告诉你，前方会有曙光。

# 你是我的眼，带我领略足球的美妙

在 2019 年 9 月的国际足联年度最佳颁奖典礼上，有两位特殊的来客。他们坐在梅西、范戴克、阿扎尔等球星中间，毫不起眼。然后，在一众全世界最有名的足球大咖的注视下，两人上台领取了"年度最佳球迷"的奖项。

他们是两位来自巴西的普通球迷，这个孩子是盲人，也是孤独症患者，仍然阻挡不了他对足球的喜爱。这位妈妈是孩子的养母，每一场比赛在看台上为他解说发生的事情。没有血缘关系的两人，上演了足球版的"你是我的眼"。

## 他必须是我的儿子

西尔维娅第一次在医院看见小尼古拉斯时，心就瞬间被揪了起来。这是一个怀胎五个多月就出生的早产儿，来到世间时体重只有可怜的 500 克。他的视网膜无法自主形成，所以生来注定无缘黑白与五彩。父母和很多巴西遭遇类似情况的穷人一样，把他留在医院。

在西尔维娅之前，已经有过 12 对夫妻来到医院见过小尼古拉斯，但最终都没下定领养他的决心。本来只是来医院看望朋友的西尔维娅意外听说了这个可怜孩子的事情，就带着复杂的情绪前来看了一眼。正是这一眼，为尼古拉斯的人生带来了神奇的转机。

西尔维娅自己也说不清原因，自己为什么对这个在医院住了四个月的孩子有这么多的心疼和喜爱。她已经有了一个二十岁的女儿，家庭也不算富裕，没什么领养孩子的必要。就算真想多一个儿子，福利院里也有更省心省钱的选择。然而，当这个小小的生命突然对着自己声音所在的方向露出笑容时，她的眼泪夺眶而出，然后头也不回地走进了医生办公室。

"你真的想清楚了吗？"

"是的，先生。"

"可是你看这张表，之前来过的12对夫妻都做出了不领养的决定，很多人签字的时候还哭了。"

"没关系，我知道这是为什么。他们把他留给了我，因为他必须是我的儿子。"

领养一个双目失明的早产儿，绝对不是一件轻松的事情。医生在西尔维娅把孩子带回家的当天，还是跟这个已经有过育儿经验的母亲交代了好几个小时，并且含蓄地做出了善意提醒："视力只是一方面，他的身体还有可能会出现其他问题。如果照顾得不好，他可能并不能像其他孩子一样顺利长大。"

很不幸，尼古拉斯很快就被诊断出患有轻度孤独症。但幸运的是，养母给了他全方位的精心照料。可是西尔维娅就算把儿子的饮食起居照顾得再好，也无法施展魔法让他看见这个世界。伴随着年龄的增长，尼古拉斯的孤独症越来越严重，更让她越来越担心。

为了让尼古拉斯能够找回快乐，西尔维娅和家人做出了很多努力，但都收效甚微。纠结之中，她突然有了一个非常大胆的想法：要不，我带他去球场试试？

对于西尔维娅的这个想法，家人很快就表示了反对，一方面觉得去这么一个几万人观赏球赛的地方，只有他一个人看不到，可能会加剧他的自卑情绪；另一方面也是担心巴西球场上出了名的狂热声浪，会吓到这个只能用听觉认知世界的孩子。

但西尔维娅坚持自己的决定。她出生于一个意大利移民家庭，全家几乎都是狂热的球迷。小时候她坐在父亲的身边一起听着收音机里的球赛，就是她童年最美好的记忆。这个爱好伴随着她的一生，而且老公和女儿也都是球迷。西尔维娅觉得，足球既是能带给所有人快乐，又是这个家庭共同的爱好，那就没理由不让尼古拉斯接触这项美好的运动。于是，她尝试把这个看不见比赛的儿子带去了帕尔梅拉斯的主场，想让他感受一下运动的气氛。为了防止孩子被吓到，她还专门准备了收音机和一副耳机。

起初，尼古拉斯确实在球迷巨大的助威声里无所适从，戴上耳机听起了广播。

但在主队攻入一个进球时,全场爆发出最高分贝的欢呼声,西尔维娅和周围的人一起欢呼雀跃,突然感觉到身旁的儿子拉了拉她的衣角。

尼古拉斯已经拿下了耳机:"妈妈,这里到底是怎么了?""儿子,这就是足球!"

## 我是他看球的眼睛

从球场回来之后,尼古拉斯对足球表现出了好奇的态度。西尔维娅和家人喜出望外,开始一点点向这个孩子介绍足球的方方面面。

从规则、历史到俱乐部、国家队,再到巴西的传奇巨星和现役球员,尼古拉斯从家人、广播和电视里逐渐开始了解这项全世界最热门的运动。虽然,所有信息他还是只能靠听觉来获取,但随着时间的推移,家人们惊喜地发现他的自闭倾向有所减缓,也有了更多主动表达和沟通的欲望。不过很快,这个家庭内部就出现了一个可大可小的新问题。"嘿,尼古拉斯,你到底是哪队的球迷?"

西尔维娅肯定希望自己的儿子选择自己的主队帕尔梅拉斯,但她的女儿也就是尼古拉斯的姐姐并不这么想。小姑娘是丹尼·阿尔维斯的铁杆粉丝,还因为青春期的小叛逆,选择了圣保罗当地的另一支俱乐部科林蒂安作为自己的主队。而科林蒂安正是与帕尔梅拉斯关系最紧张的冤家死敌。于是,这个家庭经常在饭桌上有这样的对话。

"嘿,尼古拉斯,我们这个周末再去看帕尔梅拉斯的比赛吧!"

"等一下,那个破队有什么好看的。走,跟姐姐去看科林蒂安!"

随后西尔维娅和女儿互相调侃挖苦,每次的结局都是整个饭桌笑成一团。最终全家人一致决定,不再向这个孩子推荐任何球队,让他自由选择想要支持的主队。尼古拉斯纠结了很久,还是做不出决定。但在此期间,他找到了自己的第一个足球偶像:内马尔。

他崇拜内马尔的原因很简单,因为这个巴西天才脚下生花的绚烂球技。他虽然无法亲眼看见内马尔的表演,但不停能从家人和解说员那里听到这样的句子:"天啊,太帅了!这个过人超出了我的语言表达能力!"

好奇的尼古拉斯经常让妈妈强行描述内马尔的过人动作,然后凭借自己的想象开始手舞足蹈。这些动作给这个家庭带来了更多的欢笑,也让他更加崇拜心中的偶像。

在儿子寻找主队的时间里,西尔维娅还是会偶尔带他去帕莱斯特拉球场,现场"观战"帕尔梅拉斯的比赛。但尼古拉斯能听到的比赛内容相当有限,戴着耳机听广播解说又感受不到球场的气氛,这让他很是苦恼。

为了让儿子很好地感受足球带来的乐趣,西尔维娅开发了新的技能:现场解说。她从"今天是什么天气"说到"球迷挂了哪些横幅",从"对面的门将剃了个光头"说到"我们的7号穿了双绿鞋""现在,9号跳起来头球破门""现在,他和队友一起做出了手指上天的庆祝动作"……总之,从开场前说到散场后,事无巨细,口干舌燥。

用她自己的话来说:"我并不是你们说的解说员,我也真的不会解说比赛,我就是把所有看到的东西都告诉他,想让他能尽量多了解一点也好。""因为,我就是他看球的眼睛啊!"

## 感谢足球,带来了一切

渐渐地,尼古拉斯对足球的了解开始扩大到更广的范围。他在电视前听完了整个欧洲杯,也知道了五大联赛和欧冠,认识了越来越多的球队和球星,找到了自己的第二个主队皇家马德里。当时的他怎么也想不到,自己和母亲后来也会像皇马一样,成为很多球迷谈论的话题。

2018年帕尔梅拉斯和科林蒂安的同城德比里,西尔维娅像往常一样在看台上为儿子解说比赛。但这一次,她引起了一位电视台记者的注意,让他们的身影好几次出现在比赛直播的信号之中。很快,如此温馨的亲情画面就在整个巴西引发了热潮。

越来越多的人在街上认出了西尔维娅和尼古拉斯,纷纷对他们鼓掌和竖起了大拇指。当地报纸和国家电视台等各级媒体登门拜访,让更多人知道了他们的故事。

巴西国家队请他们去了迈阿密,尼古拉斯在这里与自己的偶像内马尔有了近距离接触。内马尔和队友们在他的球衣上签了名,并且一一和他合影留念。然后,西尔维娅动了一点自己的小心机。

她之前在电视上看过这样的一条新闻:内马尔虽然出道于圣保罗,但童年最支持的主队就是帕尔梅拉斯。引他走上足球之路的最初四个偶像分别是埃瓦尔、马科斯、里瓦尔多和阿莱士。这四个人共同的特点，就是在内马尔童年时都为帕尔梅拉斯效力。于是她当着尼古拉斯的面向内马尔提出了问题："帕尔梅拉斯和科林蒂安，你更支持哪一个？"听到偶像的声音回答道"当然是帕尔梅拉斯"之后，尼古拉斯立刻转头说道："妈妈，我也是帕尔梅拉斯的球迷了！"

西尔维娅露出了开心的笑容，而见此情景的内马尔主动向球队提出：在巴西与哥伦比亚的友谊赛前亲自牵着尼古拉斯的手走进球场，想让这个孩子"至少在那天成为世界上最幸福的人"。为了让更多人能理解盲人球迷的感受，巴西队还和对手、赛事组织者进行了协商，在球员入场时关掉了大部分灯光。全场观众为独自走在最后的内马尔和尼古拉斯送上了热烈的掌声。镜头捕捉到场边的西尔维娅，那一刻哭成了泪人。

回到巴西之后，母子俩一起去看帕尔梅拉斯比赛的次数越来越多，很多球迷都会主动为他们提供力所能及的帮助。尼古拉斯也变得越来越开朗，已经会和其他孩子一样跳起来欢呼和呐喊。帕尔梅拉斯俱乐部也很快就做出了回应，主教练斯科拉里邀请这对母子前来参观球队的训练，每一位球员都和小尼古拉斯拥抱握手。他在队内最喜欢的7号球员杜杜更是盛情相邀，让他和家人们一起参加了自己的生日派对。

2019年，西尔维娅被国际足联提名为"年度最佳球迷"的三位候选人之一，然后在全世界球迷的投票里以58%的票数当选。9月底，他们来到米兰参加了国际足联年度最佳颁奖典礼。在这个梅西、范戴克和克洛普先后领奖的璀璨舞台上，这对不幸却又幸福的母子同样成为"年度最佳"。

拿到奖项后，一直以笑容面对世人的西尔维娅再也无法控制自己的情绪，她说："残疾人也需要足球，能把这一信息传递给所有人是一种巨大的荣幸。每个人都有权利获得幸福，也都需要机会、尊重、爱心和包容。"

"感谢足球，它带来了一切。"

# 肯德基打工仔说要踢英超,周围人都笑了

2016年,一个18岁的年轻人在里斯本的一家肯德基餐厅打工,除此之外还是当地一支业余球队的球员。当他告诉同事们自己有个职业球员梦,目标未来能踢上英超的时候,周围爆发了一阵猛烈的笑声。

2023年,25岁的他以2 500万欧元的身价离开意甲乌迪内斯,转会加盟埃弗顿,梦想成真。让我们走进贝托的故事,一段从兼职打工仔走向五大联赛的神奇人生。

## 职业青训的淘汰品

1998年,贝托出生在里斯本郊外不远的一个小渔村里,父母都是几内亚比绍人。繁华的葡萄牙首都就在30千米之外,自家却是穷乡僻壤,可想而知他有着什么样的成长经历。

幸运的是,贝托家所在的街区在那一片大环境里,已经是犯罪率和暴力事件最低的那个。不幸的是,即使这样,他仍然从小就被大人教会了这样一条原则:没事尽量别出门。

那么,有什么事情能让小贝托"冒着风险"频繁出门呢?唯一的答案就是足球。和小伙伴在野球场摸爬滚打之后,9岁的贝托就因为体格大一圈和运动神经发达,被当地业余球队塔雷斯看中了。母亲最初因为经济方面的压力拒绝了邀请,但看到孩子如此热爱足球,还是咬着牙把他送进了青训营。

但小地方业余球队的青训营和野球队的差距也并没有那么大。9~13岁,贝托这四年间踢成了球队的头号边锋,还在各种校园比赛里无往不胜。于是,真正的大球队本菲卡向他伸出了橄榄枝。当时的贝托,第一次感受到了人生逆袭的可能性,对未来充满着憧憬。然而短短的12个月之后,本菲卡梯队教练把他叫到了场边。"收拾一下东西回家吧,你被淘汰了。我们觉得你成不了职业球员。"

就这样,14岁的贝托离开首都的豪门青训营和寄宿学校,回到了又穷又破的故乡。梦想的破灭、生活的落差、同学的嘲弄,让这个年轻人的心态彻底失衡了。上课睡觉、考试挂科、回归塔雷斯之后还和嘲笑他的队友大打出手。愤怒的母亲把贝托关在家里,禁止他再参加任何足球活动。"我省吃俭用让你去踢球,是为了给你一个实现梦想的机会,而不是让你遇到失败就搞砸自己的人生!"

贝托后来说,16岁前后的那段时间是他人生中最压抑的日子。单纯只是活着,心里只有悲伤和空虚。好在,这个年轻人半年之后重新站了起来。他不再叛逆闹事,和母亲保证高中肯定能毕业。母亲也替他重新找了另外一支业余球队,同意他隔三岔五去踢踢球。又过了一年,贝托再次接到了塔雷斯的邀请,回到了这支带他走上足球道路的青训俱乐部。而这一次,经历过许多事情的年轻人变得更加成熟了。

### 炸着鸡块,梦想英超

第三次"加盟"塔雷斯之后,U16主教练路易斯·洛佩斯把他叫到办公室,进行了一番长达90分钟的谈话:"在我们俱乐部,足球是第二重要的事情,第一是让每个年轻人都建立起正确的价值观。如果你真的想成为职业球员,除了跑得快、训练努力之外,还必须在这里做出改变。"洛佩斯指了指自己的头。"没有人能保证获得成功,我们这里根本没有什么天赋拉满的超级天才。想要在这条路上走得更远,你要在人们提到你的名字时,会说这是一个好球员,更是一个好人。"

与此同时,为了培养贝托此前欠缺的纪律性,教练做出了两项特殊安排。第一是下放去低一级的U15,等到教练组全员认可他为球队做出的贡献,才能回到符合年龄的级别。第二是要求他每次比赛之前,先去把休息室的饮水机装满,也就是兼任全队的"水童"。贝托毫无怨言地接受了,并且几乎每次训练都倾尽全力。三个月后,他成功被调回了U16。就在代表U16参加的第一场比赛之前,洛佩斯准备给首发球员训话,却发现面前只有10个人,贝托从远处跑了过来。"你干吗去了,不知道比赛要开始了吗?"贝托答道:"教练,我去给饮水机装水了。"洛佩斯想起了那个被自己遗忘的规矩,笑着在全队面前向贝托道歉,然后一把把他抱进了怀里。"瞧瞧这个男孩,已经成长为一个成熟的男人了。"半年之后,这个男孩跳过了U17和U18梯队,越级升入了塔雷斯的成年一线队。

当然了,说是一线队,但打的其实也不过是葡萄牙第五级别的业余联赛。不止距离贝托梦想的职业球员还有一段不短的距离,也没办法让已经高中毕业的他养家糊口。为了自己争取考驾照的费用,也为了帮助母亲补贴家用,他开始利用训练后的晚上和没有训练的白天,寻找可以打工挣钱的地方。而他找到的地方,就是一家肯德基餐厅。

于是,就有了开头说的故事。当18岁的贝托在肯德基后厨炸着鸡块时,有同事问道:"听说你是一名足球运动员?"贝托做出了肯定的回答,然后解释自己现在只是个业余球员,"不过我肯定能在五年内成为职业球员,未来希望能踢上英超"。

整个厨房响起了欢快的笑声,此起彼伏。"我知道有些人是善意的笑,我们关系很好。但也有些人发出了很大声的嘲笑,仿佛我在说什么不知天高地厚的胡话。但没关系,这很正常,都是追求梦想时肯定会经历的事情。"

有意思的是,就在差不多同样的时间,贝托迎来了改变命运的一个小小转折。由于他越长越高,眼瞅着直奔1.9米,教练决定让他换个位置,放弃边锋去改打中锋。这一改,却意外的契合。

他不光有身高力量能护球,还仍然保持着全队最快的速度。身体柔韧性很棒,从停球到下一个动作的衔接非常快。看起来到处都是现代大中锋的模板,唯一的问题是技术糙得离谱。在葡萄牙业余联赛的赛场上,贝托出现过单刀机会却踢呲摔倒的狼狈,也有过各种该射门的时候多带一步、该调整的时候强行打门的迷糊。没办法,街头足球起步、多年业余队训练、被本菲卡淘汰……这样的轨迹注定了他不像豪门青训产品那样,有着扎实的基本功来保证下限。

怎么办呢?贝托做出的选择是:"我只能学习,不断学习,直到今天都还在拼命学习。"

## 逐级攀升，圆梦英超

他主动求教练给他开小灶，和后卫扛身体的时候怎么发力和借力、如何提前判断高空球的落点、什么时候应该突然启动插进防守空位，一项项从理论开始补课，再通过训练和比赛积累经验。他会在比赛里观察对手中锋的跑位和踢法，有没有什么可以偷师的地方。还在许多同龄人忙着参加各种酒吧派对的时候，一边继续在肯德基打工，一边在休息的间歇去"油管（YouTube）"看顶级前锋的视频。

不过，这样的日子并没有持续太久。很多球队开始注意到这个年轻人身上隐藏的身体天赋，以及稳定前进的持续升级，愿意给他一个向上攀登的机会。

2018年，葡乙球队蒙蒂霍签下了20岁的贝托，贝托终于成为一名不需要打工的职业球员，而他回报了单赛季狂轰21个进球。2019年，董方卓曾经效力过的葡超球队波尔蒂芒人签下了贝托，让他实现了5到3、3到1的超级二连跳。经过了第一年的适应期，贝托在2021—2021赛季坐稳了主力，打进了11个葡超进球。2021年，贝托刚在波尔蒂芒人开局3场进2球，就被乌迪内斯压哨挖走。转会方式是租借加强制买断，合计1 500万欧元。

那个在肯德基厨房说着"五年内我要成为职业球员"的年轻人，五年后已经在意甲披荆斩棘。而在意甲赛场上，他继续学习着如何成为一名更好的中锋。第一个赛季，打进11个进球，顺利激活了买断条款。第二个赛季，又打进了10个进球，"葡超+意甲"连续三年得分上双。看起来数据并不炸裂，但在乌迪内斯的那套352阵型里，他起到了一些简单高效的战术作用。

他仍然有着出色的速度，自己也能带球进行冲击。1.94米的身高带来了52%的争顶成功率，而且很多时候会回撤接应后场长传，再交给队友来策动反击。当然中锋的本职工作也没落下，超过50次射门并且每次射门预期进球率为17%，在整个意甲排名第二。

于是到了2023年夏窗，埃弗顿掏出2 500万欧元的基础转会费再加500万欧元的浮动条款，实现了贝托当初"遥不可及"的英超梦。来到埃弗顿的首秀，贝托就在联赛杯面对唐卡斯特替补登场，收获处子进球的同时还有一次打中门柱。但英超赛场上的开局并不美好，前9场比赛（4次首发）都没能收获一粒进球。

不过,贝托的心态仍然很平静。"我知道自己从来都不是最强的球员,我只是不喜欢失败。哪怕是面对更出色的球星,世界上最好的那些球队,都会拼尽全力去争取胜利。我进过很多球,也错失过很多机会,重要的事情永远是坚持下去,让自己比昨天更好。"

终于等到与纽卡的比赛,贝托在补时阶段发挥出自己的冲击优势,带球杀入禁区,帮助球队把比分扩大为3∶0的同时,打进了自己的英超首球。

如今,在塔雷斯训练基地的墙上,挂着一件贝托的埃弗顿球衣,还有他亲手写给当地孩子们的话。"我能走到今天,是因为知道生命的价值和需要付出的努力。珍惜你们与足球的每一秒钟,唯一要去想的事情就是尽力而为。"

每次回到家乡,贝托除了一定会回塔雷斯看看之外,还会去那家当初打工的肯德基餐厅,见见仍然在那工作的几个朋友。"对我来说,这也是梦想开始的地方。来到这里,总会让我重新审视过去经历的一切,看清未来的方向。"

是的,贝托仍然是一个更依赖身体素质、技术比较糙的中锋。或许,他真的有可能适应不了英超的强度,也不知道能在埃弗顿效力多久。但他一路走来的故事,已经能给足球世界带来一抹不同的色彩。不只是草根逆袭的励志模板,更是告诉后来的年轻人,如何面对平庸与失败,又该怎么去寻找更好的自己。

# 为了救女儿,他放弃足球去敲墙

2019年,一名西甲球员在社交媒体上传了一张"奇怪"的手部照片,到处是触目惊心的伤痕,厚厚的老皮和破洞里的新肉看着都让人觉得疼。照片的主人叫奇米·阿维拉,在奥萨苏纳踢球的阿根廷前锋,而那张照片拍于他18岁的时候。

你觉得能在西甲这个顶级联赛踢球的球员,18岁的时候应该是什么样子?大部分天赋异禀的已经有过一线队的出场记录,那些大器晚成的基本上也都在青训梯队耐心寻找机会。哪怕是球迷们熟悉的那些出身贫寒的励志偶像,这个岁数基本上也已经摸到了职业足球的门槛。

而阿维拉却在18岁那年一度放弃了自己的足球梦,抡起大锤敲了两年的墙。他流过泪,也有过不甘,但当时心里最重要的信念只有一个:救活自己刚出生的女儿。

## 要不踢球,要不犯罪

阿维拉的全名叫做路易斯·艾泽奎尔·阿维拉,奇米是家人和朋友对他的昵称,所以奇米·阿维拉成为他在足球世界的名字。阿维拉出生在阿根廷的罗萨里奥,和梅西算是不折不扣的老乡。不过即使在罗萨里奥,阿维拉家庭所在的村子也是最贫苦的地方之一,"穷又破""遍地垃圾"和"犯罪率畸高"就是这里的标签。用他自己的话来说:"出生在这里的孩子只有两条路可走——上学和犯罪。第一条是正确的路,但这很难。因为另一条路更容易,诱惑也更多。是的,在我们那儿,买一把左轮手枪要比买一本教科书容易得多。"

更可怕的是,哪怕在这个地方,阿维拉的家庭条件都在垫底那一档。他有 8 个兄弟姐妹,酗酒和吸毒的父亲离开了家,把照顾 9 个孩子的重担全都扔了下来。可怜的母亲"做了一切羞耻的事情",才把孩子们抚养长大。可想而知,整个家庭贫穷到了极点,阿维拉也差点就走上了不归路。年轻的他根本没怎么去读书,在街头厮混长大,还加入了一些帮派。但接连目睹一些童年玩伴死于械斗流弹,另外一些被抓进监狱之后,阿维拉决定洗心革面,换个活法。

一开始,他经常跑到别的街区"借"点东西。是的,那时的阿维拉仍然不是什么好人,但至少保留了两个原则:一是只顺东西不伤人,二是坚决不对自家街区出手。而他顺来的东西五花八门,甚至包括一匹马。接下来,他骑着那匹马拉个小板车,上街做点乱七八糟的买卖。比如捡破烂、运货搬家、帮人刷油漆、路边理发剃须小摊位等。

后来,他开始参加街区内的一些足球比赛,不是为了什么儿时梦想,单纯为了三瓜俩枣的出场费,甚至有过被人拿着枪指头"我买了你进球,给我好好踢"的经历。幸运的是,阿维拉还真有些隐藏天赋,在街区越踢越出名的同时还加入了一家当地的小俱乐部。

凭借着那家俱乐部的关系,16 岁的阿维拉得到了去西班牙人队试训的机会。但可惜没能适应,只在 B 队踢了几场球就回到了阿根廷。回国后,阿维拉每个月还是能拿到折合约 300 元人民币的青训收入,看起来少,但这已经是他人生第一份稳定的工资,而且每天训练结束后还能打包点食物,带给家里饥饿的弟弟妹妹。

这样的日子,让阿维拉看到了凭借足球谋生的希望。身边的朋友也拿他开起了玩笑:"嘿,我们的大球星,以后打算去西甲还是英超啊?"阿维拉总是一本正经地回应道:"别扯那么多,我只想家里人都能把饭吃饱。"然而即使是这么平凡的梦想,也差点在 2013 年破灭了。

## 贫民窟的敲墙工

那一年初,他效力的俱乐部突然报警,说阿维拉偷走了一大批球衣等运动装备。虽然没有明确的证据,但出于他过去的那些"光辉履历",人们普遍相信他就是那个小偷。俱乐部把他告上了法庭,这官司直到2018年才有了判决结果:阿维拉无罪。

但在当时,受到指控的阿维拉被断了收入,还因为合同问题没法去别的俱乐部踢球。更糟的是,几个月之后他青梅竹马的妻子生下了第一个女儿阿留妮,10天之后就因为呼吸道病毒出现了生命危险。没等多想,阿维拉立刻把孩子送入了一家条件较好的私人诊所。在那里,阿留妮的情况渐渐稳定,不过新的严重问题随之出现:钱怎么付?没办法,阿维拉彻底放弃了回去踢足球的临时申诉,开始疯狂寻找能立刻拿到钱的工作,也动过一些歪念头,但他答应过家人和妻子不会再走那条路。最终他找到了一家建筑公司,开始在工地上当拆迁工人。

于是,18岁的阿维拉开始了这样的生活:每天6点起床,骑1小时30分钟的自行车到工地,抡着大锤砸墙接近10个小时,下班后再骑1个小时去诊所看女儿,月薪折合人民币差不多800元。他的妻子在路边摆摊卖衣服,因为骑不动那么长时间的自行车只能去坐公交,然后把每天午饭的伙食费省出来买车票。

这样的日子,他们过了两年。最大的痛苦仍然是孩子的病情,最严重的时候,阿留妮在一周之内因为无法呼吸,出现了两次心肺停止。阿维拉在夜里哭着跪下祈祷:"神啊,救救我的女儿。只要她能得救,我发誓将永远远离一切伤害他人的罪恶,只会专注真正的工作。如果你不相信,那就请拿走我的生命,而不是我女儿的。"

一次,当阿维拉和妻子来到诊所时,发现女儿的床位空着,所有的东西都被整理了。他们瞬间崩溃,倒在地上泣不成声,周围的医生护士和保安好不容易才让他们明白:孩子没事,因为出现了明显好转,换去了普通病房。奇迹出现了。

不过还是那个问题:钱怎么付。这个家庭已经尽力去挣钱支付治疗费,但那只是一小部分,出院需要结清的款项对他们来说简直是个天文数字。无奈的阿维拉想到了自己父亲的一个旧友,小时候经常教他踢球,现在的职业是一名足球经纪人,名字叫埃里尔。

他拨通了对方的电话:"埃里尔,他们救好了我的女儿,但我没办法带她回家。我欠他们很多钱,太多了,我不知道该怎么办……"埃里尔让他冷静下来,去办公室见面。当阿维拉骑着自行车到达目的地时,还没开口就被埃里尔抢了话:"我的秘书已经付过了剩下的治疗费用,她现在已经带着你的女儿和妻子坐上回家的出租车了。不过我有一个条件——你必须回来踢球。"阿维拉当场痛哭流涕。

几周的恢复训练之后,埃里尔安排了一次来自圣洛伦索俱乐部的试训机会。20

岁的阿维拉以"一种几乎疯狂的态度"抓住这次机会,用表现赢得了一份三年的合同。而这距离他上一次被人称为"球员",已经过去了两年的时间。

## "我欠足球很多"

18～20 岁,原本应该是一个职业球员的黄金成长期,阿维拉却整天与工地大锤为伍。但这份特殊的经历,也带给了他对于人生、对于足球独特的理解。用他自己的话来说:"我欠我的经纪人和圣洛伦索很多,也欠足球很多。我将会继续用尽全力来感谢足球,它在几乎一切都离我而去的情况下给了我光明和希望。"

他珍惜每一次射门机会甚至每一次跑动,斗志昂扬,充满取胜欲望。只要出场比赛,阿维拉一定是最活力四射的那个"疯子"。从阿根廷联赛的圣洛伦索到登陆西乙,从帮助韦斯卡冲进西甲到转会奥萨苏纳,这种"荷尔蒙爆棚"的踢法都没有过任何改变。虽然有时过于玩命常常被人评价"踢球不合理",但这种"疯子"一样的不合理为他争来了更多抓住对手失误的机会。

他永远充满对未来的信心和对人生的热情。加盟韦斯卡时,俱乐部要求他在发布会上保持低调,他却说:"人总要有梦想,做梦又不花钱。我来到这里,就是为了帮助球队打入西甲。"后来,我们真的在西甲联赛里看到了阿维拉打入了一个又一个充满想象力的进球。

他始终感恩所有帮助过他的人。在收到来自西班牙俱乐部的召唤后,他明确表示首先要尊重圣洛伦索的意愿,得到了允许才来到了大洋彼岸。跟随韦斯卡成功升级之后,他向队友和球迷保证:"哪怕俱乐部一分钱都不发,我也愿意再留队一年。"后来,他果真为韦斯卡多踢了一个赛季,打入了 11 个进球并有 3 个助攻。

第二年转会奥萨苏纳,阿维拉迅速成为队内的头号射手,赛季过半时一度并列西甲射手榜第四位,排在他前面的只有苏亚雷斯、本泽马和梅西,这样的表现自然迎来了更大平台的关注。当时,巴萨因为登贝莱报销,打算签一名前锋补充锋线,首选目标就是阿维拉。可惜 2020 年 1 月,他在比赛里左膝十字韧带断裂同样赛季报销,巴萨只能转头签下了布莱斯维特,阿维拉就这么错过了和老乡梅西当队友的机会。

半年之后,他伤愈复出仍然斗志十足,又得到了来自马竞的邀请,毕竟西蒙尼也是同一种风格。然而两家俱乐部已经达成协议,阿维拉也和马竞基本谈妥了待遇,却在训练时又遭遇了十字韧带断裂，这次还换成了右膝。

连续遭受这样的重伤，基本上意味着他不会再有踏入豪门的机会，但这些已经打倒不了阿维拉，以及和他一路走来的家人。

他的大女儿（也就是当年让他去当敲墙工的阿留妮）在玩妈妈手机时，突然看到了爸爸受伤瞬间的视频，立刻号啕大哭。阿维拉对她说："女儿，知道爸爸的队友们是怎么称呼爸爸的吗？他们都说我就是球场上的指挥官！爸爸会变得比之前更加强大，还会进更多的球。这个世界上有很多人爱着我们，并且会帮助我们。别哭，我的女儿，我们都要学会坚强一点。"阿留妮停止了哭泣，告诉爸爸："我只是因为喜欢哭才哭的，我相信爸爸，我再也不害怕了。"

而她的爸爸兑现了承诺，重新回到了球场。2021年3月，阿维拉归队复出。10月，在奥萨苏纳与比利亚雷亚尔的比赛里，替补出场的阿维拉又一次抓住对手后防失误，绝杀了上一个赛季的欧联杯冠军，也以阔别651天的西甲进球，宣告了自己真正的回归。还是那么的斗志昂扬，还是那样的奔跑不息。

2021-2022赛季，阿维拉最终为奥萨苏纳打入了7粒进球，也和球队成功续约到了2026年。有记者在采访里问道："盗窃指控、女儿生病、当敲墙工、两次重伤错过豪门，你会不会觉得人生很不公平？"阿维拉是这么回答的："我不觉得自己的人生是悲剧，想想那些被疫情夺去生命的人吧，他们本来也怀有梦想。人们总说不要回头，但我总是往回看。因为如果你不知道自己从哪里来，就不知道应该去哪里。"

无论阿维拉今后走到哪儿，相信这一路上的经历，都会让他和家人无比坚强。

# 24岁还是全职送货员,30岁加盟了AC米兰

2015年,曾经长期在都灵踢球的艾吉奥·罗西成为意大利第五级别联赛球队卡萨莱的主教练。上任不久,他给之前在业余比赛里看见的一名球员打了个电话,询问对方有没有兴趣签约。得到的回答却是:"对不起,先生,踢球实在赚得太少了,我还是想继续当送货员。"

2021年,这个曾经拒绝踢球的巴西人以"250万欧元租借费+550万欧元"买断费的身价加盟了意甲豪门AC米兰。30岁的他,拿到了120万欧元的税后年薪。

他叫儒尼奥尔·梅西亚斯,这是他的故事。

## 离开那片泥潭

梅西亚斯1991年出生在贝洛哈里桑塔郊外的一个村庄,成长轨迹几乎就是巴西底层孩子的典型代表:很早就放弃了学业、逃课、疯玩、打架、踢球。

他只接受过几次短期的足球青训课程,其他时候基本上都是通过电视看看球星的动作,然后一个人找块地方瞎练,或者在街头和朋友们一起踢着玩。可能是老天真的赏了这碗饭,梅西亚斯很快从玩伴里脱颖而出,成为其中踢球最好的那个。

每逢重大节日,附近几个村子的人们都会集中到一起踢球助兴。梅西亚斯每次都被选进从少年组到青年组的好几个级别,还总能面对"高大三倍"的对手收获进球。还有一次,邻村的男孩塞给他50雷亚尔的"好处费",于是他毫不犹豫地临阵跳槽,转身就在自家村队身上刷了个帽子戏法。

在野球场上的出色表现,让梅西亚斯很快在村子里得到了一个著名的外号:米科(Mico)。这个词来源于一种猴子,在巴西当地的野外非常常见。梅西亚斯真的就像野猴子般长到了20岁。打打零工,混混日子,很早就结婚,还有了孩子,每天的生活作息用他自己的话来概括就是:"派对、踢踢球、打打工、派对、踢踢球、派对。"

带来转机的同样也是一场派对,还是他哥哥的结婚派对。当夜,他喝下了太多酒精,还非要以半梦半醒的状态开车回家。在那辆不知道经历了多少手的破车上,梅西亚斯几乎把路线开成了S型,直到坚持不住昏然睡着。汽车冲出了马路撞上了一块大石头,然后栽进了一片雨后的泥潭,都没能赶走梅西亚斯的睡意。然而等他醒来之后,却发现自己躺在路边的草地上,不远处车子的一半已经深陷在了烂泥里。

梅西亚斯至今都不知道究竟是有好心人路过帮了忙,还是潜意识里的自救行为。于是,他把这一奇迹归结于是上帝的旨意。"当我迷失自我时,我才真正认识了主。我之前太沉迷于派对,至于生活变成了一团糟。在巴西乡下的那个夜晚,上帝用双手保护了我,给了我从泥潭里走出来的机会。"没过多久,他做出了一个改变人生的决定:去意大利。

## 瓦工和送货员

去意大利,最初只是梅西亚斯哥哥的一个童年梦想。在那个朴实单纯的梦里,去意大利这样的发达国家就意味着摆脱穷苦的生活,过上轻松舒适的日子。当梅西亚斯也表达出同样的想法时,哥哥几乎立刻就同意了。就这样,两个人花掉了原本也不怎么多的积蓄,利用一些方法辗转来到了都灵。

然而,这里肯定不是想象中的天堂。他们本来在巴西都找不到什么正经工作,到了意大利也只能靠卖苦力来讨生活。再加上文化和交际圈产生的落差,梅西亚斯的哥哥只坚持了一个月就回到了巴西国内。但经历过那次车祸的梅西亚斯,已经能从踏实流汗的日常生活里找到平静,也明白什么才是生活的意义。

一开始,他在一个意大利裔阿根廷老板的建筑工地打零工,负责清理回收建筑物拆除留下的砖块。每把一块砖擦干净,梅西亚斯就能得到20美分的工钱。就这样,靠着每天10个小时以上的擦砖,他在意大利安顿下来,还存了一点小小的积蓄寄回了巴西。接下去的几年,梅西亚斯边做边学手艺,之后成了一名瓦工。收入比此前有了一定程度的提升，也开始渐渐有了点自己的休息时间。和当年在巴西不同的是，他滴酒不沾并且拒绝所有派对；相同的是，最大的业余爱好没有变，还是足球。

不需要花钱的野球场，成了梅西亚斯休息时最喜爱的去处，他也凭借巴西人的天赋打出了一点点小小的名气。但他对足球的兴趣那时也仅限于业余爱好："我绝对没有希望过成为一名职业球员。相比于那些经过系统训练的人，我真的太老了。业余比赛里的称赞其实是高估我了，说实话我喜欢足球，但那只是消遣而不是旅程的终点。"

不过，踢足球也给梅西亚斯带来了别的好处。比如大大拓展了他和周围人的交际范围，帮助他更好地融入意大利这个新环境。又比如正是经过踢业余比赛时相识朋友的介绍，梅西亚斯拥有了一份新的工作：家电商场的送货员。

这份新活谈不上比瓦工轻松多少，但对于梅西亚斯来说却还有着全新的意义。把家电送到别人家里，意味着会有更多机会和各式各样的人接触交流。梅西亚斯最享受送货员工作的地方，就是有些老人会在签收家电之后邀请他坐在沙发上喝一杯咖啡。然后在差不多 40 分钟的时间里，他会耐心聆听老人们讲讲年轻时的故事，说说自己在巴西的事情，又或者聊聊大家都喜欢的足球。

这极大地缓解了梅西亚斯的思乡之情，也填补了没有人能够倾诉的孤独。用他自己的话来说："这段经历让我睁开眼睛看见了世界，真正意义上的。"就这样，梅西亚斯一边送家电，一边每周踢场业余足球，直到 2015 年。那时他已经 24 岁了，仍然没有经历过任何系统的专业训练。

接着就是开头说的故事。他在野球场认识了一位新朋友，这位朋友又把他介绍给了足球教练艾吉奥·罗西。罗西希望他能来到自己的球队踢球，但首次邀请遭到了"秒拒"。

理由非常简单：第五级别联赛名义上也是业余联赛，但竞争压力和金字塔之外的野球完全不是一回事。谁都想冲进意丁，甚至再进一步来到意丙加入职业联赛体系。因此基本上所有球员都必须每周参加 3～4 次训练，很难兼顾其他全职。而他们的平均月薪大约为 700 欧元，对梅西亚斯来说并不足够。"我在巴西还有妻子和孩子要养，当送货员每个月能挣 1 200 欧元，专职去踢球的风险实在太大了。"

但罗西看过他在球场上的表现，觉得这个年轻人身上有一些东西，不应该被纯体力工作埋没。他数次拜访俱乐部老板，最终说服管理层为梅西亚斯开出一份非常有吸引力的报价:每个月 1 500 欧元。

梅西亚斯被说服了,终于在 25 岁的年纪转型成为一名"准职业球员"。而他也用接下来几年火箭般的蹿升速度,证明了罗西的眼光没有错。25 岁,在卡萨莱踢第五级别,32 场打进 21 个进球,帮助球队升入意丁;26 岁,在基耶里踢意丁,33 场打进 15 个进球,效率仍然不俗;27 岁,在戈扎诺踢意丙,上演了意大利职业联赛系统的首秀;28 岁,在克罗托内踢意乙,帮助球队最终拿到联赛第二,升入意甲;29 岁,留队踢上了意甲,36 次出场 9 球 4 助攻,惊艳了整个联赛;30 岁,加盟 AC 米兰。

如果说瓦尔迪的故事多少源于他也是职业俱乐部青训出身,那么在梅西亚斯身上发生的事情才是真正的草根奇迹。25 岁之前没怎么接受过专业足球训练,却能一年一个台阶逐级飞跃,不断跨越那些被视为天差地别的界限,直到自己都没想过的远方。

"卡福、卡卡、塞尔吉尼奥、罗纳尔多、罗纳尔迪尼奥……这是我从小就敬佩的球队,我知道很多巴西人在这里创造了历史。我也喜欢加图索和因扎吉,但当我在比赛里遇到他们执教的球队时,都没有勇气去单独搭话。""而现在,我成为一名米兰球员。"

## 一切皆有可能

梅西亚斯不敢和加图索、因扎吉说话,原因是他很长一段时间里都没办法把自己理解为一名职业球员,更不用说什么"球星"。或许是从第五级别一路走上来的过程太过顺利,他的思想准备并没有跟上自己的脚步。直到代表克罗托内打上意甲,第二轮主场迎战 AC 米兰之前,全队在会议室里针对对手开展了视频分析,梅西亚斯才突然有了清晰的认知:"原来我真的是一个意甲球员了,一名真正的足球运动员。"

第四轮客场挑战尤文图斯,比赛踢完他打开手机,发现短信早就满了。全都是家人和朋友的留言:"我的上帝,朋友你在安联球场踢比赛!""米科,刚才想断你球的人是 C 罗!""天呐,米科,你就站在布冯的旁边!"

但对于梅西亚斯来说,这段梦幻般的经历反而伴随着痛苦。六年之前,他连立足第五联赛挣到更多生活费的自信都没有,早就不敢去幻想的职业球员之梦来得如此猛烈,心理上还远远没攀上同等的高峰。

那段时间,梅西亚斯被诊断为严重的焦虑症。他开始连续好几天失眠,整夜在床上翻来覆去盯着天花板。"我想过很多次是不是应该坐飞机离开,逃离这一切,因为我根本就不配。"

但他坚持了下来。听取了医生的建议,他开始回想自己当年在职业联赛(意丙)的第一个进球,突然发现一切还是如此清晰:"那是个任意球,一大群球员撞来撞去赢得的机会。我站在那里,助跑,踢球,划出一道弧线进了球门。"接着,他在网络上寻找那些自己的进球集锦,渐渐找回了心灵上的平静,就像当年那次车祸之后一样。没过多久,进球如约而来。

2020年10月与卡利亚里的比赛,梅西亚斯打入了自己在意甲的首粒进球。12月与斯佩齐亚和帕尔马的比赛里,他两次上演梅开二度。整年联赛下来,虽然没能帮助克罗托内留在意甲,但他个人9进球4助攻的数据在保级球队里俨然就是"大腿级别"。于是到了2021年,米兰盯上了这名可以出任前腰和右边锋两个位置、擅长单打独斗、制造爆点的球员。

当然,梅西亚斯野路子的踢法是低级别的大杀器,也能在中下游球队成为锋线核心。但在米兰这种等级的球队和一个成熟的战术体系里,所需要的素质是截然不同的。再加上因为离队事务耽误了系统训练,他加盟米兰的处子赛季迟迟没有迎来展现自己的机会。

但对于30岁的梅西亚斯来说,能够走到这里已经是命运的恩赐,接下来往前多走每一步都是惊喜。直到欧冠小组赛的第五轮比赛里,AC米兰1∶0客场绝杀马竞。虽然他们最终还是没能从小组里出线,但当时保留住了最后希望的那个绝杀进球,正是来自梅西亚斯代表AC米兰的处子球。

一周之后,梅西亚斯迎来了代表米兰的第一次联赛首发,梅开二度帮助球队3∶0击败了热那亚。最终那个赛季为球队各项赛事打进了6个进球,成功被米兰买断。而对于这一切,梅西亚斯在兴奋之余已经学会了保持冷静。他说:"生活不会白送给你任何东西。你必须相信梦想,永远不要放弃。当你认为自己做不到的时候,那就付出所能付出的双倍努力。这就是我的力量之源。"正是这股力量,让梅西亚斯从一个瓦工和送货员走到了意甲和欧冠赛场,而足球世界和人生旅程一样——"在你放弃之前,一切都有可能。"

# 布鲁诺的二十载"黄潜"情

说起一个人一座城,大多数球迷会想起那些豪门的传奇故事。马尔蒂尼之于AC米兰、托蒂之于罗马、皮耶罗之于尤文图斯、杰拉德之于利物浦……但在一些非豪门俱乐部,那些明明有机会再攀高枝却跟着球队浮浮沉沉的故事,其实更加动人。比如2020年为比利亚雷亚尔(外号"黄色潜水艇",简称"黄潜")踢完最后一场西甲的布鲁诺·索里亚诺,从他16岁加入俱乐部到36岁退役,二十年间始终穿着这身黄色球衣。

## 采石场走出的球星

比利亚雷亚尔应该就是西甲赛场上小球队也能办大事的最成功案例。这座小城只有5万出头的常住人口,坐不满一个诺坎普或者伯纳乌。然而这么一支小地方的球队却在21世纪声名鹊起,甚至打进过欧冠四强。

布鲁诺出生和成长的地方,是距离比利亚雷亚尔20分钟车程的小镇阿尔塔纳。这里有多小呢?人口数才2 000左右。他的家庭条件也很一般,父亲只不过是个在建筑工地忙生活的普通工人。小时候,他经常跟着爸爸去工地帮点忙。长大之后,他又跟着爸爸换工作去了一家采石场。正是在这个采石场,布鲁诺闲暇时和工人们踢球玩,引起了一位工友的注意。

这个工友的另一层身份,是当地业余球队阿尔塔纳CF的一名球员。在他的引荐下,布鲁诺很快成为球队最年轻的小球员之一。没过多久,这个孩子居然带着这群父辈队友一路赢球,成功升级,他自己也被不远处的职业俱乐部球探发掘了。那家俱乐部就是比利亚雷亚尔,布鲁诺加入这家昵称黄潜的俱乐部梯队时,才刚刚年满16周岁。

整个小镇都沸腾了,人人都在盼望着这个作为全村希望的孩子未来能踢上西甲,甚至成为一名西班牙国脚。然而短短半年之后,这份希望似乎就提前破灭了。

布鲁诺在训练时遭受了一次严重的伤病,只能回家长期养伤。等他伤好之后,黄潜青训营里已经没了他的位置。结果17~19岁的两年间,布鲁诺只能又和父亲一起成为采石场工人。职业足球,看起来已经变成了一场被戳破的美梦。但此时,他遇到了人生中的一位贵人:时任黄潜青训总监,后来成为一线队主教练的卡洛斯·加里多。

布鲁诺当初被球探发现之后,就是加里多最终拍板签下了他。虽然只合作了短短半年,但加里多始终坚信这个孩子身上还有着巨大的潜力。于是2004年,加里多力排众议把离开俱乐部两年的布鲁诺又签了回去。一度消失的梦想,突然又回到了手里。

## 浮浮沉沉,不离不弃

看到了能踢上职业的救命稻草,布鲁诺决定这次要死死地抓在手里。回到黄潜的他一开始只能待在C队,但通过刻苦的训练几个月后就升入了B队。不过接下来的两年半时间里,他始终迈不过职业一线队与半职业B队之间的门槛。

2006年7月15日,布鲁诺才在国际托托杯里完成了黄潜一线队的首秀。同年10月1日,他在与马洛卡的比赛里实现了西甲赛场的首次亮相。那时,他已经22岁了。在少年天才层出不穷的足球圈,这是一份几乎拿不出手的成绩单。但布鲁诺又一次抓住了命运的机会,利用自己的努力在西甲站稳了脚跟,并且完成了对大多数青训队友的逆袭超车。

起初,他与西班牙国脚塞纳搭档双后腰,负责抢断拦截甚至战术犯规这样的脏活粗活。后来,随着球队人员的调整和战术风格的改变,位置被几任教练逐渐往前推,人们很快发现他身上还有着别的绝活。接下来的十来年间,布鲁诺极具个人风格的传球成为西甲赛场上一道独特的风景线。跑动中突然抬头、来个急停小跳步、左肩向后拉开、左脚脚弓推球……一次贴地直塞随即到来。这样的标志性节拍还会出现在主罚任意球时，成为球队破防的一大利器。

近二十年是西班牙中场大师频出的二十年，全世界球迷都知道哈白布，也记得小法席尔瓦。但在比利亚雷亚尔，球迷都说布鲁诺也是真真正正的中场大师。而且这个大师，一直陪着黄潜不离不弃。

2008 年，黄潜迎来了前巴萨和巴西国家队的双重主力埃德米尔森，人们普遍认为他是来技术扶贫的，取代的就是当时还被认为是"糙汉"的布鲁诺。很多球队都打起了挖走他的主意，但布鲁诺对媒体是这么说的："不，我不会走。踢不了后腰没关系，听说卡普德维拉没有替补，我不介意改打左后卫，只要能继续穿黄潜的球衣。"结果埃德米尔森因为伤病和下滑没打到 10 场就回了巴西，布鲁诺上位成了主力。

2010－2011 赛季，布鲁诺的贵人加里多从黄潜 B 队晋升为一队主帅，他也正式成为球队新的中场核心。那个大放光彩的赛季结束之后，报纸上出现了皇马、马竞、阿森纳和曼联等豪门都想引进他的传闻。我们都知道这些事情真假难辨，但至少布鲁诺确实留了下来。

2012 年，阵容实力并不弱的黄潜因为种种原因降入了西乙。迭戈·洛佩斯去了塞维利亚、巴莱罗去了佛罗伦萨、尼尔马去了卡塔尔、古斯曼去了英超、鲁本去了乌克兰、马卡洛去了俄罗斯……整个球队从主力到替补散去了世界各地，布鲁诺的选择却是：和黄潜主动再续一份长约。

蛰伏西乙一年后，布鲁诺以队长身份带领球队迅速打回西甲。接下来的几个赛季，布鲁诺以 30 岁老将的身份打出了职业生涯新的高峰，黄潜也稳居联赛的 4～6 位，几乎瞬间就变回了一支强队。足球游戏《FIFA 17》里给布鲁诺打出了高达 83 的能力值总评，并且在冬季更新里再加一点升到了 84。84 的能力值是什么概念？那一代的阿森西奥经过冬更也不过从 82 升到了 83，之后的《FIFA 20》里马赫雷斯、桑乔、比达尔、登贝莱等著名球星的总评也都是 84。

对于一位从来没效力过豪门的球员来说，这几乎就是天花板。

然而所有黄潜球迷想不到的是，布鲁诺代表球队在 2016－2017 赛季与瓦伦西亚的收官战里打满全场后，下一次出场居然要等待超过三年的时间。

## 三年多的等待

关于布鲁诺的那次膝盖重伤，至今都有着很大的争议。有人说，他是在休赛期里因为意外受了伤,甚至可能是生了重病。出于保护隐私的考虑,黄潜才没有及时公布详情。也有人说,其实布鲁诺在之前已经受伤了,那个赛季最后几轮都是在带伤坚持。之后的手术并不成功,才会导致他们的队长休养了难以想象的这么长时间。

1 128天的养伤,对于一位超过30岁的老将来说实在是太过残酷。换作别人可能都早已宣布退役了,但布鲁诺始终在努力进行康复训练,准备复出:"我无数次梦到了自己退役的场景。但我还是觉得,自己必须在最后时刻给所有球迷一个交代,我想在每一个支持我的人面前告别。"

2020年6月22日,布鲁诺穿着他整个职业生涯唯一效忠的黄色战袍,在比利亚雷亚尔与塞维利亚比赛的第87分钟站在了球场边。主帅卡莱哈拥抱了他,然后耳语了一句。伊沃拉跑了过来,摸了摸他的头。加斯帕把自己手臂上的队长袖标还给了最合适的归属,然后充满仪式感地把他拉过了边线。布鲁诺重新站上了西甲赛场,时隔漫长的三年一个月零一天。

如果不是疫情导致的停摆,布鲁诺可能实现不了复出的愿望。同样是因为疫情防控的限制,本该满员迎接领袖回归的陶瓷球场只有不到200个必要的相关人员。但包括观众席上所有替补和对手塞维利亚全部球员在内的这200个人,那一刻都停在原地为布鲁诺送上了掌声。

赛后,塞维利亚队长巴内加等在球员通道里,只为了给布鲁诺送上一个超越胜负和竞争关系的拥抱。黄潜球员们前后簇拥把这位老队长送进了更衣室,全队围成一个圈送上了长达三分钟的掌声和欢呼。很多人都哭了,包括布鲁诺自己。面对着官方电视台的镜头,他说:"我真的不知道说什么,我已经很久很久没踢球了。对不起……我爱这里……"随后几度哽咽泣不成声。

2020年7月19日,黄潜在本赛季最后一轮比赛里4∶0击败了埃瓦尔。布鲁诺在赛后宣布了自己的退役决定:"我还能踢球,但退役是最好的决定。比利亚雷亚尔是我人生中唯一的一家俱乐部,但是很可惜我们都必须向前看。"

队友们把他抛向了空中,这位老队长用笑容向电视前所有的黄潜球迷做出了最好的告别。一段曲折而动人的美丽故事,最终画上了圆满的句点。择一城付终生,这是布鲁诺的二十载黄潜情。

# 为了参加世界杯,他在不停输球的国家队坚守了20年

2022年的卡塔尔世界杯里,加拿大在小组赛前两轮先后败给比利时和克罗地亚,提前被淘汰出局。但对于39岁的老将哈钦森来说,能在这两场小组赛首发出场,已经实现了他苦苦追求二十年的最大梦想。这二十年间,他经历了加拿大解散职业联赛、世界排名掉到接近马尔代夫、预选赛1∶8输给洪都拉斯等各种低谷,自己也有三次骨折和其他大伤,数次想要退出国家队甚至结束职业生涯。但哈钦森还是坚持了下来,成为卡塔尔世界杯上最年长的非门将球员。

人们常说卡塔尔世界杯是"80后"球员的诸神黄昏,但名单里基本不会提到哈钦森的名字。不过,对于加拿大足球来说,他所代表的意义不输给任何一位超级巨星。

## 过家家世界杯

1983年,阿蒂巴·哈钦森出生在加拿大的布兰普顿。那里生活着很多来自欧洲、非洲和南美洲的移民,也是足球氛围在全国相对浓厚的城市之一。在他三岁那年,加拿大第一次打进了世界杯,然后三场全败未进一球,之后就离出线越来越远。于是到了20世纪90年代中期,布兰普顿的移民们决定自己办一届"过家家世界杯"。

参赛球员是附近10来岁的孩子们,按照血缘关系分别组成了意大利队、葡萄牙队、牙买加队、加纳队等。其中特立尼达和多巴哥队有一名很灵活的前锋,名字就叫

做阿蒂巴·哈钦森。

当然,当时比赛的球场说穿了只是一片长着杂草的沙地,各个家庭凑钱去租了台压路机。横梁立柱是一位父亲拿着斧头去树林里现砍的木头,另一位父亲从仓库翻出旧渔网来当做球网。而去砍木头的,就是哈钦森的父亲。作为一名狂热的球迷,他带着两个孩子一起在地下室练球,一起收看曼联的比赛,把他们培养成了德怀特·约克和曼联的球迷。

随着年龄的增长,哈钦森逐渐开始展现出自己的足球天赋,但加拿大在那段时间已经变成了不折不扣的足球荒漠。全国职业联赛破产解散,仅剩一些地方性的半职业联赛。国家队甚至不知道怎么选球员,登了个广告让有意者自己打电话报名。

为了追求梦想,年轻的哈钦森只好独自一人去了瑞典,踢上了同样是半职业性质的低级别联赛。但这里,毕竟距离真正的职业足球要近得多。21岁,哈钦森被赫尔辛堡看中,终于签约成为一名职业球员;23岁,他转会去了哥本哈根,踢上了丹超;27岁,他加盟荷甲豪门埃因霍温,打上了欧战;30岁,他转会去了土超贝西克塔斯。然后一待就是九年,成为深受喜爱的球队名宿。

整个职业生涯,哈钦森的位置越来越靠后,从出道时的边锋已经变成了后腰和中后卫。但每一步走得非常扎实稳健,几乎每个赛季都是主力球员。其间也有五大联赛球队甚至豪门曾经抛出橄榄枝,却遭到了他的拒绝。

2014年,阿森纳在欧冠附加赛里击败了贝西克塔斯。温格在赛后发布会上被问道"谁是对方最好的球员",立刻做出了这样的回答:"哈钦森,他给我留下了非常深刻的影响。我觉得他肯定能踢五大联赛,包括英超。"

几天之后,记者拿温格的话去问哈钦森,为什么一直不去五大联赛。哈钦森的回答是:"对我来说这意味着巨大的风险,那就是有可能被很多天才挤到替补席。但我需要一直上场保持最好的状态,因为我踢球不只是为了去拿一份大合同,而是想要代表祖国加拿大踢一次世界杯。"但这对于哈钦森来说,实在是太难了。

## 加拿大人踢什么足球

哈钦森在欧洲足坛渐渐踢出名气的同时,加拿大足球基本还是一潭死水。在世界的排名最低的时候掉到122,夹在尼日尔和利比里亚之间,马尔代夫排在不远处的

130。虽然也出了包括哈钦森在内的几名优秀球员，但总体来说还是根本带不动，2012年世界杯预选赛1∶8被洪都拉斯爆捶就是经典案例。

他的加拿大成年队首秀还要追溯到遥远的2003年1月，后来卡塔尔世界杯上的队内头号球星阿方索·戴维斯那个时候才两岁，其他球队像加维等年轻球员甚至还没出生。换句话说，为了这一个梦想，哈钦森已经在加拿大国家队坚守了快20年了。其间，他也有过放弃的想法。2018年，已经35岁的哈钦森数不清第几次在俱乐部比赛里受伤，对国家队没剩多少指望的他动了退出的念头。刚刚上任的主教练赫德曼连续打了一个月的电话，终于成功劝他回心转意。

接下来一年多的时间，哈钦森保存体力专心俱乐部赛事，就打了一场国家队比赛。等到一群年轻球员冲进预选赛最终阶段时，主教练强烈要求他回归，因为加拿大的那群年轻球员，对于这位老前辈充满着尊敬和钦佩。而哈钦森回归后的第一场比赛里，就起到了关键作用。

那场比赛，加拿大上半场0∶1落后于洪都拉斯，中场休息时更衣室陷入了沉默。哈钦森站起来发表了一段这样的演讲："我经历过2012年对洪都拉斯的那场比赛，我们输了1∶8。但今天这段回忆并不让我恐惧，因为现在有你们这些优秀的年轻人，还有整个国家站在我们背后。继续踢自己的足球，进球会来的。"

那场比赛的最终比分是1∶1，接下来更是11场不败。加拿大力压美国和墨西哥排在积分榜第一，提前锁定了一张卡塔尔世界杯的门票。39岁的哈钦森，终于实现了这个坚守国家队20年的人生梦想。

人们谈到阿方索·戴维斯和乔纳森·戴维，会觉得加拿大闯入世界杯不算什么冷门。但对于哈钦森来说，这绝对不是一件可以轻描淡写的事情。在荷兰踢球的时候，队友经常跟他开玩笑："你一个加拿大人为什么来踢足球，去打冰球不好吗？"

而在开赛前，阿根廷国内出了个火爆广告，里面拿2022年和1986年世界杯找共同点，其中包括这么一句："1986年有加拿大，今年也有。一个国旗是枯叶子的国家会踢什么球，就晋级了。"这些可能并没有太多恶意，只是一种善意的调侃。但对于加拿大球员尤其哈钦森来说，其中包含太多的苦涩。

世界杯开赛几个月之前，命运差点又给哈钦森开了一个巨大的玩笑。39岁的他在贝西克塔斯的季前热身赛里再次骨折，预计需要养伤接近半年。幸运的是，经过多方医疗团队的共同合作，哈钦森终于在11月初成功复出，赶上了世界杯的末班车。

## 交给下一代人

整支球队都在为哈钦森能参加世界杯而高兴。布坎南说:"他是我们的榜样,而且很长时间里都是。他经历了加拿大足球的一切,曾经的低谷和现在的高峰,他值得这届世界杯。"约翰斯顿说:"他在加拿大不断跌倒还能不断振作,换成我可能坚持不到今天。我们很幸运世界杯里有他在,他对于我们来说就是能带来力量的光环。"

主教练赫德曼也仍然信任他。小组赛的前两轮比赛里,哈钦森都是首发后腰。第一场打比利时,他成为世界杯历史上第二年长的非门将球员,仅次于米拉大叔。第二场打克罗地亚,他实现了为加拿大出场100次的里程碑,也是历史第一人。

虽然两场比赛都以失利告终,但哈钦森已经实现了参加世界杯的人生梦想,还在场上亲眼见证了阿方索打进加拿大在世界杯上的第一个进球。相信他不会再有遗憾。

1986年是加拿大第一次参加世界杯,征战卡塔尔的国家队里除了他之外的人,那个时候全都没有出生。2022年世界杯仍然小组出局,但人们已经开始期待戴维斯们四年之后作为东道主会有什么样的表现。

而哈钦森呢?离开卡塔尔的两个月之后,他迎来了自己的40周岁生日。半年后踢完中北美和加勒比海国家联赛,他宣布了退役的决定。但哈钦森不会离开足球,因为就在自己30年前踢"过家家世界杯"的地方,布兰普顿市政府建起了一个现代化的青训中心,名字就叫做"阿蒂巴·哈钦森足球学校"。

哈钦森说,自己退役后会回到那个地方,去当一名青训教练。也许从那一刻起,他就将拥有一个新的人生梦想:让自己亲手培养出的孩子,未来也能入选加拿大国家队,然后站上世界杯的舞台。

# 一个清洁工带队在世界杯战胜了阿根廷

2022年卡塔尔世界杯爆出的第一个大冷,应该就是阿根廷小组赛首轮1∶2输给了沙特阿拉伯。球场上留下梅西落寞的身影。很多人可能根本不在意沙特球员的欢庆,更不会注意到带领球队逆袭赢球的主教练。

他叫埃尔韦·勒纳尔。世界足坛第一次听说这个名字,还是在他执教赞比亚国家队的时候。1993年,赞比亚国家队在加蓬境内遭遇空难,飞机上的球员教练无一幸免。2012年,勒纳尔带领着赞比亚创造了非洲杯史上最神奇的一次黑马夺冠,参赛地点就是加蓬。

他当时说:"一切都是命中注定……冥冥之中我们感受到了一股力量。"没有人说得清楚这股力量到底是什么,但世界杯赢完阿根廷全国放假的沙特人,估计都和十年前的赞比亚人一样,更愿意把功劳交给这位神奇的教练。

## 职业球员到清洁工,再到甲A教练

勒纳尔出生在法国,年轻时也是一名职业球员、司职后卫。不过他效力过的三家俱乐部都在低级别联赛兜兜转转,所以基本上属于法国职业球员里的底层。底层到什么程度呢?当他30岁选择退役的时候,既没有银行存款也没有工作出路,于是决定留在之前效力的德拉吉尼昂当一名清洁工。白天,他在训练基地扫地、抹窗子、洗球衣。晚上,和球员们一起训练当做生活的消遣。

是的,这家俱乐部名义上踢的是职业联赛,但球员也基本在打零工,晚上才有时间聚一起训练。白天和晚上的两份"工作"里,勒纳尔都展现了出色的规划和统筹能力。于是这样的生活持续了一年,他存够钱创办了一家小型清洁公司,还成为德拉吉尼昂的主教练。

神奇的人,果然干什么事情都很神奇。

全面升级的双重身份让勒纳尔结识了更广的人脉,所以他三年后又有了更加猛烈的身份转变。2002年,他加入法国名帅勒鲁瓦的团队来到中国,在甲A球队上海中远担任一名体能教练。不过,勒鲁瓦当年在中远的执教并不成功,和球员关系也处得不怎么融洽,第二个赛季中途就选择了辞职。他俩一起离开中国飞往英格兰,接过了英乙球队剑桥联的教鞭。

一开始勒鲁瓦是主教练,但他很快就选择了走人。临走前他给俱乐部留下了勒纳尔,告诉管理层:"这个年轻人不只是我的徒弟,而且未来会比我还强。"但当年的剑桥联肯定不会这么想,因为勒纳尔执教球队的26场比赛里竟然输了14场,只赢了可怜的5场。

没过几个月,勒纳尔就迎来了教练生涯的第一次炒鱿鱼。但他在更衣室却赢得了很多名望,球员们都觉得这位教练风趣、幽默,平易近人,很擅长鼓舞人心,激励球队,每次训练也都亲自参与,还喜欢带大伙儿一起健身。离开当天,所有球员集体出钱请勒纳尔去吃了顿大餐,还边喝边聊了一夜。在那之后,他踏上了一段更加遥远且跌宕起伏的路程。

## 冠军献给所有赞比亚人民

在勒纳尔的教练生涯里,足迹遍布三个大洲。欧洲的英国和法国,亚洲的中国、越南和沙特,非洲的赞比亚、安哥拉、阿尔及利亚、科特迪瓦、摩洛哥……有时是俱乐部,有时是国家队。执教的俱乐部最出名的也达到了里尔和索肖,但成绩总体都不太理想,最多只能算是差强人意。不过如果执教的是国家队,那么给人的感觉简直就是另一种风格。

第一次执教国家队的机会还是来自恩师勒鲁瓦。作为非洲足球教父,勒鲁瓦在这块土地上有着非常高的人望和地位。正是在他的强烈推荐下,2008年刚刚当选赞比亚足协主席的布瓦利亚选择了勒纳尔,成为国家队的新主帅。而这位布瓦利亚过去的身份,是开头提到的 1993 年加蓬空难时,乘坐另一架航班才幸运活下来的赞比亚队长。

那一届赞比亚国家队,在国内被称为他们的"黄金一代"。他们之前在 1988 年奥运会里 4∶0 击败了意大利,正是布瓦利亚上演了帽子戏法。到了 1993 年,布瓦利亚不仅是球队队长,还拿到了非洲足球先生。当时他正效力于埃因霍温,本打算先回国加入世界杯预选赛的集训,但因为俱乐部的赛程冲突更改了日程,变更为直接从荷兰飞往塞内加尔同球队会合。

等到乘坐的航班在塞内加尔平稳落地,他才知道自己永远都等不来那 18 名队友了。

布瓦利亚悲痛欲绝,毅然扛起了重建国家队的责任。休赛期,他主动回国去带年轻球员训练;赛场上,他拼尽全力争取能多进一个球。第二年的非洲杯,这支全新的赞比亚带着高昂的斗志一路杀进了决赛,惜败于非洲雄鹰尼日利亚。两年后再次冲击,最终止步半决赛。这两届非洲杯,成为赞比亚足球在未来很长一段时间里的巅峰。

沉寂许多年之后,从球员变成国家队主教练,又从教练变成足协主席的布瓦利亚把希望转交到勒纳尔手里:"对于这个国家来说,有些痛苦只有在球场上才能忘掉,希望你就是能帮我们做到的那个人。"

2010 年非洲杯,勒纳尔带领球队打进了八强,这已经是过去 7 届赛事里的最好成绩,但他赛后不久因为足协的内部争斗选择了辞职。然而赞比亚在他离任后越踢越烂,处理完内斗的布瓦利亚又把他请了回来。请回来的目的是希望他能带队征战 2012 年非洲杯。那届非洲杯在加蓬举办,这个地方对于赞比亚足球来说实在是太过沉重,又意味碰上着太多了。

布瓦利亚这次递过来的合同只是一年短约,他说:"我们只能拿出这么多了"。勒纳尔想都没想就签下了名字,回答:"我还记得当初你跟我说过的事情。"三个月之后的非洲杯,他带着赞比亚重新踢出了充满团队凝聚力的足球,一路杀进决赛,点球击败拥有德罗巴、图雷兄弟和热尔维尼奥等人的科特迪瓦,历史性地首夺非洲杯冠军。

赛后,赞比亚全队把勒纳尔扛在肩上绕场整整一圈,他拿起话筒对着球员和来到现场的球迷们说出了下面这段话:"冠军献给每一名球员,我知道我们不是最好的,我们也时不时会犯点战术错误,但每个人都真的很有天赋。冠军献给布瓦利亚,我们最好的球员、教练和主席,他在没有人认识我的时候给了我机会,他更知道这个地方有多大的意义。冠军更要献给所有赞比亚人。当年飞机的失事地点就在这座球场的几千米之外,这对整个国家来说都十分可怕。是我们坚持到了今天,才有了这座奖杯!"这应该就是赞比亚足球史上最幸福的一个夜晚。

后来,勒纳尔离开了赞比亚,去把更多快乐带给其他非洲国家。2014年,科特迪瓦决定"打不过他,那就让他加入",力邀勒纳尔担任球队主帅。第二年,他带领大象军团拿下了队史第二座非洲杯冠军,自己也成为首位带领两支不同球队赢得非洲杯的教练。2016年,勒纳尔接过摩洛哥国家队的教鞭。第二年,带队成功回到阔别20载的世界杯舞台。于是在俄罗斯世界杯,我们看见了一个被 *GQ* 杂志评为足坛最帅教练的50岁"型男"。

那一届世界杯,摩洛哥最终还是在有西班牙和葡萄牙的小组垫底出局。四年后,他率领另一支球队卷土重来,这次用成绩而不是气质惊艳了世界:沙特阿拉伯2∶1击败了阿根廷。

## 带沙特队击败阿根廷男足

很多媒体曾经讨论过,为什么勒纳尔带俱乐部和国家队的成绩会差异巨大?得出的结论包括:他很擅长凝聚球队,激励集体,但不喜欢小心翼翼地去调和更衣室关系,更别说什么合同啊转会啊之类的东西;他很擅长打造整体防守体系,但不精于打磨进攻套路,更别说什么大牌球星要怎么伺候;他对复杂战术也不能算精通,比起"内卷"严重的俱乐部,还是国家队之间的竞争更加适合。

于是,我们看见了这样一支沙特。从他接手以来,世预赛40强和12强都是小组第一,战胜过包括日本和澳大利亚在内的强敌,18场比赛仅输一场。不过,这些成绩在世界杯正赛里都不算什么,毕竟亚洲球队经常都在食物链的末端。

与阿根廷的赛前发布会,连勒纳尔自己都说了这样的话:"四年前我有幸与C罗交手,今天我又要遇见梅西,这就像是梦想成真。大家都把沙特看做小组里最弱的球队,我也觉得我们进不了淘汰赛。"

但你以为勒纳尔真的会选择放弃吗?实际上,我们看到的是一场这样的比赛。

阿根廷在劳塔罗周围排开了"百岁山"进攻组合,想的估计是"一波流"直接带走比赛。沙特球员上半场以极强的战术执行力摆出了越位陷阱,下半场开局利用存了好久的体能打出真正的"一波流"。

那个时候,我们才突然想起勒纳尔那段话还有后续:"再困难也要做好自己,世界杯本来就随时有惊喜。我们一定要保持专注,充满战斗精神。我们必须展现出配得上世界杯的水平,让沙特人民为这支球队感到骄傲!"

这段话,是不是有点似曾相识?是的,这是赞比亚、科特迪瓦和摩洛哥人曾经得到过的保证。而在卡塔尔世界杯上的那一天,幸福属于勒纳尔和他的沙特阿拉伯。

# 两次面对癌症，他却找到了最好的自己

一次赛季前的例行检查里，弗朗西斯科·阿切尔比意外被发现患有睾丸癌，随后接受了手术治疗。几个月之后他满怀希望迎来复出，却因为药检不合格被禁赛，后来大家才知道那是因为癌症复发。

这种足以摧毁大部分人的连续打击，反而让阿切尔比变成了一个更好的球员、一个最棒的自己。他甚至说："感谢上帝让我换患上了癌症，这拯救了我的球员生涯。"

## 我的教练父亲

1988年，阿切尔比出生在距离米兰只有20多千米的一个小镇——维佐洛普雷达比西。这个小镇人口只有4 000人，自然不会有什么像样的球队。年少时的阿切尔比其实也对足球并没有太大的兴趣，他会走上足球道路的原因只有一个：自己的父亲。

他的父亲在更南边的帕维亚有一份引以为傲的工作：FC帕维亚足球俱乐部的教练。靠着这层关系，老阿切尔比让自己的儿子从小就加入了球队的青训营。但他的教练父亲并没有给儿子提供什么优待，带来的只有最为严格的训练。

老阿切尔比始终坚信，儿子身上蕴藏着超乎常人的足球天赋，不仅每次都在球队训练里"重点照料"，还会在业余时间强行安排各种加练，可以说推着他往前进。然而年少的阿切尔比对此不以为意，酒吧、派对、美女、游戏……这些东西对于一个十几岁的男孩来说,远比练球的吸引力要大上好几十倍。

18岁,他在帕维亚上演了一线队首秀,虽然只是在意大利的第四级别联赛。19岁,他被租借去了一家第五级别联赛球队,然而离开了父亲的严格督导。他半年才出了一次场,还是友谊赛。回归帕维亚后,他才在父亲麾下得到了稳定的出场。22岁,他接到了雷吉纳的邀请电话,通过试训后与球队签下了人生里的第一份职业球员合同,终于踢上了意乙。

这份极其寒碜的早期履历,和我们熟悉的其他球星相比是不是差着几百条街?然而在雷吉纳开始接受系统性的专业训练之后,事实证明老阿切尔比的信心确实不只是因为血缘关系,他持之以恒的磨炼也确实为儿子打下了坚实的基础。凭借着父亲鞭打出的经验值和自己逐渐闪光的天赋,阿切尔比在那个赛季打了多达40场意乙,以后防核心的身份带领球队一路杀入升级附加赛,只可惜输给了最后升入意甲的诺瓦拉。

但这次功亏一篑,丝毫不能影响阿切尔比引来各路球探的兴趣。2011年,两支意甲球队热那亚和切沃分别买走了他的一半所有权。2012年,刚在切沃踢了半个多赛季意甲的阿切尔比以400万欧元的身价加盟AC米兰。三年前,他是第四级别联赛的业余球员。短短三年后,他已经身披13号球衣为豪门效力。而这件球衣的上一任主人,是鼎鼎大名的:内斯塔。

## 坐上火箭,自由落体

当时的人们都以为,这又是一个鲤鱼跃龙门的草根励志故事。然而,阿切尔比的整个米兰生涯只有短短的半年,出场也只有可怜的6次。而且这6次出场的表现大多是灾难,最好不过差强人意,米兰球迷的舆论里好听点的叫他"水货",不好听的就是"废物"。

为什么会这样?从草根到豪门的步子迈得太大是一部分原因,但更大的问题还是出在他自己身上。

其一,他飘上了天。因为人生的巅峰来得太过容易,阿切尔比在加盟米兰之后很快开始用高额薪水买起了豪车豪宅,开始时常出入这座时尚之都的迷人夜场。反正年轻,有的是资本造次,嗨到三四点小睡一会儿就去训练都是常事。

其二，他的父亲去世了。失去了自己足球的导师与人生的灯塔，对于阿切尔比的打击是无比巨大的。他突然发现此前的人生与其说是为自己踢球，更像是在为父亲踢球。没有父亲的鞭策之后，他失去了继续探索足球道路的动力，开始更加沉迷在深夜里买醉。喝到不知什么时候睡着，然后迷迷糊糊被人叫醒，再带着一身酒气去训练。哪怕当时的米兰体育总监布拉伊达向他提出了严肃警告，却没办法叫醒这个已经迷失的年轻人。

2013年1月，他被米兰退回了热那亚。热那亚也对他没兴趣，又把他租回了切沃。浑浑噩噩混完半个赛季之后，阿切尔比意外迎来了人生的又一次转机。2013—2014赛季，萨索洛队史首次杀入了顶级联赛。这家资金有限的小球队想要补充实力与经验，只能把目光投向其他意甲球队里的那些失意者。

于是，他们把赌注押在了阿切尔比身上。原以为这是命运的最后眷顾，谁也没想到随之而来的竟是无情的连续打击。就在2013年夏天的季前体检里，他被队医查出睾丸中有一个不小的肿块。转送到医院后很快就给出了诊断：睾丸癌。

在18～35岁的男性中，睾丸癌是最常见的肿瘤，而且超过九成都是恶性的。虽然治愈率很高（治疗后10年总生存率超过96%），只不过常用的治疗方法是睾丸切除术。幸运的是，阿切尔比的手术很成功，他经过一段时间的休养后很快就回到了球场上，只需要定期服药即可。

然而，睾丸癌的另一个麻烦之处就是复发率较高，而且大多数复发会发生在治疗的5年之内。阿切尔比在那个赛季为萨索洛踢了13场比赛，却没能通过12月的一次药检。在那次药检里，他的人绒毛膜促性腺激素呈阳性，这在体育圈往往意味着服用了肽类激素等兴奋剂。于是，他被禁赛了。

医院的详细检查很快就还了阿切尔比清白，但没人能高兴得起来。因为，激素过高源于睾丸癌复发了。这一次，他需要接受持续数月的化学治疗，过程比之前的手术还要艰难很多。阿切尔比后来回想说：“我每天要服用很多种不同的药物，有时早上醒来就发现头发又掉了一把。”"有一天我彻底被恐惧击垮了，我害怕自己的影子，想起了所有丢掉的机会和浪费的才华，还有那些纵欲的夜晚。"

## 帮助与重生

心理医生告诉他：苦难与失败也是人生的一部分，过去的种种共同塑造了现在的你。而只有现在的你，才能决定未来的你是什么样子。他的家人告诉他：无论现在或是未来有多少苦难，我们都会永远陪着你。而且不光是我们，你的父亲也会继续看着你，成为你战胜苦难的力量。萨索洛的球迷也在球场打出了标语：ACE（阿切尔比的开头字母）加油！上帝会赐予你力量！

在众人的帮助下，阿切尔比终于从痛苦中解脱，决定重新审视和开拓自己的人生。化疗期间，他仍然在医生帮助下尽可能地参加一些身体锻炼和简单训练。2014年夏天，他的病情基本稳定，开始逐步停药，随后以前所未来的热情和毅力投入恢复训练里。

2014—2015赛季意甲的第三轮比赛，他主动向球队请缨出战，时隔十个月之后首发出场，打了足足70分钟。第八轮客场挑战帕尔马，他接到队友的定位球传中抢点破门，用进球宣告了自己真正的回归。

进球后，阿切尔比跑到替补席和教练、队友抱成一团。大家欢呼、欢笑，之后又一起留下了真情的泪水。阿切尔比真的回来了，而且还变成了一个更好的球员。

职业生涯前期，他虽然被视为一名才华出众的中后卫，但没少因为毛躁的失误被舆论批评。经历了两次直面癌症的独特经历之后，阿切尔比变得沉稳、老练，真正地成为后防线上的中流砥柱。

他还练出了更强的体能和更好的体魄。2015—2017年间，他连续为萨索洛打了100场比赛，而且全都打满了90分钟。在他的身上，你再也看不见手术和化疗的影子。当年的浪子，变成了如今的"铁人"。

重生的阿切尔比再次吸引了大球队的注意。2017年他差点加盟国际米兰，但蓝黑军团最终决定等待德弗莱。2018年他如愿来到拉齐奥（蓝鹰），代替的正是自由转会去了国米的荷兰人。

然而阿切尔比在后防线上的冷静表现和稳定出场，很快就让蓝鹰球迷忘记了前任。他继续在拉齐奥卖力拼抢、永不停歇，从萨索洛到拉齐奥完成了各项赛事的连续148次出场，距离萨内蒂的162场只差了14场。若不是意外染红，打破纪录指日可待。"'累'这个字，我们足球运动员根本就不应该说出口。"

他入选了OPTA选出的意甲赛季最佳阵容，也被选进了曼奇尼的意大利国家队。2019年10月的一场欧洲杯预选赛前，意大利全队来到了罗马的一所儿童医院，为小病人们送上了礼物和球票。活动结束后，其他人全都登上了大巴准备离开，阿切尔比却坚持还要留下。"我不在乎,让他们先走吧。我可以叫辆出租车赶上他们,但一定要先和每一个患病的孩子见面。"后来,再送上一笔捐款。

这就是改变之后的阿切尔比。两次面对癌症,他再也无所畏惧,只想努力踢好每一场球。他深知病患的痛苦,愿意以自己的力量去力所能及地帮助最多的人。也正是如此,他才能说出:"我要感谢癌症,让我超越了自己的极限。"看似轻飘飘的一句话,背后是强大的毅力和坚持。

2021年欧洲杯,他入选国家队并且关键时刻顶上拿出稳定的发挥,意大利拿下最后的冠军也有他的一份功劳。2022年,34岁的他终于如愿加盟国际米兰,重圆阔别多年的豪门之梦,并且以主力身份一路打到那个赛季的欧冠决赛。

人们称他为"抗癌斗士"阿切尔比,但他最受传颂的地方并不是战胜了癌症,而是在这个过程里找到了最好的自己。